ALBERT URBAN
MARION BEXT

Pequeno
Dicionário de
Liturgia

EDITORA
SANTUÁRIO

DIREÇÃO EDITORIAL:
Pe. Marcelo C. Araújo

EDITOR:
Márcio Fabri dos Anjos

COORDENAÇÃO EDITORIAL:
Ana Lúcia de Castro Leite

TRADUÇÃO:
Pe. Clóvis Bovo

COPIDESQUE:
Benedita Cristina G. N. da Silva

REVISÃO:
Leila Cristina Dinis Fernandes

DIAGRAMAÇÃO:
Simone Godoy

CAPA:
Mauricio Pereira

Título original: Albert Urban; Marion Bexten. *Kleines Liturgisches Wörterbuch*
© Verlag Herder Freiburg im Breisgau 2007
ISBN 978-3-451-29179-1

Nota do Tradutor: Com as devidas licenças, foram feitas ligeiras adaptações nesta edição em português.

Dados Internacionais de Catalogação na Publicação (CIP)
(Câmara Brasileira do Livro, SP, Brasil)

Urban, Albert
    Pequeno dicionário de liturgia / Albert Urban, Marion Bexten; [tradução Clóvis Bovo]. – Aparecida, SP : Editora Santuário, 2013.

    Título original: Kleines liturgisches Wörterbuch.
    ISBN 978-85-369-0316-3

    1. Igreja Católica – Liturgia – Dicionário I. Bexten, Marion. II. Título.

13-07950   CDD-264.02

Índices para catálogo sistemático:
1. Liturgia: Igreja Católica: Dicionário
264.02

Todos os direitos em língua portuguesa reservados
à **EDITORA SANTUÁRIO** — 2013

Composição, impressão e acabamento:
EDITORA SANTUÁRIO - Rua Padre Claro Monteiro, 342
12570-000 — Aparecida-SP — Fone: (12) 3104-2000

Abreviaturas Utilizadas

IGLH = Introdução Geral à "Liturgia das Horas"
IGMR = Introdução Geral sobre o Missal Romano
CSL = Constituição sobre a Sagrada Liturgia
AT = Antigo Testamento
NT = Novo Testamento

Prefácio

Em nosso mosteiro a Liturgia das Horas começa bem cedo com as palavras: "Abri meus lábios, ó Senhor, e minha boca anunciará vosso louvor...". Assim orando, queremos incluir-nos diariamente no louvor da Igreja e de toda a criação ao Criador, intercalando a oração com a ação, conforme a tradição beneditina "reza e trabalha" (*ora et labora*), encerrando a noite como começamos.

Uma vez ao dia, como ponto alto de nosso culto diário, fazemos memória da morte e ressurreição de nosso Senhor Jesus Cristo na celebração eucarística. Assim a Liturgia da Missa e das Horas, sempre alternando com o trabalho, faz parte do carisma monástico.

Muitos visitantes do mosteiro beneditino de Weltenburg vêm não só por causa da paisagem encantadora, da esplêndida igreja claustral e da boa cerveja, mas também para participar da Liturgia que nem sempre podem celebrar em suas próprias comunidades. Entre os hóspedes de nossa casa encontram-se muitos leigos à procura de conselho e apoio. Como consequência da falta de padres, eles assumem também algum compromisso na Liturgia. Estão correspondendo às normas do Concílio Vaticano II, que comprometeu fortemente os leigos na vivência do culto divino por meio da renovada participação ativa e dos diversos serviços litúrgicos.

A presente obra de consulta *Pequeno Dicionário de Liturgia* vem exatamente ao encontro da necessidade de informação e maior aprofundamento da Liturgia em seus elementos. Numa linguagem compreensível, também para os não teólogos, aborda conceitos contidos em mais de 500 verbetes, de A até Z, esclarece-os com explicações curtas e precisas, apresentando em forma de dicionário a estrutura e organização hodierna da Liturgia católica.

Assim ela se torna apropriada para o leitor e para o ministro da Eucaristia; para o dirigente da Palavra e para o culto dos dias de semana, "Liturgia das Horas"; membros dos círculos litúrgicos e das diversas pastorais. Fico feliz porque o dicionário não só reproduz fatos, mas vai além, ajudando o usuário na pesquisa pessoal da dimensão da Liturgia, com numerosas indicações bíblicas em torno dos elementos litúrgicos.

† *Thomas M. Freihart, OSB*
Abade do mosteiro beneditino de Weltenburg / Danúbio

A paz do Senhor...

Esta saudação lembra a exortação do Apóstolo Paulo: "Saudai-vos mutuamente com o ósculo santo" (Rm 16,16a; 1Cor 16,20). Com um rito semelhante pode o sacerdote convocar a assembleia, por exemplo: "Dai-vos mutuamente um sinal de paz e reconciliação". Conforme Instrução Geral sobre o Missal Romano (IGMR b), a saudação da paz vem antes da partilha do Pão, portanto, antes da Comunhão: "Segue-se o rito da paz, no qual os fiéis imploram a paz e a unidade para a Igreja e toda a família humana e exprimem mutuamente a caridade, antes de participar do mesmo Pão". Mas existe também a tradição da saudação da paz no fim da Liturgia da Palavra, portanto no final da Oração dos Fiéis (Preces), ou seja, antes da preparação das oferendas: "Se vais levando tua oferta para o altar e te lembras que teu irmão tem alguma coisa contra ti, deixa tua oferenda diante do altar; vai e reconcilia-te primeiro com teu irmão, depois vem e oferece-a" (Mt 5,23s.). Não há uma contradição entre as alternativas; importa, sim, a unidade da comunidade e de toda a Igreja.

"Quanto ao próprio rito da paz cabe às Conferências Episcopais estabelecer, de acordo com a índole e os costumes dos povos, o modo de realizá-lo" (IGMR 56b).

Ablução
A ablução da boca, dedos, cálice e patena para preservar do desrespeito as partículas e os fragmentos do Pão e do Vinho consagrados: "Os vasos sagrados são purificados... na medida do possível, junto à credência" (IGMR 237-239). Deriva do latim [*abluere*], enxaguar, lavar.

Abre-te
Assim falando curou Jesus um surdo-mudo, tocando em seus ouvidos e na língua (Mc 7,31-37). O rito encontra-se hoje na preparação imediata dos catecúmenos adultos no Sábado Santo: "Abre-te. O Senhor Jesus te conceda que possas professar a Fé que ouviste, para louvor e honra de Deus Pai"; também no batismo das crianças, se o celebrante achar oportuno. Do aramaico: [*effata*], abre-te.

Abside
Na nave central das igrejas basilicais está a abside, geralmente a leste da igreja, de planta semicircular ou com vários ângulos, as mais das vezes com meia cúpula à guisa de abóbada, e um arco dando destaque ao conjunto.

Antigamente esse espaço era ocupado pelo presbitério (com a cátedra e o assento do presidente da celebração, ambão, assentos dos ministros etc.). No transcorrer dos séculos foram recuando para os lados, deixando o espaço para o altar. Abside vem do grego [*Hapsis*], curva, abaulamento.

Absolvição – Fórmulas
Com esse termo entende-se geralmente a fórmula da absolvição na confissão individual: "Agora, eu te absolvo de teus pecados em nome..." ou da absolvição geral: "eu vos absolvo de vossos pecados...". Mas cada missa contém no fim do Ato Penitencial uma fórmula semelhante de absolvição:

"Deus todo-poderoso, tenha compaixão de nós, perdoe os nossos pecados e nos conduza à vida eterna". Ou: "Deus, tenha compaixão de nós. Perdoe os nossos pecados para podermos celebrar dignamente estes santos mistérios". Também podem ser designadas como absolvição: breves palavras de bênção, fórmulas conclusivas de um rito ou de uma parte do rito com pedidos de perdão.

Absolvição geral

A celebração do sacramento da Penitência com o "Ato Penitencial" e a absolvição geral só é permitida em casos de necessidade. A absolvição geral não libera da obrigação de confessar em particular os pecados graves.

Ação de graças

O agradecimento ou a oração de ação de graças é uma das formas básicas da oração do cristão, junto com o pedido e o arrependimento, em união com o louvor a Deus. A celebração eucarística é toda uma ação de graças pela redenção que nos foi concedida através da morte e ressurreição de Cristo, que se torna sempre presente na celebração do memorial da Liturgia. Em sentido estrito, a ação de graças está dentro da própria missa, isto é, no prefácio e na "oração eucarística". A ação de graças pessoal tem lugar na celebração, após a comunhão: "Terminada a distribuição da comunhão, se for oportuno, o sacerdote e os fiéis oram por algum tempo em silêncio. Pode-se também cantar um hino, um salmo ou outro canto de louvor" (IGMR 56j).

Aclamação

Era originalmente a aclamação da multidão nas reuniões de todo o tipo, sobretudo no culto ao imperador. Mas, na Igreja primitiva, a exemplo do culto judaico da sinagoga, surgiram como vozes de adesão a Cristo e confissão pública de seu Nome. Desde então as aclamações têm o caráter de profissões marcantes de fé. No culto atual, encontram-se aclamações como estas: Amém, Kyrie, Hosanna, Halleluia, Glória a ti Senhor, Graças a Deus,

Cordeiro de Deus! Os hinos Glória e *Sanctus* surgiram da fusão de várias aclamações. Depois que, na Idade Média, o proferir e o cantar das aclamações foram assumidos pelos padres, ministros ou pelo coro, a reforma litúrgica após o Concílio Vaticano II fez novamente das aclamações parte integrante e indispensável da participação ativa dos fiéis. Do latim [acclamare], aclamar, invocar.

Aclamação ao Evangelho

Exceto no tempo quaresmal (Quadragésima, trato) o aleluia prolonga-se com versículos dos salmos, dos escritos do NT, ou também das verdades dogmáticas (por exemplo: Maria assunta ao céu).

Acólito

Originalmente, era um degrau das Ordens Menores que, em 1972, foram substituídas pelo ministério do acólito. O acólito deve ajudar o sacerdote e o diácono, quando necessário e no caso de uma substituição (Comunhão para um enfermo, exposição do Santíssimo Sacramento para adoração etc.). O mandato é conferido pelo bispo ou Superior da Ordem religiosa. Para quem é candidato ao diaconato ou sacerdócio, o mandato é obrigatório. Hoje, homens e mulheres recebem também o ministério de auxiliares no culto eucarístico. Do grego [*akolouthos*] servo, discípulo; e do latim [*sequens*], seguidor (do sacerdote, do diácono).

Adaptação

Entende-se, por este termo, adaptar a Liturgia, de modo especial, o anúncio do Evangelho, às atuais realidades culturais e linguísticas. Se a atualização é vista hoje como uma necessidade para as terras de missão, quanto mais nos países ocidentais na Europa e América, onde predomina o uniformismo romano, ou seja, uma completa padronização da Liturgia dentro do rito romano, embora o Concílio Vaticano II diga expressamente: "Nas coisas que não atingem a fé e o bem comum, a Igreja não quer impor como dever uma forma única e rígida, nem mesmo no culto divino" (SC 37). Essa tendência para a padronização pode ir mudando à medida que os países europeus de cerne cristão voltarem a ser (ou precisarem ser) tidos como terras de missão.

Os sistemas de vida e de trabalho, a cultura e os idiomas transformaram-se tão profundamente nos últimos séculos que é preciso preocupar-se também com a atualização dos ritos e da língua litúrgica, como ocorre nas terras de missão, e assim possibilitar e fomentar "uma total, consciente e ativa participação dos fiéis nas celebrações litúrgicas" (CSL14). Do latim [*adaptatio*], adaptação.

Adiamento do batismo

Quando há dúvidas fundadas sobre condições prévias para o batismo de uma criança, o Direito Canônico prevê a possibilidade de um adiamento que, porém, dentro da práxis pastoral, só é possível resolver com o consentimento dos pais e sempre em sintonia com o decano. A duração do adiamento é indeterminada e pode ser breve também.

Admissão

Quem pretende ordenar-se diácono ou sacerdote, deve primeiro ser admitido entre os candidatos. Isto ocorre dentro de uma celebração litúrgica, que se chama "admissão entre os candidatos para o sacramento da Ordem". Quando chamados pelo nome, os solicitantes respondem: "Aqui estou". Respondendo à pergunta do bispo sobre sua disponibilidade declaram: "Estou pronto". Do latim [*admissio*], ermissão, admissão.

Adoração

É uma demonstração de respeito e humildade ante a grandeza e superioridade de Deus, que não se manifesta unicamente em determinadas atitudes externas: no ajoelhar-se e no inclinar-se etc. Atribuída mais vezes a Javé (Êx 12,27) no AT, é manifestada também a Jesus no NT (Ap 5,8-14). A "oração eucarística" perante o Santíssimo Sacramento tem uma configuração especial. Originou-se na Idade Média. Está presente nos mosteiros, casas religiosas e em nossas igrejas.

Adoração das 40 horas

Modelo especial de adoração eucarística, hoje praticamente em desuso com essa duração de 40 horas ininterruptas.

Adoração perpétua

Em algumas comunidades religiosas ou dioceses existe o costume da adoração contínua diante do Santíssimo Sacramento (exceto durante a missa) o ano inteiro, sem interrupção. É organizada de tal maneira que cada qual assume a sua hora de adoração, previamente distribuída para cada dia, começando muitas vezes com a missa (ainda sem a exposição do Santíssimo) e terminando com alguma devoção ou Vésperas e a bênção eucarística.

Advento

O tempo a partir do 4º domingo antes do Natal é a primeira parte do ciclo de Natal, como preparação para a vinda do Senhor. No tempo do Advento a Igreja se volta de modo especial para a futura vinda de Jesus Cristo na glória e, ao mesmo tempo, comemora a expectativa do povo israelita pela vinda do Messias. Até o dia 16 de dezembro estão no centro da Liturgia as leituras que anunciam a parusia (vinda de Jesus), particularmente as leituras do livro do profeta Isaías e dos escritos que se ocupam com a figura de João Batista. As missas "rorate caeli" (chovei, ó céus) neste tempo emprestam à vinda do Senhor uma expressão singular.

A partir do dia 17 de dezembro, ou seja, na semana antes do Natal, contempla-se a pré-história neotestamental do nascimento de Jesus. As assim chamadas antífonas do Ó constituem a aclamação do Aleluia na missa. Na Idade Média, o Advento, partindo da Igreja Galicana, foi entendido como tempo de penitência. Os resquícios dessa maneira de ver ficaram conservados até hoje na cor violeta dos paramentos litúrgicos, na ausência do Glória na missa. O Advento está fortemente marcado pelas tradições populares. Entre outras, deve-se mencionar a coroa e o calendário do Advento, os ramos de Santa Bárbara, ou seja, ramos de cerejeira colocados num vaso, que vão florescer no Natal; as tradições de São Nicolau. Diversamente do ano civil, o ano litúrgico começa no 1º Domingo do Advento. Do latim [*adventus*], chegada.

Ágape

Nos Atos dos Apóstolos encontra-se ainda a antiga relação entre a Ceia e a Eucaristia ("unidos de coração, frequentavam todos os dias o templo e partiam o pão em suas casas, tomando as refeições com alegria e simplicidade de coração", At 2,46). Mas já na Igreja primitiva ambos se separaram, por causa das diferenças sociais na comunidade (cf. 1Cor 11,20ss.). O ágape desenvolveu-se sob uma forma própria de ceia religiosa com caráter caritativo, para a alimentação dos membros necessitados da comunidade. Hoje, significa apenas um fraterno estar juntos após a Eucaristia.

Conforme as últimas instruções de Roma, não é permitida uma renovação da ligação direta da ceia com a celebração eucarística. Possível seria a montagem de uma refeição fraterna de caráter religioso, ou seja, com orações, bênçãos, lucernário, canto dos salmos, hinos, versículos aleluiáticos, e uma forma simbólica de partilha, por exemplo, a fração e a distribuição de um pão de verdade. Se cada qual colaborar com a comida, também o sentido comunitário da partilha se torna mais evidente ainda. Termo grego [*ceia do amor*].

Agenda

Originalmente, era a designação para os eventos litúrgicos, mais tarde, também para os livros litúrgicos. Hoje, está em desuso. Do latim [*quid agendum*], o que fazer.

Água

A água é condição para qualquer vida, por um lado, mas por outro uma força natural que pode atuar destruidoramente aniquilando a vida. Correntezas (rios) e mares servem de fronteiras entre os países e, figuradamente, entre a morte e a vida. Assim o povo hebreu é guiado do Egito, terra da escravidão e da morte, através do Mar Vermelho, para a liberdade e alcança a terra da promissão atravessando o rio Jordão. Essas passagens pela água fazem lembrar a lição da morte, o perecimento do velho para que possa surgir nova vida. No batismo o neófito é conduzido através da água para vida nova com Cristo ressuscitado. A água atua purificando. A aspersão com água benta é figura da purificação das influências maléficas e simultaneamente memória do batismo. A água batismal é benzida na noite de Páscoa, na qual a morte foi vencida pela ressurreição de Cristo, e o cristão batizado nela foi inserido, isto é, na ressurreição.

Água batismal

A água é de grande significado simbólico no sacramento do batismo. É derramada ou sobre a cabeça do neófito, ou ele é imerso nela com a cabeça ou até com todo o corpo. A imersão na água simboliza a morte e a ressurreição com Cristo e tem seu ponto de ligação com o AT na passagem de Israel pelo Mar Vermelho, ou seja, na libertação da escravidão do Egito, figuradamente, do domínio do pecado. A água como elemento purificador também lembra a libertação do pecado pela água do batismo. Na vigília pascal, após a proclamação do precônio pascal e da pregação, a água batismal é benzida com uma solene oração própria, junto com a imersão do círio aceso. A água natural é benzida cada vez, antes de um batizado fora do tempo pascal.

Água benta

Essa água, à qual se pode acrescentar o sal, é benzida para aspergir pessoas e objetos. A aspersão de pessoas traz logo à lembrança o batismo. Ao entrar numa igreja ou capela é costume benzer-se com água benta.

Ajoelhar-se

Ajoelhar-se na Liturgia é uma atitude de humildade e consciência da própria fragilidade, particularmente na oração pessoal, muito nas palavras da consagração durante a missa (CSL 21); aliás, ficar respeitosamente em pé nesse momento, corresponde melhor ao caráter pascal da Eucaristia. Afinal, o homem foi libertado da escravidão e do peso do pecado pelas ações salvíficas de Cristo, tornadas memória na Eucaristia.

Alegrai-vos

É a primeira palavra da antífona da entrada da missa do 3º domingo do Advento. O versículo é tirado da carta aos Filipenses: "Alegrai-vos sempre no Senhor! Mais uma vez digo: Alegrai-vos! Vossa bondade seja conhecida por todos. O Senhor está perto. Não vos preocupeis com nada, mas rezai em qualquer situação, elevando vossos pedidos a Deus em ação de graças" (Fl 4,4-6).

Em vez dos paramentos de cor roxa pode-se usar os de cor rosa, como também no 4º domingo da Quaresma. Do latim [*Gaudete*], alegrai-vos.

Alegra-te, Jerusalém

É a primeira palavra da Antífona da entrada do 4º domingo da Quaresma, no missal romano: "Alegra-te, Jerusalém! "Reuni-vos, todos vós que a amais: Vós que estais tristes, exultai de alegria. Saciai-vos com a abundância de suas consolações" (Is 66,10-16). Neste domingo pode-se usar o paramento rosa em vez do violeta, como no 3º domingo do Advento.

Aleluia

Foi tirado sem tradução do culto judaico para aclamar Cristo antes do Evangelho. Como aclamação tipicamente pascal, encontrou acolhida na Liturgia de todas as igrejas cristãs. Embora sendo esse o costume em muitas ocasiões, nunca deveria ser recitado, mas sempre cantado ou totalmente dispensado. Na Liturgia latina é deixado durante o tempo quaresmal. No único lugar do NT onde aparece o aleluia, Cristo é rejubilado com a aclamação: Cristo, o cordeiro, vencedor da Babilônia (Ap 19,1-7; ver o grito de júbilo na Jerusalém celeste Tb 13,18). Por outro lado, muitos salmos já exibem o aleluia (104-106,110-118; 134-135;145-150). Do hebraico [*grito de júbilo*], "Louvai a Jah[we]".

Alfaias litúrgicas

Designação geral para os vasos sagrados, vestes e outros objetos utilizados no culto divino para a composição do altar e da igreja: galhetas para o vinho e água; bacia e jarra para lavar as mãos; patena e cálice para a Eucaristia; cibório, píxide e ostensório para conservar ou expor o Santíssimo

Sacramento; toalhas do altar, crucifixo e velas para o altar; concha e bacia para o batismo. Esses objetos são sagrados ou benzidos separadamente para o uso na igreja e no culto, e com isso subtraídos ao uso profano.

Aliança

É entregue em celebrações correspondentes, como sinal de união e fidelidade:

1. Do casal, no casamento, um para o outro: "Deus abençoe estas alianças que ides entregar um ao outro em sinal de amor e fidelidade".

2. Das religiosas, monjas e virgens: "Usai o anel como sinal de vossa união com Cristo" (ritual próprio).

3. Do bispo com a Igreja: "Usa este anel como sinal de tua fidelidade" (ritual próprio).

Altar

Antigamente, o altar era o lugar onde se ofereciam sacrifícios de animais aos deuses e a Javé no tempo do judaísmo do AT. O altar ficava fora do templo, pois este, como casa de Deus, não dava acesso ao povo. Dependendo de sua finalidade, o altar consistia frequentemente num bloco de pedra. Depois que Jesus Cristo se ofereceu ao Pai como sacrifício único, o cristianismo não conhece outro sacrifício. Daí o altar em nossas igrejas é entendido como mesa (do latim [*mensa*]) da refeição eucarística e lugar da atualização da morte de Cristo na cruz e de sua ressurreição.

Desde o cristianismo nascente erigiam-se altares sobre os túmulos dos mártires. Mais tarde começou-se a incluir na pedra uma relíquia dos santos. A partir da Idade Média, o altar recuou para a parede do fundo, junto ao coro, e ficou separado dos fiéis por meio de um móvel de madeira ou púlpito. Além disso, com a introdução das missas em particular, surgiram numerosos altares laterais nas igrejas. Com a reforma preconizada pelo Concílio Vaticano II, hoje o altar voltou a ser erigido num espaço livre, podendo assim ser rodeado pelo celebrante. Também deve haver só um altar fixo nas novas igrejas, para que com isso transpareça a união da comunidade com o único Salvador Jesus Cristo. Frequentemente o altar é feito de pedra, simbolizando Jesus Cristo: rocha (1Cor 10,4), pedra fundamental (Ef 2,20) e pedra angular (At 4,11), pedra natural; contudo são aceitos outros materiais convenientes, adequados e resistentes. Do latim [*adolere*], arder.

Altar da cruz

Devido à larga distância entre a nave central e o altar-mor nas igrejas muito grandes e devido principalmente à localização do púlpito – introduzido mais tarde, impedindo a visão do altar-mor –, na Idade Média foi erigido outro altar para o povo entre o coro e a nave central, enquanto os cônegos, e membros da nobreza se postavam diante do altar-mor durante a missa. Daí vem também o nome de altar dos leigos, que era sempre dedicado à santa cruz.

Altar do povo

Para que o sacerdote pudesse celebrar de frente para o povo, no decorrer da reforma litúrgica do Concílio Vaticano II, em muitas igrejas antigas foi montado outro altar "mais perto do povo" e ficou chamado *altar do povo ou da comunidade*. Nas igrejas com grande distância entre a nave central e o altar-mor, respectivamente nas igrejas onde o púlpito impedia a visão da nave central para o altar-mor, havia já desde a Idade Média uma espécie de altar do povo, chamado "altar da cruz" por causa de sua relação sagrada com a santa Cruz.

Altar e seu lugar

A partir da reforma litúrgica efetuada pelo Concílio Vaticano II, acentua-se primordialmente a unidade da comunidade, cujo centro é o altar (IGMR 259). Os limites que antes serviam para separar o altar da assembleia são conservados ainda, mas apenas por motivos artístico-históricos. Agora basta uma "leve elevação ou especial estrutura e decoro" para proporcionar um espaço suficiente (IGRM 258), que não acarreta nenhuma separação da assembleia e atrai os participantes, limitando tão somente o lugar do altar para as funções. Por isso, além do altar como centro, a decoração consiste, via de regra, em assentos para o presidente da celebração, o diácono, concelebrantes e ministros. Também para o ambão e credência, mas não o tabernáculo, lugar para conservação da Eucaristia (IGMR 276).

Altar lateral

No começo do cristianismo as igrejas tinham somente um altar. Quando, na Idade Média, a celebração da missa passou a ser devoção pessoal do padre, e cada padre queria celebrar diariamente, foram erigidos para isso mais altares e capelas laterais, ou até igrejas ao lado. Conforme a precisão, foram acrescentados altares nas naves laterais das igrejas, nos quais eram missas *lidas* ao mesmo tempo. Nas construções de hoje isso não é mais permitido.

Alva

Veste longa até os pés, usada sempre pelos presbíteros e diáconos durante o culto: "A veste litúrgica, apropriada para todos os misteres do altar, é a alva, cingida pelo cíngulo, a não ser que seu feitio o dispense" (IGMR 298). A alva não está (mais) prescrita para os outros misteres: "Todos os outros que executam algum ministério no altar, e não são sacerdotes ou diáconos, podem usar a alva ou alguma outra veste legalmente aceita em sua região". A alva lembra a veste batismal que nos foi entregue e é sinal de que "devemos revestir-nos de Cristo". Originalmente era de linho, hoje pode ser confeccionada com qualquer tecido (IGMR 305). Do latim [*alvus*], branco.

Ambão

O termo já indica que esse tipo de púlpito deve estar num lugar mais elevado, acessível por meio de degraus.

A partir do Concílio Vaticano II voltou a ser o lugar próprio para a proclamação da Palavra de Deus. Diz a "Instrução Geral sobre o Missal romano": Tenha "uma estrutura estável e não seja uma simples estante móvel" (IGMR 272): As leituras, o salmo responsorial, o Evangelho devem ser proclamados do ambão. Homilias (pregações) e Oração dos Fiéis (Preces) podem também ser proferidas do assento, por quem está presidindo. Do grego [*serve para subir*].

Amém

Esse termo hebraico, não traduzido, encontrou acesso na Liturgia de todas as igrejas cristãs e vem a ser a aclamação mais frequente. Tem, sobretudo, caráter de compromisso: Concordamos com o que o outro diz, visando assumir um compromisso, apropriando-se de seu conteúdo. Daí vem a tradução mais frequente: "certíssimo", "é isso mesmo". Encontramos a fórmula amém já no AT com três aplicações semelhantes:

1. Assentimento a uma conversa. Exemplos: 1Rs 1,36: assim seja; Jr 11,5: sim, Senhor; Jr 28,6: totalmente certo.

2. Corroborando a uma maldição proferida antes: Nm 5,22; Dt 27,15-26; Ne 5,13.

3. Na conclusão de uma doxologia ou oração (1Cr 16,36; Ne 8,6; Sl 41,14 etc.). Esta última aplicação foi assumida nos cultos judaico e cristão. Assim, encontramos o amém como confirmação da oração de agradecimento já no NT, em 1Cor 14,16, e depois das doxologias na carta aos romanos (Rm 1,25; 9,5; 11,36; 16,27). Se a fórmula amém pode ser etimologicamente aparentada com o termo egípcio *mn* (permanecer, resistir, durar) e ter por isso ligações histórico-religiosas com o culto ao deus Amum, o deus escondido, é uma hipótese. Se para os frequentadores do culto divino e "orantes" de hoje, o amém é geralmente uma fórmula sem sentido, poderia adquirir seu significado original se fosse explicada catequeticamente e exercitada como uma síntese e confirmação da profissão de fé.

Um exemplo evidentíssimo da Sagrada Escritura é o louvor a Deus como Criador, prestado por Tobias, e o amém conclusivo junto com Sara (Tb 8,5ss.).

Segundo o Apocalipse (3,14), falamos com o amém do próprio Cristo, como verdadeiras testemunhas das promessas de Deus.

Anáfora

Na antiga Igreja e até hoje nas igrejas do Oriente, anáfora é a designação grega para a "oração eucarística". Literalmente significa: levantar, elevar, com o sentido da oferta (de uma vítima). Quando, no início da "oração eucarística", o sacerdote e a comunidade reunida dizem: "Corações ao alto! Nosso coração está em Deus", é feita uma referência à exortação do Apóstolo: "Por Ele, ofereçamos a Deus um sacrifício de louvor em todo tempo, isto é, o fruto dos lábios que confessam seu nome" (Hb 13,15), e "vocês também, como pedras vivas, apresentem-se para a construção de um edifício espiritual, para um sacerdócio santo, a fim de oferecer sacrifícios espirituais agradáveis a Deus por Jesus Cristo" (1Pd 2,5).

Anamnese

A Liturgia, conforme o ensinamento da Igreja, não é simplesmente celebrar um acontecimento que ficou no passado, mas tornar realmente presentes as ações salvíficas de Deus em favor dos fiéis. Assim, a morte e a ressurreição de Cristo não são apenas fatos históricos, mas sim um acontecimento diretamente salvífico na Eucaristia. Esse conceito de lembrança se chama anamnese. "A Igreja faz a memória do próprio Cristo, relembrando de modo especial sua paixão, ressurreição e ascensão aos céus" (IGMR 55e). Em sentido estrito, a anamnese, ou seja, a aclamação anamnésica, é o momento culminante da "oração eucarística", pronunciada simultaneamente pelo sacerdote e pelo povo: "Anunciamos, Senhor, a vossa morte e proclamamos a vossa ressurreição. Vinde, Senhor Jesus!", seguida pela oração anamnésica do sacerdote: "Celebrando, pois, a memória da morte e ressurreição de vosso Filho...".

Aniversário de Sagração de Igreja

A festa do aniversário da sagração de certas igrejas: Igreja da Ressurreição e dos Martírios em Jerusalém, atestada desde o século V.

O aniversário da dedicação da Basílica de Latrão como catedral da arquidiocese de Roma, e, por isso, a igreja do bispo de Roma, que é o Papa, foi acolhida no calendário geral e é celebrada na Igreja inteira. A sagração das atuais catedrais de uma diocese é de importância especial para ela.

Ano litúrgico

O conceito foi cunhado no século XVI pelo pároco evangélico Johannes Pomarius e se distingue do ano civil pelas festas eclesiásticas e pela data do início. O ano litúrgico começa no 1º domingo do Advento. O último domingo do ano litúrgico é a solenidade de Cristo Rei, que faz o dirigir olhar para a volta do Senhor. O ano litúrgico se compõe dos "Tempos próprios" do Natal e Páscoa, como também do assim chamado Tempo comum (com 33/34 domingos). O centro do ano litúrgico é a Páscoa, por ser a celebração da morte e ressurreição de Jesus Cristo, centro da fé cristã. Seguindo a Parasceve judaica, é celebrada assim desde o século I. O Concílio de Niceia (325 d.C.) fixou a data para o 1º domingo depois do primeiro plenilúnio da primavera. O tempo pascal começa com o 40º dia da Quaresma e dura 50 dias até Pentecostes. O tempo de Natal inclui o tempo do Advento e o Tempo do Natal até a festa do batismo do Senhor, domingo depois da Epifania. A solenidade do Natal coincide com a festa pagã da volta do sol, derivação do latim: [*invictus*], invencível.

Fazem parte do ano litúrgico as "memórias", as "festas dos santos" e as festas denominadas "temáticas" que acentuam um aspecto especial da fé (por exemplo, Solenidade do Corpo e Sangue de Cristo). Domingo é o primeiro dia da semana. Neste dia, após o sábado judaico, deu-se a ressurreição de Cristo conforme a narrativa bíblica. O ano litúrgico não descreve a vida histórica de Jesus, mas oferece o quadro ritual para tornar presente a história da salvação. O ano litúrgico da Igreja Católica diverge em alguns pontos das datas de algumas confissões religiosas [Festa da Páscoa, do Natal e dos santos da Igreja ortodoxa; da maneira de contar os domingos desde a festa da Santíssima Trindade (1º domingo depois de Pentecostes); Domingo da eternidade em vez de festa de Cristo Rei, na igreja evangélica].

Antemissa

Hoje, não se usa mais a designação "antemissa" para a abertura e parte da Liturgia da Palavra na missa. Desde a reforma litúrgica, "Liturgia da Palava" e "Liturgia eucarística" formam um unidade.

Antífona

Hoje, entendida muitas vezes como refrão que acompanha o salmo. Esse refrão, antes ou depois do salmo, ocasionalmente também depois de cada estrofe, é cantado por todos em comum. Não é possível reconstruir totalmente a evolução histórica da antífona. Mas presume-se que a antífona usada hoje surgiu da apresentação solista do salmo, que foi sendo emoldurado e interrompido pelas aclamações responsoriais do povo (ver também salmo responsorial). Originalmente, *antífona* era a designação para o salmo alternado pelo coro, ou seja, dois coros ou um coro dividido em dois que se revezam no canto ou recitação dos versículos (canto alternado). Na *Liturgia das Horas*, as antífonas desempenham para os salmos e cânticos um papel importante como auxiliares na compreensão e sua classificação messiânica e cristológica: "As mais das vezes são as antífonas que, tiradas do respectivo salmo, salientam este aspecto" (IGLH 109). Mas por detrás das composições musicais das antífonas para o intróito (entrada), ofertório (preparação das oferendas) e comunhão, no coral gregoriano, o salmo foi fortemente trabalhado e encurtado (intróito) ou desapareceu completamente (ofertório e comunhão), o que levou a dar o nome de antífona também para peças corais sem salmo, como, por exemplo, as antífonas marianas (Salve, Rainha, Mãe de misericórdia; Ó Mãe do Redentor, do céu ó porta; Ave, Rainha do céu; Rainha do céu, alegrai-vos) e outras.

A função importante da antífona na *Liturgia das Horas* na Instrução Geral: "São três os elementos que, na tradição latina, contribuíram para a compreensão dos salmos ou para convertê-los em oração: os títulos, as orações sálmicas e sobretudo as antífonas (IGLH 110). Com efeito as antífonas ajudam a ilustrar o gênero literário do salmo; fazem do salmo uma oração pessoal, acentuam algum pensamento particularmente digno de atenção e que poderia passar despercebido (IGLH 113).

Antifonário

Livro oficial da Liturgia que contém todas as partes necessárias para a *Liturgia das Horas* cantada (não somente as antífonas), enquanto o Gradual contém os cantos do coral gregoriano para a missa. É um importante complemento para a "Liturgia das Horas" e possibilita a execução cantada que, conforme as possibilidades e capacidades de tempo e pessoa, pode ser executada moduladamente (IGLH 267-284).

Antífonas do Ó

As antífonas para o *Magnificat,* em vésperas dos sete dias antes do Natal (17-23 de dezembro), devem seu nome ao início igual para todas:

17 de dezembro: Ó Sabedoria, que saístes da boca do Altíssimo e atingis até os confins do universo: ó, vinde ensinar-nos o caminho da prudência.

18 de dezembro: Ó Adonai, guia da casa de Israel, que apaecestes a Moisés na sarça ardente e lhe destes vossa lei sobre o Sinai: vinde salvar-nos com braço poderoso!

19 de dezembro: Ó Raiz de Jessé, ó estandarte, levantado como sinal para as nações! Ante vós se calarão os reis da terra, e as nações implorarão misericórdia: Vinde salvar-nos! Libertai-nos sem demora!

20 de dezembro: Ó Chave de Davi! Cetro da casa de Israel, que abris e ninguém fecha, que fechais e ninguém abre: vinde logo e libertai o homem prisioneiro, que nas trevas e na sombra da morte está sentado.

21 de dezembro: Ó Sol nascente, resplendor da Luz Eterna: ó, vinde e iluminai os que jazem entre as trevas e na sombra do pecado e da morte estão sentados!

22 de dezembro: Ó Rei das nações, Desejado dos povos, ó Pedra angular, que os opostos unis: Ó, vinde e salvai este homem tão frágil, que um dia criastes do barro da terra!

23 de dezembro: Ó Emmanuel: Deus conosco, nosso Rei Legislador, Esperança das nações, e dos povos, Salvador: Vinde, enfim, para salvar-nos, ó Senhor e nosso Deus!

O Messias é exaltado aqui com forte expressão nas diversas figuras do AT, e sua vinda, suspirada. Após a nova organização do Lecionário, essas antífonas também são introduzidas na missa como aclamações aleluiáticas.

Antífonas marianas

Antífonas são versos que, na "Liturgia das Horas", emolduram um salmo, contribuindo assim junto ao orante para sua compreensão cristológica e sua classificação teológica. Com o transcorrer do tempo, o conceito é transferido também para as peças corais e os hinos, sem o salmo. É o caso das antífonas marianas. A "Liturgia das Horas" termina cada dia com uma antífona mariana, depois das Completas, ocasionalmente, também após as Vésperas: "Como conclusão segue uma das antífonas marianas: "Rainha do céu, alegrai-vos..." no tempo pascal. As Conferências episcopais podem aprovar outras também" (IGLH 92). Esse costume procede da ideia de saudar Maria na mesma hora em que o anjo a teria saudado: "O anjo entrou onde ela estava e disse: 'Ave, cheia de graça, o Senhor é convosco...'" (Lc 1,28).

Até a reforma da "Liturgia das Horas", a *Salve-Rainha* foi sempre cantada, exceto no tempo do Natal (Santa Mãe do Redentor...); do dia 2 de fevereiro até a Quinta-feira Santa (Ave, Rainha dos céus...); e no tempo pascal (Rainha do céu, alegrai-vos). Fora do tempo pascal podem empregar-se outras antífonas marianas também (IGLH 92).

Salve-Rainha

Salve, Rainha, Mãe de misericórdia,
vida, doçura, esperança nossa, salve!
A vós bradamos os degredados filhos de Eva.
A vós suspiramos, gemendo e chorando
neste vale de lágrimas.
Eia, pois, Advogada nossa,
esses vossos olhos misericordiosos a nós volvei,
e, depois deste desterro, mostrai-nos Jesus,
bendito fruto do vosso ventre!
Ó clemente, ó piedosa,
ó doce sempre Virgem Maria.

Rogai por nós Santa Mãe de Deus,
para que sejamos dignos
das promessas de Cristo.

Em latim:

Salve, Regina, Mater misericordiae,
vita, dulcedo, et spes nostra salve.
Ad te clamamus, exsules filii Evae;
Ad te suspiramus,
gementes et flentes in hac lacrimarum valle.
Eia ergo, advocata nostra
illos tuos misericordes oculos ad nos converte.
Et Iesum, benedictum fructum ventris tui,
nobis post hoc exsilium ostende.
O clemens, O pia, O dulcis Virgo Maria.

Ora pro nobis, sancta Dei Genitrix.
Ut digni efficiamur promissionibus Christi. Amen.

Antifonia

Designação grega para o "canto alternado" ou seja, canto que se reveza entre dois coros (ou partes do coro), ou entre o entoador e a assembleia coral. É mais na Liturgia das Horas que se usa essa alternância. Também a recitação dos salmos pode ser executada dessa maneira.

Antimension

Utilizado originalmente na Liturgia ocidental. Era um pequeno altar portátil ou mesinha de pedra com relíquias inseridas, usado nas viagens. A partir da reforma litúrgica, o antimensio não é mais necessário, pois pode ser usada qualquer mesa apropriada, desde que se coloque a toalha do altar e o corporal. "A celebração da Eucaristia deve ser feita num altar fixo ou móvel. Na falta de espaço, a missa pode ser celebrada numa mesa apropriada, particularmente quando se tratar de casos extraordinários. Mas sempre usar toalha e corporal" (IGMR 260). Do grego [*em vez de mesa, em vez do altar próprio*].

Antipêndio

Cobre a parte dianteira do altar. Originalmente era um pano precioso, ricamente bordado. Mais tarde passou a ser também uma tela trabalhada, de metal nobre ou madeira. Hoje está em desuso. Do latim [*antipendium*], cortina.

Anunciação do Senhor

A solenidade da Anunciação do Senhor é celebrada no dia 25 de março. Refere-se à narrativa de Lucas (1,26-38). A festa não coloca no centro só o mistério da encarnação do Verbo celebrado nove meses depois, com a festa do nascimento (25/3-25/12), mas também a obediência à vontade de Deus, relacionando as palavras de Maria: "Eis aqui a serva do Senhor, faça-se em mim conforme a tua palavra" (Lc 1,38), com a obediência total de Cristo a seu Pai: "Quando Cristo entrou no mundo, disse a seu Pai: 'Eis-me aqui, eu venho para fazer tua vontade'" *(Antífona da entrada).*

Oração do dia

Ó Deus, quisestes que o vosso Verbo
se fizesse homem no seio da Virgem Maria;
dai participar da divindade
do nosso Redentor
que proclamamos verdadeiro Deus
e verdadeiro homem. Por nosso Senhor...

Anúncio do Evangelho

É uma das três dimensões da Igreja junto com a Liturgia e a Diaconia. Na Liturgia da Palavra o Evangelho ocorre nas leituras e sua explicação na homilia e na pregação. A explicação é essencial para o anúncio, já que, através dela, os textos das Escrituras são aplicados à vida concreta do homem de hoje. Através dela torna-se claro que as leituras não evocam, em primeira linha, fatos acontecidos há muito tempo, mas aplicam-se aos ouvintes de hoje. O Novo Testamento sintetiza essa exigência do anúncio neste apelo de Jesus: "Convertei-vos porque o reino do céu está próximo" (Mt 4,17). O anúncio anima os ouvintes a pautar sempre de novo sua vida conforme o amor de Deus. Todo o cristão está convocado para isso: testemunhar com sua vida a verdade do Evangelho e anunciá-lo não somente com palavras, mas muito mais em sua conduta com o próximo. Evangelho, do grego [*Evangelium*], Boa Nova.

Apologia

Designação grega, para designar um discurso ou escrito de defesa perante o tribunal; ou defesa de uma opinião doutrinária; no contexto religioso, autoqueixa do pecador que, por vezes, em longas enumerações vai reconhecendo seus pecados e pede perdão a Deus. Na Liturgia atual encontramos (breves) apologias, já no *Confiteor* comunitário ("confesso a Deus") da missa, nas breves e silenciosas preces do sacerdote antes do Evangelho ("Ó Deus todo-poderoso, purificai-me o coração e os lábios..."); na preparação das oferendas ("De coração contrito e humilde sejamos, Senhor, acolhidos por vós..."); no lavabo ("Lavai-me, Senhor, de minhas faltas e purificai-me de meus pecados"); e antes da Comunhão ("Senhor... livrai-me dos meus pecados e de todo o mal..."). A *Liturgia das Horas* tem no início das Completas um Ato Penitencial em comum.

Apresentação do Senhor – Festa

Festa natalina, mas celebrada dia 2 de fevereiro, fora do Tempo de Natal, portanto 40 dias após a solenidade do nascimento do Senhor (25 de dezembro). Esse espaço de tempo vem da lei judaica que prescrevia o sacrifício da purificação da mãe 40 dias após o nascimento do menino. Acrescia o resgate do primogênito com uma oferenda: "E quando se completaram os dias para eles se purificarem, segundo a Lei de Moisés, levaram-no a Jerusalém, para apresentá-lo ao Senhor, conforme o que está escrito na Lei do Senhor: 'Todo primogênito do sexo masculino seja consagrado ao Senhor'; e para oferecer em sacrifício, como se prescreve na Lei do Senhor, um par de rolas ou dois pombinhos" (Lc 2,22-24). Somente a forma romana dessa festa antiga conhece a bênção das velas, da qual vem a designação popular "festa de Nossa Senhora da Candelária" ou "das Candeias".

Oração do dia

Deus eterno e Todo-Poderoso,
ouvi as nossas súplicas.
Assim como vosso Filho único
revestido da nossa humanidade,
foi hoje apresentado no templo,
fazei que nos apresentemos diante de vós
com os corações purificados...
Por nosso Senhor Jesus Cristo...

Ascensão de Cristo – Solenidade

Solenidade celebrada no 40º dia da Páscoa, ou seja, dentro do tempo pascal, o que ainda reflete a concepção original da homogeneidade de tempo e evento salvífico da ressurreição com a ascensão ao céu no mesmo dia, isto é, o domingo da Páscoa (Lc 24,50s.). A data hoje se guia pelo texto dos Atos dos apóstolos: "A eles também, após sua paixão, Jesus apresentou-se vivo com muitas provas, aparecendo-lhes durante quarenta dias e falando-lhes do Reino de Deus" (At 1,3). Ante esse possível mal-entendido, que Cristo nos poderia ter abandonado, o prefácio da ascensão de Cristo ao céu acentua na missa: "Ele, nossa cabeça e princípio, subiu aos céus, não para afastar-se da nossa humildade, mas para dar-nos a certeza de que nos conduzirá à glória da imortalidade".

Oração do dia

Ó Deus Todo-Poderoso,
a ascensão de vosso Filho já é nossa vitória.
Fazei-nos exultar de alegria
e fervorosa ação de graças.
pois, membros de seu corpo,
somos chamados na esperança
a participar da sua glória.
Por nosso Senhor...

Asperge-me

É o início da antífona: "Aspergi-me e serei puro do pecado, e mais branco do que a neve ficarei" (Sl 50[51],9). Pode ser cantada no momento da aspersão da comunidade reunida, por ocasião da missa dominical (exceto no Tempo Pascal). No Tempo pascal canta-se: "Eu vi a água saindo do templo, de seu lado direito. Aleluia! E todos a quem chegou esta água, ficaram salvos e poderão exclamar: Aleluia, aleluia" (Ez 47,1.2.9; Sl 118).

Aspersão

A aspersão com água benta, primeiramente entendida como recordação de nosso batismo, pode como rito purificador substituir o Ato Penitencial na missa dominical. Durante a aspersão pode-se cantar uma antífona. Por exemplo: "Eu vi a água..." (Ez 47,1.2.9; Sl 118/119) no Tempo pascal; fora do Tempo pascal: "Aspergi-me" (Sl 50/51,9); ou outro canto.

Assentado

Na Liturgia atual, ficar assentado é a postura do corpo que significa acolhimento e disponibilidade para a escuta das leituras, inclusive dos responsórios, durante a pregação, a preparação das oferendas e depois da comunhão" (IGMR 21). Para o Evangelho está proposto o respeitoso manter-se em pé. Antigamente era costume de o bispo pregar assentado em sua cátedra, como sinal de sua função magisterial e episcopal.

Assento do sacerdote

Assento é a cadeira do sacerdote que preside a celebração litúrgica. Para o bispo já está prevista a cátedra em sua catedral.

Assistentes

Hoje, nome pouco empregado para todos os serviços litúrgicos, excetuando o dirigente a quem, conforme o conceito da Idade Média, todos os celebrantes "assistiam" como único celebrante. Diante disso, o Concílio Vaticano II restaurou e acentuou a função própria de cada ministério: "Os que servem ao altar, acólitos, leitores, comentaristas e membros do coro desempenham também um autêntico ministério litúrgico" (CSL 9).

Assunção de Nossa Senhora – Solenidade

A Assunção corporal de Maria ao céu é um dogma proclamado em 1950 por Pio XII. No Brasil, por determinação da CNBB e autorização da Santa Sé, esta Solenidade é celebrada no domingo após o dia 15 de agosto, caso o dia 15 não caia num domingo.

Oração do dia

Deus eterno e Todo-Poderoso
que elevastes à glória do céu em corpo e alma
a imaculada Virgem Maria, Mãe do vosso Filho,
dai-nos viver atentos às coisas do alto,
a fim de participarmos da sua glória.
Por nosso Senhor...

Asterisco

Literalmente: "asterisco" (*) vem do grego *astér* (estrela). É colocado no meio do versículo do salmo ou cântico dos livros litúrgicos (por exemplo, na *Liturgia das Horas*), e serve para marcar a pausa na recitação ou no canto.

Ato Penitencial

É parte dos "ritos iniciais" da missa que consiste, a convite do celebrante ("confessemos os nossos pecados"), no reconhecimento das culpas e pedido de perdão. Aos domingos se pode, no lugar dessa fórmula, fazer memória do batismo, com a aspersão da água benta, sinal de purificação. A finalidade é manifestar publicamente a prontidão para a conversão e o pedido da pureza interior para a celebração digna da Eucaristia.

Confesso a Deus Todo-Poderoso e a vós, irmãos e irmãs, que pequei muitas vezes por pensamentos e palavras, atos e omissões, por minha culpa, minha tão grande culpa. E peço à Virgem Maria, aos anjos e santos, e a vós, irmãos e irmãs, que rogueis por mim a Deus, nosso Senhor.
Celebrante:
Deus Todo-Poderoso, tenha compaixão de nós, perdoe os nossos pecados e nos conduza à vida eterna. Amém.

Auxiliar da Comunhão

O ofício do acólito é levar a comunhão (aos doentes) ou expor o Santíssimo Sacramento para a adoração etc. Seu ofício é exercido apenas como preparação obrigatória para a função de diácono ou sacerdote. E no lugar dele existe a possibilidade de homens e mulheres serem auxiliares (ministros) da comunhão.

Auxiliares no culto divino

Designação um tanto inadequada que, em sentido lato, quer referir-se de algum modo a cada um que presta um serviço durante ou depois da celebração: Leigos como monitores da Palavra, cerimoniário, coroinhas, cantores, leitores, equipe de canto, auxiliares da Comunhão, acólitos, sacristães, sejam eles homens ou mulheres.

Ave, Maria

Palavras iniciais da oração mariana mais conhecida ("Ave, Maria, cheia de graça..."), que hoje é pronunciada em toda a parte, inclusive no rosário e no Ângelus. Chama-se também "saudação angélica". Esta oração consta de duas partes: A primeira foi extraída de Lucas (Lc 1,28 e 1,41). A segunda é de origem medieval. Foi musicada por muitos compositores famosos.

Ave, Maria, cheia de graça,
o Senhor é convosco;
bendita sois vós entre as mulheres
e bendito é o fruto do vosso ventre,
Jesus.
Santa Maria, Mãe de Deus,
rogai por nós, pecadores,
agora e na hora de nossa morte. Amém.

Báculo

O báculo pastoral é outorgado ao bispo na ordenação episcopal, com estas palavras: "Entrego-te este báculo como sinal da função de pastor. Zela por todo o rebanho de Cristo, pois o Espírito Santo te nomeou bispo para conduzires a Igreja de Deus". Ao mesmo tempo é entregue a mitra, a insígnia mais significativa da indumentária do bispo (ou o abade) nas funções solenes. O báculo dos abades deriva do báculo dos monges, hoje ainda, entregue nos jubileus áureos de profissão religiosa como báculo da longevidade; mas já se iguala ao báculo dos bispos em formato e significado.

Baldaquino ou pálio

Baldaquino deriva de Baldac – *Bagdá*, cidade exportadora de tecidos finos, usados preferencialmente para baldaquinos, pálios ou docéis. Em alguns países é conhecido como "céu portátil" ou "sobre céu", porque protege o Santíssimo Sacramento nas procissões do Corpo e Sangue de Cristo. Neste caso recebe também o nome de pálio.

Encontra-se ainda em muitas igrejas, como teto sobre o altar ou sobre o trono episcopal nas catedrais. Se for de construção sólida, por exemplo, de pedra, recebe o nome de zimbório. No Oriente era o símbolo de nobreza dos soberanos. Foi assumido algum tempo pelos papas, bispos e cardeais. Baldaquino vem de Baldac.

Bancos de igreja

São a forma usual de assento para vários fiéis, com genuflexórios também. Em outras regiões preferem-se cadeiras. A Igreja primitiva conhecia somente a participação em pé do culto divino, como ainda hoje se usa em algumas igrejas. Sejam bancos ou cadeiras, o essencial é a livre participação da Liturgia (IGMR 273).

Barrete

Designação de um boné com três ou quatro bicos, usado pelos clérigos nas funções litúrgicas. Segundo alguns, evoluiu de um capuz ou manta que foi encurtando com o tempo. Tem, conforme cada região, três ou quatro bicos. Ainda é usado em cerimônias religiosas. Do latim [*birrus*], capa.

Basílica

1. Do grego [*stoà basílik*], átrio do rei. Designação para um estilo de construção de igreja usado antigamente, que se desenvolveu a partir dos átrios do mercado e do foro romano. Por basílica se entende uma construção longa, constando de uma nave central e duas laterais, sendo que a nave central é mais alta e mais larga, provida de janelas. As naves laterais estão abertas para a nave central através de fileiras de colunas e pilares.

2. Segundo o Direito Canônico, basílica é uma igreja com privilégios especiais, provida de trono e altar papal, como as igrejas e basílicas patriarcais de Roma. Atualmente o título de "basílica menor" cabe a uma igreja que se distingue por sua importância arquitetônica, pastoral e litúrgica, e que, unida estreitamente com Roma, procura formar um centro de vida eclesial.

Batina

Designação para a veste talar ou sotaina, usada até há pouco tempo pelo clero, distinguindo-se assim da veste civil. Desde o século XVII, exceto para os prelados em seu hábito de coro, por motivos de maior simplicidade foi prescrita a cor preta para a túnica, com o talhe de sotaina. Hoje ainda é usada em várias regiões, até sob prescrição. Do latim [*talus*], até os calcanhares.

Batismo

É o primeiro dos sacramentos da iniciação, juntamente com a Crisma e a Eucaristia. A pessoa é recebida na comunidade da Igreja mediante este sacramento. A maioria das vezes as crianças são batizadas numa idade muito tenra. De algum tempo para cá está aumentando o número de adultos que pedem o batismo. São preparados longo tempo no catecumenato para a inserção na comunidade que ocorre tradicionalmente na vigília pascal. Pelo batismo o catecúmeno entra em comunhão com o Senhor ressuscitado. A infusão ou imersão na água batismal simboliza a morte e a ressurreição. Recorda ao mesmo tempo a passagem pelo Mar Vermelho. Pelo batismo o neófito torna-se uma nova criatura, pois começa uma nova vida com Jesus Cristo na Igreja. É chamado, pois, neófito, ou seja, nascido de novo. Como símbolo de sua pureza é revestido por uma túnica branca, a alva (do latim [*alvus*], branco). Os neófitos adultos recebem diretamente após o batismo, a crisma e primeira comunhão na mesma celebração. Quanto às crianças batizadas, os outros sacramentos ficam separados algum tempo do batismo; e a primeira Eucaristia é feita entre o batismo e a crisma. Do latim: [*initium*], início.

Batismo de crianças

O batismo da criança de colo ou pequena, praxe que se impôs desde os séculos IV-V, supõe uma família cristã, para que a criança cresça na fé recebida no batismo. Os pais e padrinhos assumem a responsabilidade pela educação cristã da criança. Por isso, na celebração do batismo são exigidos da parte deles a profissão de fé e a renúncia ao mal. O batismo deve realizar--se nas primeiras semanas de vida; em perigo de morte, logo após o nascimento, para que a mãe também possa estar presente. O batismo é precedido por uma palestra (ou mais) de preparação. Se nessa preparação persistir falta de clareza sobre a garantia da educação cristã da criança, isso pode levar a um adiamento do batismo. Nesse caso pode-se abençoar a criança num rito celebrativo, durante o qual se manifesta o desejo de providenciar o batismo para mais tarde. Por ser o sacramento da inserção na Igreja, o batismo deve ser administrado na igreja paroquial e, dada a possibilidade, com a participação da comunidade. A data tradicional é a vigília pascal. A celebração do batismo tem a seguinte estrutura:

– Rito de entrada na igreja: (quando se começam as cerimônias na entrada), saudação aos pais, padrinhos etc.

– Liturgia da Palavra: leituras, homilia, oração dos fiéis (preces), primeira unção, procissão para a pia batismal.

– Liturgia sacramental: bênção da água, promessas do batismo, administração do batismo por infusão da água ou imersão na pia batismal, dizendo simultaneamente "N..., eu te batizo em nome do Pai, do Filho e do Espírito Santo").

– Ritos complementares: unção com o santo crisma, veste batismal, entrega da vela acesa, éfeta, *Pai-nosso*, bênção, consagração a Nossa Senhora.

– O sacramento do batismo é administrado pelo sacerdote, diácono ou ministro do batismo; excepcionalmente, por um leigo.

Batismo de emergência

Quando alguém se acha em grave perigo de morte, o batismo pode ser--lhe administrado por qualquer pessoa. Para isso basta, nesse caso extremo e tendo reta intenção, derramar água na cabeça (fronte) dizendo ao mesmo tempo: "N... Eu te batizo em nome do Pai, do Filho e do Espírito Santo". Seria bom, se possível, que fosse um cristão a administrar o Batismo na presença de uma ou duas testemunhas segundo o rito abreviado que, além da fórmula do batismo, contém preces pelo neófito, parentes e padrinhos, pedido de absolvição para todo o mal (exorcismo) e a profissão de fé. Se, recebido o batismo, a crisma e a eucaristia, o neófito for adulto e puder falar e responder, deve comprometer-se a procurar a catequese depois da cura.

Batismo do Senhor – Festa

Nesta festa celebra-se o batismo de Jesus por João no rio Jordão, onde foi apresentado publicamente como Filho de Deus. É celebrado no domingo depois da Epifania, encerrando assim o tempo de Natal.

Oração do dia

Deus eterno e Todo-Poderoso,
que sendo o Cristo batizado no Jordão
e pairando sobre ele o Espírito Santo,
o declarastes solenemente vosso Filho,
concedei aos vossos filhos adotivos,
perseverar constantemente em vosso amor.
Por nosso Senhor Jesus Cristo...

Batismo em casa

Batismo é uma inserção na Igreja, que se concretiza na comunidade do lugar. Isso vale também para o batismo das crianças de peito, momento em que os pais e padrinhos assumem a responsabilidade pelo neófito perante a comunidade. O batizado deve ser feito na igreja paroquial da comunidade. Somente em situações especiais de exceção, quando praticamente não é possível na igreja paroquial, ou há perigo de vida para o batizando, pode-se efetuar o Batismo no hospital ou em casa.

Batistério

É o espaço na igreja para a administração do Batismo, tendo a pia batismal no centro. Até a Idade Média o batistério ficava fora ou no fundo da igreja (catedral), porque os catecúmenos adultos só podiam entrar na igreja após o Batismo. Com a tendência para o trabalho da imersão e para o Batismo das crianças, as pias batismais foram introduzidas em capelas laterais ou espaços adrede preparados, dentro da igreja. Do grego: [*baptisterion*, *baptizein*], batizar.

Beijamento dos pés

O beijamento dos pés é um sinal de veneração, opcional, mas não prescrito: no lava-pés na Quinta-feira Santa; no crucifixo com três genuflexões, na Sexta-feira Santa.

Bênção

Mediante a bênção Deus transmite vida em toda a sua abundancia. No livro do Gênesis ele abençoa, por exemplo, Abraão, fazendo-o patriarca de Israel e de muitos outros povos. Como bênção sacerdotal foi transmitida a bênção de Aarão (Nm 6,24-26). A bênção divina pode ser transmitida por intermédio de pessoas. Isso ocorre primeiramente por sua postura e seu procedimento. Por isso se diz que "fulano" é uma bênção para seu próximo. O que se deve distinguir é a palavra da bênção pronunciada junto com o sinal da cruz.

Os leigos podem abençoar individualmente, com uma cruz na testa, pessoas a eles confiadas, por exemplo, a mãe, seus filhos. A bênção da Igreja no contexto de uma celebração litúrgica é conferida pelo presidente do culto divino, pelo sacerdote aos fiéis a ele confiados, assim como na bênção final da missa. Nas solenidades o missal prevê uma solene bênção final, na qual se faz alusão ao mistério da festa. Quando um leigo preside a celebração, troque o "vós" por "nós" na bênção final, e faça a cruz sobre si mesmo. Se é o bispo que abençoa, então ele pronuncia as seguintes palavras antes da bênção própria: "Nosso auxílio está no nome do Senhor", ao que a assembleia responde "que fez o céu e a terra". A bênção "urbi et orbi" (à cidade de Roma e ao mundo) está anexa ao múnus pontifício. Conforme sua própria designação, é conferida à cidade de Roma e ao mundo todo, geralmente nas solenidades. A ela está anexa uma indulgência plenária. Do latim [*signare*], assinalar com a cruz.

Bênção da abadessa

O rito da bênção é presidido pelo bispo diocesano, mesmo se o mosteiro não estiver sob sua jurisdição. A bênção da abadessa encontra-se no Ritual próprio. Como na bênção do abade, a abadessa recebe junto com a Regra da Ordem o anel e o báculo pastoral (aqui, propriamente, o báculo monástico).

Bênção das mães

Em muitas regiões costuma-se dar a bênção às mães após o parto. Em outras regiões dá-se a bênção aos pais após o batismo do filho, que é apresentado a Deus numa oração de agradecimento. Outros ainda costumam consagrar o filho a Nossa Senhora. O ritual das bênçãos contém diversas opções nesse sentido.

Bênção de casa

O ritual das bênçãos tem várias opções para a bênção de casa (nova ou não), que pode estar unida com a celebração eucarística. Em algumas regiões, por ocasião da Epifania, é costume repetir anualmente a bênção das casas e habitações da comunidade, as mais das vezes, em conexão com a "folia dos reis" (no Brasil), assinalando as portas com as letras iniciais dos santos reis G-M-B (Gaspar, Melquior, Baltazar). Em todos os casos de bênção, deve-se desejar a paz para seus atuais ou futuros moradores: "Quando entrardes numa casa, dizei primeiro: Paz para esta casa" (Lc 10,5). Assim diz o celebrante logo na introdução da bênção: "A paz esteja nesta casa e com todos que nela habitam", e na Epifania: "Cristo abençoe esta casa e todos que nela habitam".

Bênção de crianças

Nos Evangelhos conta-se como Jesus abençoa as crianças. Chega até a dizer: "O reino dos céus é dos que se assemelham a elas" (Mt 19,13-15). A Igreja também conhece a bênção das crianças com o traçado em cruz na testa:

– a hora do batismo pelo celebrante, pais, padrinhos, familiares;

– na missa, em lugar da recepção da comunhão;

– no Tempo do Natal (festa dos santos inocentes e outras ocasiões);

– nos diversos eventos infantis, no início da escola, da catequese...

– nas famílias, ao levantar-se e ao deitar-se, nas idas para a escola...

O ritual das bênçãos oferece muitas opções.

Bênção de São Brás

Bênção conhecida como "bênção de São Brás", com duas velas em forma de cruz (cruz de Santo André), em memória do mártir São Brás, bispo de Sebaste na Armênia († 316). Conta-se que São Brás, com sua bênção, salvou um menino de morrer asfixiado por causa de um espinho de peixe preso na garganta.

No dia 3 de fevereiro dá-se essa bênção aos fiéis com a oração seguinte: "Por intercessão de São Brás, bispo e mártir, livre-te Deus de todos os males da garganta e de qualquer outro mal. Em nome do Pai, do Filho e do Espírito Santo. Amém!"

Bênção do "tempo"

Há no missal romano bênçãos e missas "para diversas circunstâncias". Por exemplo, para agradecer a boa colheita (n. 26-27), preservação de calamidades públicas (n. 36-37).

Bênção do abade

O rito da bênção é presidido pelo bispo diocesano, mesmo se o mosteiro não estiver sujeito a ele. A bênção do abade encontra-se no ritual próprio. Conforme sua função de abade episcopal recebe a Regra da Ordem, o anel, a mitra e o báculo pastoral (aqui, propriamente o báculo monástico).

Bênção dos alimentos

Quando se mantinha jejum mais rigoroso no tempo pascal (da Quarta-feira de Cinzas até o tríduo pascal, com exceção dos domingos) e se abstinha totalmente de carne, ovos e queijo, queria que se abençoasse esses alimentos na primeira refeição da Páscoa. Daí desenvolveu-se o costume da bênção dos alimentos na Páscoa (ver *no ritual das bênçãos).*

Hoje em algumas regiões, costuma-se continuar a celebração pascal do Ressuscitado com uma espécie de ágape num ambiente familiar. O início da oração da bênção lembra o salmo tradicional rezado nesse momento: "Todos os olhos, ó Senhor, em vós esperam, e vós lhes dais o alimento no tempo certo" (Sl 144,15).

Bênção dos noivos

O ritual da bênção faz uma ligação do amor recíproco dos noivos com o mandamento de Jesus: "Este é o meu mandamento: amai-vos uns aos outros como eu vos tenho amado" (Jo 15,12).

Bênção das alianças de noivado

Senhor Deus, fonte de todo o amor,
por cujo desígnio providencial
estes jovens se encontraram na vida,
concedei que eles, ao pedirem vossa graça,
em preparação para o casamento,
abençoando estas alianças de noivado,
e sustentados pela bênção celeste,
não só cresçam na estima de um pelo outro
como se amem reciprocamente com amor sincero.
Por Cristo, nosso Senhor (Ritual de bênçãos n. 212).

Bênção papal

A bênção papal (do latim: [*urbi et orbi*], para a cidade de Roma e para o mundo) é concedida pelo papa, entre outras ocasiões, no Natal, na Páscoa, em Pentecostes. Esta bênção confere indulgência plenária. Na era da mídia, ela vale para todos que a recebem religiosamente por meio da televisão, radiodifusão etc. Os bispos podem conceder a bênção papal até três vezes ao ano em seu bispado. O sacerdote pode concedê-la ao agonizante dentro do rito da confissão e comunhão.

Bendito o que vem...

"Bendito o que vem..." é uma inclusão no "Santo, santo, santo..." do prefácio (Sl 118,26) e acompanhado pela exclamação jubilosa do Hosana (Mc 11,9-10; Sl 118,25). A designação "Bendito...". Do latim [*benedictus*], bendito é a palavra inicial do canto "Bendito o que vem em nome do Senhor..."

Santo, santo, santo,
Senhor, Deus dos exércitos!
O céu e a terra proclamam vossa glória.
Hosana nas alturas!
Bendito o que vem em nome do Senhor!
Hosana nas alturas (Mc 11,9-10; Sl 118,25).

Bendito seja

Essa designação *Benedictus* – Bendito seja – deve-se à primeira palavra do canto de louvor, proferido por Zacarias na circuncisão de seu filho João (Lc 1,68-79). Como cântico, vem a ser o momento culminante das "Laudes" (Oração da manhã). Conforme a Instrução Geral para a "Liturgia das Horas" (IGLH 50 e 138), presta-se a esse canto, a mesma solenidade e honra prestadas ao Evangelho, ao menos porque é feito em ambos o "grande" sinal da cruz no início (IGLH 266). Segue o canto na íntegra:

Bendito seja o Senhor, Deus de Israel,*
porque a seu povo visitou e libertou,
e fez surgir um poderoso Salvador*
na casa de Davi, seu servidor,
como falara pela boca de seus santos,*
os profetas desde os tempos mais antigos
para nos salvar do poder dos inimigos*
e da mão de todos quantos nos odeiam.

Assim mostrou misericórdia a nossos pais,*
recordando a sua santa aliança,
e o juramento a Abraão, o nosso pai,*
de conceder-nos que, libertos do inimigo,
a Ele nós sirvamos sem temor
em santidade e justiça, diante dele,*
enquanto perdurarem nossos dias.
Serás profeta do Altíssimo, ó menino,
pois irás andando à frente do Senhor*
para aplainar e preparar os seus caminhos,
anunciando ao seu povo a salvação,*
que está na remissão dos seus pecados
pela bondade e compaixão de nosso Deus,*
que sobre nós fará brilhar o sol nascente
para iluminar a quantos jazem entre as trevas*
e na sombra da morte estão sentados,
e para dirigir os nossos passos*
guiando-os no caminho da paz.
Glória ao Pai, ao Filho e ao Espírito Santo*
como era no princípio, agora e sempre. Amém.

Binação

Binação (trinação) consiste na celebração de duas (três) missas no mesmo dia pelo mesmo sacerdote. Conforme o Código de Direito Canônico (CIC 905), a binação só é permitida nas exceções bem definidas: Quinta-feira Santa, Páscoa, Natal (IGMR 158) e Finados. Quando necessário (falta de padres), os bispos podem permitir a binação. Mas trinação, somente nos domingos e festas, ou numa urgente necessidade pastoral.

Bolsa

Estojo quadrangular de pano bem reforçado, na cor litúrgica do dia, para guardar o corporal. Está em desuso. Designa-se assim também a bolsinha forrada com pano de seda (ou outro conveniente), que se pendura em volta do pescoço, para levar a Comunhão ou o Viático aos enfermos. Dentro dela vai a teca (caixinha redonda de metal, para conservar as partículas consagradas). Do latim: [*bursa*], bolsa.

Breviário

Originalmente, o breviário era um tipo de caderno ou catálogo usado primeiramente para conteúdos diversos; a partir da Idade Média era utilizado somente para a Oração das Horas. Se o breviário era apenas um catálogo de textos e melodias para ajudar na memorização, seguindo certa ordem prefixada, com o decorrer do tempo chegou-se ao texto acabado.

O objetivo original era possibilitar a execução da "Oração das Horas" privadamente – em geral rezada em comum –, mantendo a mesma ordem, embora mais abreviada. Esta evolução foi ao encontro dos compromissos sempre crescentes do clero: Da obrigação permanente da Oração das Horas em comum, passou-se para a recitação em particular.

Com o Breviário a unidade da Oração das Horas na Igreja também foi fortemente estimulada. Assim o breviário romano foi impondo-se após o Concílio Tridentino. Ao mesmo tempo alguns breviários monásticos de mais longa tradição puderam, ou seja, quiseram, ser mantidos em sua forma primitiva, de modo particular o breviário dos monges beneditinos.

Após o Concílio Vaticano II o nome "Breviário" foi abolido, passando a chamar-se "Liturgia das Horas" ou "Ofício divino". Do latim [*breviarium*], resumo, lista breve.

Calendário da Ordem

Com o assentimento de Roma, algumas ordens religiosas têm calendário litúrgico com inclusão de festas próprias, à semelhança das dioceses e outras entidades.

Calendário diocesano

Cada diocese pode, de acordo com Roma, incluir festas e memórias próprias no calendário universal (também chamado calendário geral) que regula o ano litúrgico para o mundo inteiro, levando sempre em conta o que diz a Constituição sobre a Sagrada Liturgia: "muitas delas (festas dos santos) ficarão para serem celebradas somente por uma igreja particular ou nação ou família religiosa, estendendo-se apenas a toda a Igreja as que celebram Santos de inegável importância universal" (CSL 111).

Calendário dos santos

É a listagem dos nomes dos santos na ordem de seu aniversário de morte. Contém curtas biografias e outros dados sobre os santos. Hoje, há muitos "dicionários" dos santos em vários idiomas.

Calendário geral

O ano litúrgico tem um calendário geral para toda a Igreja, mas deixa muitas memórias dos santos para os calendários regionais, diocesanos e de ordens religiosas, como diz a constituição conciliar sobre a Liturgia: "Para que as festas dos Santos não prevaleçam sobre as festas que recordam os mistérios da salvação, muitas delas ficarão para ser celebradas somente por uma igreja particular ou nação ou família religiosa, estendendo-se apenas a toda a Igreja as que celebram Santos de inegável importância universal" (CSL 111). Concretamente a transposição de festas e memórias para solucionar as ocorrências que sempre se repetem, ou seja, a coincidência de várias festas num dia, devido às festas móveis no ano litúrgico e o deslocamento anual dos dias de semana, são resolvidos por meio dos assim chamados diretórios, com as necessárias indicações para as missas e a "Liturgia das Horas".

Calendários regionais

Conforme a Constituição sobre a Sagrada Liturgia, "para que as festas dos Santos não prevaleçam sobre as festas que recordam os mistérios da salvação, muitas delas ficarão a ser celebradas somente por uma igreja particular ou nação ou família religiosa, estendendo-se apenas a toda a Igreja as que celebram Santos de inegável importância universal" (CSL 111). Em sintonia com Roma, as regiões podem introduzir festas próprias no calendário geral. Além disso, as dioceses, sempre com o assentimento de Roma, podem formar calendários diocesanos próprios.

Cálice

É o vaso sagrado destinado para o vinho de missa. Deve ser confeccionado com material nobre. A Conferência dos Bispos regionais pode estabelecer o que convém a esse respeito. O mesmo vale para sua forma artística e prática, que pode variar de uma região para outra, e já mudou tanto ao longo dos séculos. No ritual das bênçãos há uma bênção para o cálice e a patena. Do latim [*calix*] cálice.

Caminho da cruz

Na Idade Média faziam-se procissões ao redor de um pátio retangular ou jardim com arcadas, junto às igrejas, carregando uma cruz. Daí vem o nome de corredor ou caminho da cruz.

Cânon

Sua designação litúrgica é, abreviadamente, "cânon romano" e, hoje, a primeira "oração eucarística". Na Idade Média, designava-se cânon, somente a parte da primeira "oração eucarística" depois do "Sanctus", já que a parte anterior, o Prefácio, é variável. No missal há diversos prefácios à escolha, conforme o mistério celebrado. Com esta partilha em duas, enfraqueceu-se o conceito de que a "oração eucarística" constitui um louvor só. Acresce que o cânon é interrompido pela inclusão do mistério celebrado. Esta inclusão está depois da menção de Maria na "oração eucarística" e antes da consagração. Também as duas listas de nomes dos mártires da Igreja primitiva podem ser abreviadas. Do grego [*prumo, norma*].

Canonização

Canonização pode significar a tramitação em Roma da causa de algum candidato à beatificação, ou a própria proclamação da causa pelo papa, e a celebração segundo o rito. Após a definição da autoridade competente, encerram-se todos os procedimentos referentes ao candidato. Aos beatos ou bem-aventurados permite-se um culto regional (onde é conhecido). O culto aos canonizados pode estender-se a toda a Igreja. As causas, quer de beatificação, quer de canonização, só podem ser introduzidas pela Santa Sé, após ouvir da população que o conheceu. O rito da beatificação pode ser realizado fora de Roma, onde o beato viveu e morreu.

Cântico

É um canto semelhante ao salmo, tirado da Sagrada Escritura para o uso litúrgico, mas não faz parte dos 150 salmos. O conteúdo dos cânticos do NT é de agradecimento pela libertação da morte através do acontecimento pascal da ressurreição. Daí, supõe-se que sua origem reside na vigília pascal. Os cânticos mais antigos são: Êx 15,1-18 (cf. Ap 15,3) e Dn 3,5-88 (Cântico dos três jovens na fornalha ardente). Os mais importantes do NT: "Bendito seja" de Zacarias, "A minh'alma engrandece", "Deixai agora". Outros cânticos tradicionais: Jr 12,1-6; 38,10-20; 1Sm 2,1-10; Hab 3,2-19; Dn 32,1-43. Os cânticos têm lugar fixo, particularmente, também na "Liturgia das Horas". Do latim [*canticum*], plural [*cantica*]; grego [*ode*].

Cântico de Moisés

Cântico do AT (Êx 15,1-18), que é cantado na vigília pascal, depois da terceira leitura (Êx 14,15–15,1). A libertação dos israelitas perante os egípcios que os apertaram no Mar Vermelho, já no cristianismo primitivo, foi relacionada com a libertação da morte pelo acontecimento pascal da Ressurreição. O hino de Moisés e o canto de louvor dos três jovens na fornalha ardente (Dn 3,52ss.) são os cânticos mais antigos, atestados na Liturgia da Igreja. Mas o hino de Moisés já é cantado no Apocalipse de João (Ap 15,3) como hino da vitória (pascal).

Então Moisés e os israelitas cantaram ao Senhor este cântico:

Ao Senhor quero cantar, pois fez brilhar a sua glória.*
Precipitou no Mar Vermelho o cavalo e cavaleiro!
O Senhor é minha força, é a razão do meu cantar,*
pois foi ele neste dia para mim libertação!
Ele é meu Deus e o louvarei, Deus de meu pai e o honrarei.
o Senhor é um Deus guerreiro, o se nome é Onipotente:*
os soldados e os carros do Faraó jogou no mar.

Ao soprar a vossa ira amontoaram-se as águas,
levantaram-se as ondas e formaram um muralha,*
e imóveis se fizeram, em meio ao mar, as grandes vagas.

O inimigo tinha dito: hei de segui-los e alcançá-los!
Repartirei os seus despojos e minha alma saciarei
Arrancarei da minha espada e minha mão os matará!
Mas soprou o vosso vento, e o mar os recobriu,*
afundaram como chumbo entre as águas agitadas.

Quem será igual a vós entre os fortes, ó Senhor?
Quem será igual a vós, tão ilustre em santidade*
tão terrível em proezas, em prodígios glorioso?

Estendestes vossa mão e a terra os devorou;
mas o povo libertado conduzistes com carinho*
e o levastes com poder à vossa santa habitação.

No santuário construído pelas vossas próprias mãos*
o Senhor há de reinar eternamente pelos séculos!

Cântico de Simeão

Cântico do NT (Lc 2,29-32) que, conforme a "Instrução Geral da Liturgia das Horas" (IGLH 89), deve ser "como que o ponto alto da Completa". É parte integrante da Completa na "Oração das Horas", mas não nos livros monásticos, em que apenas se indica a possibilidade de ser entoado o canto depois do responsório. Conforme a mesma Instrução (IGLH 138) deve ser dada ao cântico "Deixai agora...", "a mesma solenidade e veneração como para o Evangelho"... ao menos "persignando-se cada um no início do canto" com o "grande" sinal da cruz (IGLH 266b). A designação "nunc dimittis" (deixai agora) origina-se das primeiras palavras do texto latino. Segue o cântico:

Deixai agora vosso servo ir em paz,*
Conforme prometestes, oh! Senhor!

Pois meus olhos viram vossa salvação,*
que preparastes ante a face das nações:

Uma Luz que brilhará para os gentios*
e para a glória de Israel, o vosso povo.

Canto

Conforme a Constituição conciliar sobre a Liturgia "A tradição musical da Igreja é um tesouro de inestimável valor, que excede a todas as expressões de arte, sobretudo porque o canto sagrado, intimamente unido com o texto, constitui parte necessária ou integrante da Liturgia solene" (CSL 112).

No canto predomina de modo particular a alegria e o louvor a Deus. Na Escritura Sagrada o canto é de tão alta importância que até no Apocalipse de João fala-se do novo canto que os remidos cantam diante do trono do Cordeiro Jesus Cristo (Ap 14,3). Para o culto há os chamados cantos de suporte que formam a ação litúrgica: o *Kyrie* e o Glória, o salmo responsorial, como também o *Sanctus-Benedictus*. Faz-se uma distinção entre o canto que se assemelha mais a uma fala em voz alta (cantilenar, utilizado na proclamação de leituras e orações) e o canto dos hinos. Já que os textos dos cantos de suporte constituem o próprio conteúdo da parte correspondente da Liturgia, não podem ser substituídos. Eventualmente podem também ser recitados, mas isto deveria ser exceção. Coisa bem diversa é com respeito a cantos de acompanhamento para outra ação litúrgica, como para a preparação das oferendas (Ofertório). Aos cantos de acompanhamento pertence também o *Agnus Dei* para a fração do Pão, que não pode ser substituído, seja por motivos de tradição, seja por ser introdução para a comunhão.

Canto coral

Nome genérico para as diversas formas de cânticos das liturgias latinas: ordinário e próprio da missa, cantos do sacerdote celebrante, "Liturgia das Horas" cantada. A adaptação das orações para melodias muito simples recebe também o nome de "cantilation". Do latim [*cantus*], canto. O canto coral é sem acompanhamento e a uma só voz. Há diversos tipos de canto coral, que recebem o nome conforme sua origem. Os mais conhecidos são os "cantos gregorianos" do tempo do papa Gregório Magno (590-604). Há oito tonalidades diferentes. Ver *Gradual, Canto gregoriano.*

Canto dos três jovens na fornalha ardente

Canto do AT (Dn 3,52ss) inserido na salmodia das "Laudes" de domingo – dividido em duas partes: Dn 3,57-88 e 52-57 (IGLH 136). Em lugar dos versículos 88b-90, entoa-se a doxologia trinitária: "Ao Pai, ao Filho e ao Espírito Santo louvemos e exaltemos pelos séculos sem fim". A libertação dos três jovens da fornalha ardente, já no cristianismo primitivo, estava unida com o acontecimento pascal da Ressurreição.

Cântico dos três jovens na fornalha ardente

Obras do Senhor, bendizei o Senhor!*
Louvai-o e exaltai-o pelos séculos sem fim!
Céus do Senhor, bendizei o Senhor!*
Anjos do Senhor, bendizei o Senhor!

Águas do alto céu, bendizei o Senhor!*
Potências do Senhor, bendizei o Senhor!
Lua e sol, bendizei o Senhor!*
Astros e estrelas, bendizei o Senhor!

Chuvas e orvalhos, bendizei o Senhor!*
Brisas e ventos, bendizei o Senhor!
Fogo e calor, bendizei o Senhor!*
Frio e ardor, bendizei o Senhor!

Orvalhos e garoas, bendizei o Senhor!*
Geada e frio, bendizei o Senhor!
Gelos e neves, bendizei o Senhor! *
Noites e dias, bendizei o Senhor!

Luzes e trevas, bendizei o Senhor!*
Raios e nuvens, bendizei o Senhor!
Ilhas e terra, bendizei o Senhor!*
Louvai-o e exaltai-o pelos séculos sem fim!

Montes e colinas, bendizei o Senhor!*
Plantas da terra, bendizei o Senhor!
Mares e rios, bendizei o Senhor!*
Fontes e nascentes, bendizei o Senhor!

Baleias e peixes, bendizei o Senhor!*
Pássaros do céu, bendizei o Senhor!
Feras e rebanhos, bendizei o Senhor!*
Filhos dos homens, bendizei o Senhor!

Filhos de Israel, bendizei o Senhor!*
Louvai-o e exaltai-o pelos séculos sem fim!
Sacerdotes do Senhor, bendizei o Senhor!*
Servos do Senhor, bendizei o Senhor!

Almas dos justos, bendizei o Senhor!*
Santos e humildes, bendizei o Senhor!
Jovens Misael, Ananias e Azarias!*
Louvai-o e exaltai-o pelos séculos sem fim!

Ao Pai, ao Filho e ao Espírito Santo!*
Louvemos e exaltemos pelos séculos sem fim!
Bendito sois, Senhor, no firmamento dos céus!
Sois digno de louvor e de glória eternamente!

Canto durante a Comunhão

O canto durante a comunhão seja cantável da maneira mais simples possível, para que os fiéis não fiquem presos ao livro (ou à folha) de canto. Presta-se para isso, por exemplo, um salmo ou canto com o refrão, relacionados com o Evangelho. O canto de comunhão, sendo popular, exprime por um lado a alegria de poder receber o Corpo e o Sangue de Cristo. Por outro lado, reforça a união dos comungantes entre si. Dever-se-ia incluir um tempo de silêncio ao canto da comunhão, durante o qual cada um pode fazer uma oração pessoal. O canto de ação de graças no final da comunhão só começa depois que todos os fiéis retomaram o lugar e tiveram ocasião para uma tranquila ação de graças.

Canto e pregação

O costume de cantar antes ou depois da pregação nas missas de domingo não está previsto, nem é costume, mas é possível, por um lado – por exemplo, numa celebração da Palavra apenas – como "embalo" para a pregação e, por outro lado, também na missa, como resposta da assembleia ao que ouviu.

Canto gregoriano

Designação para o estilo especial de canto litúrgico que remonta a Gregório Magno. É basicamente a uma só voz, texto e música se relacionam estreitamente, e este é cantado sem acompanhamento instrumental...

Canto intercalado

Refere-se aos cantos (salmos) entre as leituras na "Liturgia da Palavra" da missa. Designa o salmo responsorial (responsório) depois da primeira leitura e da aclamação ao Evangelho.

Canto popular

Assim são designados os hinos em língua vernácula, cantados durante a missa ou em reuniões familiares.

Cantor

Cantor é quem lidera o canto no culto divino e, dada a ocasião, pode ser dirigente de uma escola de canto ou coral. O cantor tira o salmo responsorial após a leitura, os cantos da missa, alternando com a comunidade reunida, e se for preciso, com outros solos. Preenche uma tarefa muito importante na organização musical do culto, particularmente se, por motivos diversos, o órgão ou outros instrumentos forem dispensados. A Liturgia diária deve estar entregue a um cantor ou a um pequeno coral que alternem com a assembleia os salmos, hinos e outros cantos. Leigos esperançosos da comunidade podem ser preparados para esse ministério, por músicos de igreja, profissionalmente ativos.

Cantor (coral)

Cantor é o membro de uma escola de canto ou do coral. Pode ser também o dirigente do coral. "Os elementos do grupo do coral desempenham também um autêntico ministério litúrgico" (CSL 29) "e devem de modo particular ser estimulados (CSL 114), sem que, com isso, o canto da assembleia seja negligenciado.

Cantos de procissão

Refere-se aqui aos cantos para a entrada da missa, procissão das oferendas e procissão da comunhão. Os cantos de procissão formam o acompanhamento musical da ação litúrgica e param quando ela termina. Quando a ação dura pouco, o texto correspondente do missal pode também ser recitado. A procissão do Evangelho é acompanhada pelo aleluia obrigatório, exceto no tempo da Quaresma.

Capa de asperges

Palavra de origem latina, usada antigamente como capa de chuva ou capa. Capa muito ampla, com fecho prático na frente, nas diversas cores litúrgicas. Hoje pode ser usada pelos que desempenham algum ministério no culto divino. Por exmplo: Em ritos com exposição do Santíssimo Sacramento e incensação do altar, procissões, "Liturgia das Horas", Ofício das leituras, em outros momentos solenes, exceto em missas. Daí se originaram suas diversas designações: Capa de asperges, capa pluvial, capa do incenso, manto coral, manto das Vésperas. Do latim [*pluvia*], chuva.

Capela

O nome se origina do famoso manto de São Martinho que foi conservado num recinto especial da igreja.

Capela é uma construção menor, pertencente a uma paróquia, destinada e organizada para cultos ou devoções. Também as salas contíguas das igrejas com altares próprios podem ser chamadas capelas. Para a bênção da capela existe um rito próprio no missal ritual. Capela, do latim [*cappa*], manto, capa.

Cartas dos Apóstolos

Originalmente, designava a leitura tirada das Cartas dos Apóstolos, antes do Evangelho. Conforme o lecionário atual, nos domingos e festas as Cartas são lidas como 2ª leitura e nos dias de semana como 1ª leitura. Derivação de origem greco-latina [*epistola*], carta.

Castiçais

Suportes de metal para colocar velas. Há diferença entre eles conforme suas diversas utilizações: Castiçais para as velas do altar, na frente, ao lado ou sobre ele; castiçais levados pelos acólitos na entrada e saída do culto; na proclamação do Evangelho; deixados no altar ou na credência; castiçais para as velas dos 12 apóstolos; castiçais nos altares laterais ou diante das imagens dos santos; o grande candelabro adornado para o círio pascal; o "triângulo" para as três velas nas missas fúnebres da Semana Santa (em algumas regiões); além de tudo isso (quando não havia luz elétrica), lustres com velas, suspensos nas igrejas para iluminar.

Casula

Veste sacra do padre e do bispo para celebração eucarística. A casula, como também a dalmática, a capa de asperges e a estola, acompanha as cores litúrgicas. Seu formato mudou bastante ao longo dos séculos. A forma atual aproxima-se do antigo corte semicircular. Popularmente: casula de sino ou violão. Deo latim [*casula*], casa pequena.

Catecumenato

É um tempo de preparação para admissão na comunidade eclesial por meio dos sacramentos da iniciação do batismo, da crisma e eucaristia. O catecumenato dos adultos foi reavivado pelo Concílio Vaticano II. Espera-se que o catecúmeno, portanto, o candidato ao batismo cresça na comunidade e seja instruído não só intelectualmente sobre a fé. Com a "celebração da aceitação", ele já pertence à Igreja e participa ao menos por um ano do grupo catecumenal, no qual deve ocorrer um conhecimento mais aprofundado da fé. Nesta fase ele escolhe seus padrinhos. No início do tempo quaresmal segue-se a "celebração da admissão", cerimônia realizada várias vezes na sede da diocese, sob a presidência do bispo, quando os candidatos apresentam expressamente o desejo de receber os sacramentos da iniciação. Durante o tempo que vai até a Páscoa, o catecúmeno é preparado intensivamente mediante celebrações penitenciais e ritos diversos: Emissão solene da profissão de fé, do *Pai-nosso* e renovação dos mesmos por meio de depoimentos; rito do *effeta,* do hebraico [abre-te], traçando-se o sinal da cruz nos ouvidos e na boca do candidato; celebração penitencial; novo nome; unção com o óleo dos catecúmenos. Do grego [instrução oral].

Cátedra

É o assento do bispo diocesano e distintivo do múnus episcopal de mestre e cabeça principal, quando preside o culto em sua catedral. A cátedra vem a ser uma derivação do trono do príncipe ou juiz. Antigamente era coberta por um baldaquino como sinal de nobreza; hoje só são conservados por seu valor artístico e histórico. Do grego [*katheder*], cadeira.

Cátedra de Pedro

Festa do Apóstolo Pedro (22 de fevereiro) ou chamada também "festa da cátedra de Pedro". O título vem do antigo costume de reunir-se junto ao túmulo de um falecido, no aniversário do falecimento, para lá cear em sua memória e, nessa ocasião, preparar uma cadeira (cátedra) vazia para ele. O dia da morte de São Pedro é desconhecido; 22 de fevereiro ficou sendo o dia de sua comemoração.

Oração do dia

Concedei, ó Deus todo-poderoso,
que nada nos possa abalar,
pois edificastes vossa Igreja sobre aquela pedra
que foi a profissão de fé do apóstolo Pedro.
Por nosso Senhor...

Catedral

Designa-se catedral a igreja principal de um bispado, portanto, a igreja onde está a sede (cátedra) do bispo. Originalmente, dava-se também o nome de catedral a igrejas importantes, não necessariamente fossem catedrais, mas particularmente igrejas com cúpula. Do latim [*domus*], casa. Do alemão [*dom*], que por sua vez derivou do francês [*dome*], igreja, cúpula.

Categorias das festas

Há três categorias de festas: Solenidades, Festas, e Memórias (obrigatórias e facultativas).

Ceia

A ceia (refeição) preenche diversas funções. Significa comensalidade, é expressão de confiança e pertença mútua dos comensais, une os convivas mediante a gratidão com o Deus vivificante, é invadida por uma atmosfera celebrativa. O convite para a refeição é sinal de integração. No judaísmo a refeição, como ceia sacrifical, tem significado cultual, é expressão de reconciliação entre Deus e os homens. A aliança de Deus com o povo de Israel está ligada com a ceia pascal que teve lugar a primeira vez antes da saída do Egito (Gn 12).

No NT Jesus retoma sempre em suas parábolas o tema da ceia ou do banquete nupcial, como figura do reino de Deus. Come com os "publicanos e pecadores" como manifestação de seu perdão. Na Última Ceia, que conforme os Evangelhos sinóticos (Mt, Mc, Lc) é uma ceia pascal, celebra a Nova Aliança com os discípulos e institui pão e vinho como seu corpo e seu sangue. Isto a Igreja celebra na ceia eucarística, que é ao mesmo tempo memória da Última Ceia pascal, presença de Jesus Cristo no alimento eucarístico e uma previsão do reino de Deus, o banquete celeste. A Igreja faz um paralelo do ágape (derivação do grego: ceia do amor) com a Eucaristia. O ágape acontece fora da missa, por exemplo, no encerramento, e serve para saciar a fome dos membros da comunidade, particularmente, dos pobres, e fortalecer a comunidade. Todos estão convidados para o ágape, não como na recepção da comunhão à qual estão relacionadas certas condições.

Ceia sacrifical

A oferta de animais ou colheitas está ligada a uma ceia. O livro Levítico do AT fornece instruções exatas sobre que partes da vítima devem ser derretidas ou queimadas e assim entregues a Deus. Essas são em primeira linha, o sangue como sede da vida, e a banha como parte de especial valor. As outras partes são consumidas pelos sacerdotes ou pelo povo numa ceia em comum. Com isso eles mantém simbolicamente o espírito de comensalidade com Deus e participação em sua vida, unida com o perdão dos pecados. A ceia sacrifical mais importante de Israel é a ceia pascal (parasceve), que fundamenta a aliança de Deus com seu povo (Êx 12). É isso que Jesus retoma na Última Ceia, dando-se a conhecer como o verdadeiro cordeiro pascal e estabelece assim a nova aliança. Estabelece o pão e o vinho como seu Corpo e seu Sangue. No judaísmo o chefe da casa faz uma prece de ação de graças e de bênção (*beraka* em hebraico), em cada refeição, e assim fez Jesus também na Última Ceia. Daí nasceu a "oração eucarística". Por isso a ceia eucarística não é apenas a distribuição da comunhão, mas a união da "oração eucarística" com a comunhão. Também a preparação das oferendas faz parte da preparação da ceia, é o "pôr a mesa" como se diz. Daí coloca-se a questão: que sentido tem uma comunhão desligada da celebração eucarística (excetuando-se a comunhão para os doentes) e por que são tiradas regularmente do tabernáculo e distribuídas na comunhão, as hóstias de missas anteriores!

Celebração com crianças

As crianças têm apelos diferentes dos adultos numa celebração. Por exemplo elas entendem mais facilmente as histórias bíblicas, quando são contadas numa linguagem apropriada a elas, quando são animadas com a mímica, quando acrescem imagens, figuras e cartazes, enfim todos os recursos de audiovisuais. Em geral seu tempo de concentração é menor que o dos adultos e maior sua imperatividade de movimentos. As celebrações com crianças devem levar em conta essa situação toda especial, não são missas, mas cultos próprios para sua idade, encontros catequéticos entremeados de recursos lúdicos, desenhos, movimentações, encenações, bonecos falantes e mesmo pequenos passeios pela redondeza etc. Em muitas paróquias é costume, durante o culto dominical, haver simultaneamente uma catequese acessível às crianças em outra sala. Existem subsídios nas livrarias, com muitas sugestões para tornar mais atraentes a celebração e a catequese infantil.

Celebração de frente para o povo

É a expressão usada para a missa celebrada de frente para a assembleia. Está em uso desde a reforma litúrgica preconizada pelo Concílio Vaticano II: "Na igreja haja habitualmente um altar fixo e consagrado, afastado da parede, a fim de ser facilmente circundado e nele se possa celebrar de frente para o povo. Ocupe um lugar que seja de fato o centro para onde se volta espontaneamente a atenção de toda a assembleia" (IGMR 262).

A celebração de costas para o povo, em uso desde a Idade Média, é tida como pouco apropriada para a participação ativa dos fiéis.

Celebração em família

O serviço divino na forma de celebração eucarística ou da Palavra atrai as famílias, particularmente por sua estrutura própria. Os líderes, por exemplo, são escolhidos de tal maneira que possam ser auxiliados no canto pelos pequeninos. A homilia ou explicação do Evangelho é apresentada de modo tal que tanto os adultos como as crianças – estas de modo especial – sentem-se estimulados e incluídos no diálogo. Por vezes a celebração é preparada por um grupo de pais ou crianças. As crianças chegam a assumir tarefas litúrgicas, como a leitura de pequenos textos no Ato Penitencial, na "Oração dos fiéis (Preces)", na formação de um coral ou conjunto instrumental.

Mas, por tão bem-intencionada que possa ser a dedicação especial e programação de um culto dominical para e com as famílias, é problemático o enfraquecimento da comunidade, com a tendência crescente de isolar a família dentro de si mesma, limitando-a como um caso especial ou minoria. Isto se contrapõe à responsabilidade de toda a comunidade por seu crescimento, particularmente das novas gerações. O culto dominical é sempre a celebração da Eucaristia de toda a comunidade com todas as classes de pessoas.

Celebração na família

Pode ser entendida de duas maneiras:

1. Uma celebração da Palavra em família, adaptada a cada ambiente familiar.

2. Uma celebração eucarística em família, em algum outro espaço disponível. Diversas podem ser as ocasiões: bênção da casa, missa para um enfermo, outras motivações pastorais, sempre com o objetivo da participação mais intensa. Nós nos comprazemos em recordar a praxe dos primeiros cristãos até a destruição de Jerusalém (ano 70 d.C.), quando piedosos judeu-cristãos de manhã e tarde participavam da Liturgia oficial no Templo, mas celebravam a novidade da Eucaristia nas casas de família: "Unidos de coração, frequentavam todos os dias o Templo e partiam o pão em suas casas, tomando as refeições com alegria e simplicidade de coração" (At 2,46).

Celebração penitencial

É uma "celebração da Palavra" com acento especial na conversão e reconciliação. Mediante leituras e pregação, a comunidade reunida é chamada à atenção para aspectos da culpa, adjudicada à penitência. Segue uma reflexão em silêncio, o Ato Penitencial e o pedido de perdão ("Deus Todo-Poderoso..."). Fazem parte outros elementos como: cantos, preces e a oração da bênção. A celebração penitencial, que em muitas comunidades, particularmente no Tempo da Quaresma, tornou-se parte integrante, não substitui a Confissão particular. Serve para a formação da consciência e mostra a cada participante que ninguém está sozinho com sua culpa, facilitando assim a aceitação da própria fragilidade.

Celebração sem padre

É a celebração sem a presidência do padre. Ao longo da História da Igreja tem havido culto dominical sem o padre, particularmente nas terras de missão e da diáspora (dispersão, isto é, regiões com pequena porcentagem de católicos sobre o total da população), em lugares de difícil acesso (aldeias nas montanhas), como também nos países onde os cristãos eram perseguidos. Eles garantem que a comunidade se reúne para a oração em comum e para ouvir a Palavra de Deus, mas mesmo sem o padre eles se entendem como comunidade. Também estão cientes de que fazem parte da Igreja inteira mediante a leitura dominical das passagens da Bíblia. Reza engajada na Igreja, representando-a na "Liturgia das Horas", na *oração do dia*, na Oração dos fiéis (Preces) e no *Pai-nosso*. O culto divino sem o padre não é uma celebração eucarística. Contudo, em muitos lugares é distribuída a comunhão depois do *Pai-nosso* pelo leigo que preside. Os leigos que presidem o culto devem tornar visível seu ofício especial, pelo uso da veste litúrgica. Seu lugar é perto do ambão, pois são comunicadores da Palavra, mas não no altar. Leigos se abstêm, em seu serviço, de expressões típicas da função eclesial, por exemplo, "o Senhor esteja convosco" na saudação. Também não transmitem para seus irmãos e irmãs a bênção dizendo "abençoe-vos Deus...", mas pedem com eles "abençoe-nos Deus..." – cultos dominicais sem padre formam uma exceção por causa de uma situação de necessidade; hoje mais pela falta de padres.

Celebração temática

Consiste na organização de um culto com a seleção de textos, cantos e símbolos sobre o tema escolhido. Isto esconde em si o perigo de o culto divino entrar num esquema de informações e motivações – às vezes até ponderáveis – mas contrárias ao caráter do serviço divino, que é celebração do mistério salvífico em Jesus Cristo. Certos aspectos do tema poderiam ser abordados na introdução, na pregação e na Oração dos fiéis (Preces). O missal tem também uma seleção de formulários para ocasiões e circunstâncias especiais.

Celebrações litúrgicas

Cada culto divino é uma celebração, seja a santa missa, "Oração das Horas", celebração da Palavra ou devoção mariana – para citar poucos exemplos. Com isso realiza-se no culto o que distingue a celebração de um simples encontro de várias pessoas. Os fiéis que se reuniram para o culto divino formam uma comunidade entre si e com Deus. Nesta a Igreja torna-se visível concretamente, num determinado lugar, por exemplo, na igreja paroquial. Ao mesmo tempo, quando está reunida numa cerimônia litúrgica, está unida também com toda a Igreja. Isto encontra sua expressão nos textos da liturgia latina espalhados por todo o mundo e na citação nominal dos representantes da Igreja, do papa e do bispo na "oração eucarística".

Portanto, a liturgia nunca é assunto privado. Um culto é, como uma festa social, preparado e executado cuidadosamente. Neste contexto se fala da "arte de celebrar" (*ars celebrandi*). Não há simples espectadores, mas todos os concelebrantes são convocados para uma participação ativa, portanto, para rezar e cantar junto, para uma íntima execução conjunta (CSL 50).

Cada celebração litúrgica está ligada a um determinado rito, mesmo quando este pode ser composto para celebrar em muitas possibilidades. Tem sempre um caráter dialógico: Nas leituras Deus interpela os fiéis reunidos, que respondem a sua Palavra com a oração e o canto. A missa é a maneira mais sublime de celebrar liturgicamente, pois a comunidade reunida, por um lado, recorda o sacrifício salvífico de Cristo e, por outro, já concelebra o celeste banquete nupcial.

Celebrante

Termo celebrante, do latim [*celebrare*], celebrar. Significa o presidente do culto divino. Conforme a concepção hodierna, não somente o celebrante celebra, mas toda a assembleia.

Cemitério

Enquanto no Império Romano os "campos santos" e outros deviam ficar fora de uma construção fechada como prevenção contra doenças, na Idade Média os cemitérios se formavam ao redor das igrejas. Estas por sua vez eram construídas sobre os túmulos dos santos, em cuja proximidade as pessoas queriam ficar com vistas na iminente ressurreição dos mortos. O nome "pátio da paz" vem disso: no terreno da igreja durante a Idade Média concedia-se também asilo aos foragidos contra o avanço do poder civil (imperadores, príncipes) no recinto sagrado. Em razão de sua localização junto da igreja, o cemitério também é chamado pátio da igreja. Hoje, os cemitérios ficam situados frequentemente nas periferias das cidades por motivos de lugar.

O cemitério católico costuma ser benzido no dia da abertura, erguendo-se nele um cruzeiro. A cerimônia prevista para isso consiste numa procissão ao cemitério, celebração da Palavra diante do cruzeiro, homilia ou pregação e a oração da bênção. O cruzeiro é incensado, o cemitério e os fiéis presentes são aspergidos com água benta. Pode-se encerrar ou com missa, ou com um culto religioso incluindo a Oração dos Fiéis (Preces), Pai-nosso e a bênção de despedida. Também nos cemitérios municipais é de se desejar uma bênção nos moldes de um culto ecumênico da parte da Igreja.

Cerimonial

Antigo livro litúrgico que continha normas precisas para as diversas celebrações, substituído pelos numerosos rituais sob a responsabilidade da CNBB, além das instruções contidas no missal romano e na "Liturgia das Horas".

Cerimoniário

Na celebração do culto divino (especialmente dos mais solenes, com músicos, cantores, leitores e todo o ministério do altar), o cerimoniário deve zelar pelo andamento tranquilo dos ritos e harmonioso entrosamento de todos os participantes.

Cerimônias

Este termo designava os solenes sinais externos e ações pertencentes aos ritos. Mas em consequência da distinção infeliz entre o "fluir" externo e desnecessário e o conteúdo próprio e necessário da Liturgia, devido ao desconhecimento da unidade significativa da expressão e do acontecimento sacramental, desenvolveu-se o uso frívolo do termo cerimônia como expressão para ações puramente externas, sem conteúdo e vazias de sentido, que foram conservadas até hoje apenas por causa da tradição. Termo cerimônia, do latim [*cerimônia*].

Céus, deixai cair

"Céus, deixai cair..." Início da oração de entrada das missas votivas de Nossa Senhora para o tempo do Advento até o dia 17 de dezembro (IGMR 333): "Céus, deixai cair o orvalho, nuvens, chovei o justo; abra-se a terra e brote o Salvador" (Is 48,8). Por vezes são chamadas missas do anjo, por causa do anúncio do anjo Gabriel a Maria, lido no Evangelho: "No sexto mês o anjo Gabriel foi enviado..." (Lc 1,26-38).

Chagas de Jesus

A devoção das Chagas de Jesus tem suas raízes na Idade Média, de modo particular, desde de São Francisco, o primeiro estigmatizado que se conhece na História do cristianismo e cuja aceitação das chagas só se entende como consequência de um amor acendrado a Jesus Cristo. A devoção das Chagas de Jesus é uma iniciativa da piedade popular, e na Liturgia só se encontra oficialmente na preparação do círio na vigília pascal, quando o sacerdote aplica cinco grãos de incenso no círio dizendo:

Por suas santas chagas – primeiro grão de incenso.

Suas chagas gloriosas – segundo grão de incenso.

O Cristo Senhor – terceiro grão de incenso.

Nos proteja – quarto grão de incenso.

E nos guarde. Amém! – quinto grão de incenso.

Ciclo anual

Contém as partes mais importantes do ano litúrgico, com a composição dos mistérios centrais da fé, celebrados em espaços determinados de tempo.

I – Tríduo pascal: Vai da missa vespertina da Quinta-feira Santa e tem seu centro na Vigília Pascal até as Vésperas do Domingo da Ressurreição.

II – Tempo pascal: Vai do Domingo da Ressurreição até Pentecostes).

III – Tempo da Quaresma: Vai da Quarta-feira de Cinzas até a Missa da Ceia do Senhor – Quinta-feira Santa.

IV – Tempo do Natal: Vai das Primeiras Vésperas do Natal do Senhor até o domingo depois da Epifania ou ao domingo depois do dia 6 de janeiro inclusive.

V – Tempo do Advento: Começa praticamente no domingo seguinte à festa de Cristo Rei e vai até as Primeiras Vésperas do Natal do Senhor.

VI – Tempo Comum: Começa na segunda-feira que segue ao domingo depois do dia 6 de janeiro e vai até a terça-feira antes da Quaresma inclusive, recomeçando na segunda-feira depois de Pentecostes até as Primeiras Vésperas do 1º domingo do Advento.

(Conforme o Missal Romano: Normais Universais sobre o ano litúrgico e o calendário.)

Ciclo do Natal

O tempo que vai do 1º domingo do Advento até o domingo depois da Epifania (Manifestação do Senhor) abrange, portanto, o tempo de preparação (Advento) para o Natal, a solenidade do nascimento do Senhor, a Manifestação do Senhor (Epifania) e o batismo do Senhor.

Estão em união íntima com o Tempo do Natal dentro do ciclo anual: Apresentação do Senhor (2/2), Anunciação do Senhor (25/3), Natividade de João Batista (24/6), Visitação de Maria (2/7).

Ciclo pascal

Abrange o tempo de preparação (Quaresma) para a Páscoa, o tríduo pascal (como centro), o tempo pascal (como prolongamento) até Pentecostes *(Diretório da Liturgia)*.

Ciência da Liturgia

É uma disciplina da ciência teológica que se ocupa com o campo temático do culto divino. Aí se pesquisa – entre outras coisas – a evolução histórica da Liturgia com suas diversas formas de culto, os fundamentos teológicos, a transformação espiritual e vivenciada nas comunidades da Igreja de hoje em seus cultos. Desde o Concílio Vaticano II, a ciência litúrgica está sendo uma disciplina essencial da teologia católica. A ciência da Liturgia mantém estreitas ligações com todas as disciplinas da Teologia, sendo de múltiplas maneiras uma fonte de conhecimentos para elas. Além do mais mantém estreito intercâmbio com as ciências humanas não teológicas.

Ciência das festas

Do grego: ciência das festas. É a parte da Liturgia que se ocupa com a origem, o desenvolvimento, a estrutura e a importância das festas do ano litúrgico.

Cíngulo

Cíngulo, do latim [*cingulum*]. Cordão ou cordel de pano, geralmente de cor branca, para amarrar a alva pela cintura. Hoje, conforme a alva, este cordão pode ser dispensado (IGMR 298).

Cinza

É comparada com o pó e a palha, símbolo da transitoriedade humana (Gn 18,27); ao mesmo tempo, é sinal externo do luto e da penitência (Jn 3,6; Jr 58,5; Dn 9,3; Mt 11,21). Está ligada também à purificação e expiação dos pecados (Nm 9,9.17s.; Hb 9,13). Ao impor a cinza, na Quarta-feira de Cinzas, primeiro dia da Quaresma, o celebrante diz a cada um: "Lembra-

-te que és pó, e em pó te hás de tornar" (Gn 3,19), e convoca para isso, exortando à penitência e ao retorno para o caminho reto os malfeitores que seguem o caminho errado como já prescreve, dirigindo-se a eles o salmo: "São como palha que o vento dispersa" (Sl 1,4).

Circuncisão do Senhor

(Esta festa não consta no calendário atual.)

Círio pascal

É uma vela grande, adornada com uma cruz, o Alpha e Ômega, o ano em curso, eventualmente com outros símbolos, confeccionada com boa parte de cera de abelha. Este círio é benzido no começo da celebração da vigília pascal, sendo então afixados em sua cruz cinco cravos de incenso que lembram as cinco chagas de Cristo. Enquanto realiza esse rito, o padre diz:

Cristo ontem e hoje.
Princípio e fim.
Alpha e Ômega.
A ele o tempo e a eternidade.
A glória e o poder.
Pelos séculos sem fim.

Ao afixar os cravos:

Por suas santas chagas.
Suas chagas gloriosas.
O Cristo Senhor
nos proteja
e nos guarde. Amém!

Ao acender o círio:

A luz do Cristo,
que ressuscita resplandecente,
dissipe as trevas
de nosso coração e nossa mente.

O círio é levado em procissão pela igreja ainda escura, enquanto o diácono – na falta dele o sacerdote que o leva – aclama três vezes no caminho "Eis a luz de Cristo, ao que a assembleia responde "Demos graças a Deus". Após a terceira aclamação, diante dos degraus do altar, acendem-se no círio as luzes restantes. É incensado depois de colocado no candelabro junto do altar. Em seguida o diácono canta o precônio (anúncio) pascal. No momento da bênção da água batismal, o sacerdote mergulha três vezes o círio na água dizendo: "Nós vos pedimos, ó Pai, que por vosso Filho desça sobre toda esta água a força do Espírito Santo". O círio é sempre o símbolo de Cristo, como Luz do mundo. Mas é também uma alusão à coluna de fogo, na qual Deus precedia os israelitas à noite em seu caminho, pelo deserto.

Durante os cinquenta dias do tempo pascal o círio fica junto do altar e é aceso para o culto dos domingos e dias de semana. Nos outros dias do ano permanece junto à pia batismal, na capela do batismo. Pode ser aceso também nas missas exequiais.

Clero

Termo grego. Clérigos são homens chamados para um serviço especial na Igreja Católica (diácono, sacerdote ou bispo). A admissão ao estado clerical realiza-se através da ordenação diaconal (sacramento da Ordem). Nesse estado o clérigo está ligado à Igreja pela obediência, representada pelo bispo diocesano, e ao celibato, com exceção do diácono permanente (se já era casado). A vocação clerical é destinada ao serviço. Isto se torna bem mais evidente, considerando o título que o Papa se dá: "servo dos servos de Deus" (servo, termo latino que significa escravo).

Coleta

É o ato de recolher as ofertas (em dinheiro) dos fiéis durante a missa. A interligação dos pobres com a Eucaristia já foi atestada no cristianismo primitivo, quando se fez uma coleta para a primeira comunidade de Jerusalém que Paulo coordenou e entregou pessoalmente. A coleta deve ser feita durante a preparação das oferendas e estar concluída antes do Prefácio.

Coleta é também o termo próprio para a *oração do dia*, pois é nela que se condensa a oração silenciosa dos fiéis.

Comemoração de todos os fiéis defuntos

Depois que, já bem cedo, surgiu o costume de lembrar os mortos após uma festa, o abade Odilo de Cluny, da Burgundia, no ano de 998 estabeleceu o dia 2 de novembro (um dia depois da festa de todos os santos) como dia dos finados. Primeiramente introduzido nos mosteiros, do século XIV em diante esse dia foi assumido pela Igreja latina. No século XV criou-se nos mosteiros dominicanos da Espanha o costume de celebrar três missas nesse dia. No século XVIII este privilégio foi estendido aos sacerdotes da Espanha, Portugal e América Latina. Em 1915 o papa Bento XV adjudicou esse privilégio aos sacerdotes de toda a Igreja. "Mesmo quando 2 de novembro cai num domingo, celebra-se nesse dia a Comemoração de todos os fiéis defuntos utilizando o formulário próprio da missa, pois 'exprime melhor o sentido pascal da morte cristã'" (SC 81). A cor litúrgica do dia de Finados é preta (em desuso no Brasil) ou violeta. Uma expressão toda particular da esperança na ressurreição reside no costume de benzer nesse dia os túmulos com água benta, símbolo da vida pascal.

Comentarista

Antes da reforma litúrgica do Concílio Vaticano II era serviço litúrgico do comentarista proferir, paralelamente ao celebrante, os mesmos textos da missa em língua vernácula. Hoje, ainda é um serviço nas procissões e devoções populares. Para as missas já existem os ministérios litúrgicos do leitor e do cantor.

Comissão de Liturgia

É o grêmio consultivo da Conferência Nacional dos Bispos para questões de Liturgia. Nesse grêmio são formados grupos de trabalho que se ocupam com certos aspectos da Liturgia, por exemplo, a música, a arte sacra, a arquitetura.

Completas

É a última *oração do dia* no esquema da "Liturgia das Horas". Contém um exame de consciência com o Ato Penitencial, salmos, breve leitura da Sagrada Escritura com o responsório, canto do velho Simeão, que reconhece o Messias no Menino Jesus no templo (Deixai agora... Lc 2,29-32) com o refrão (antífona), uma oração e a bênção. Segue uma antífona mariana, portanto um breve hino mariano. Fora dos tempos de Natal e Páscoa este hino é a *Salve-Rainha*. O responsório e a antífona para o "deixai agora o vosso servo...", bem como a oração final não mudam. Assim fica a possibilidade de se rezar de cor as Completas – abstraindo da breve leitura e da oração. As Completas preparam a despedida confiante do dia, mas também da vida, como demonstram, particularmente, o louvor e a bênção final. Do latim [*completum*], completado, terminado.

Responsório

Senhor, em vossas mãos,
eu entrego o meu espírito.
Vós sois o Deus fiel, que salvastes vosso povo.
Glória ao Pai, ao Filho e ao Espírito Santo.
Senhor, em vossas mãos,
eu entrego meu espírito.

"Deixai agora" com a antífona

Salvai-nos, Senhor, quando velamos,
guardai-nos também quando dormimos!

Nossa mente vigie com Cristo,
nosso corpo repouse em sua paz.

Cântico de Simeão

Deixai agora vosso servo ir em paz*
conforme prometestes, ó Senhor!

Pois meus olhos viram vossa salvação,*
que preparastes ante a face das nações:

Uma Luz que brilhará para ao gentios*
e para a glória de Israel, o vosso povo.

A bênção: O Senhor Todo-Poderoso nos conceda uma noite tranquila e, no fim da vida, uma morte santa. Amém!

Comum dos Santos

Comum dos Santos é a parte do missal (ou "Liturgia das Horas") que contém os textos de missas para as quais não existem textos próprios. No missal encontram-se textos (formulários) para os seguintes grupos:

– Comum da dedicação de uma igreja.
– Comum de Nossa Senhora.
– Comum dos mártires.
– Comum dos Pastores.
– Comum dos Doutores da Igreja.
– Comum das Virgens.
– Comum de Santos e Santas.

Ainda se encontram outros grupos de missas:

– Próprio dos santos.
– Formulários Comuns (Formulários).

– Missas rituais.

– Missas para diversas necessidades.

– Missas votivas.

– Missas dos fiéis defuntos.

Comunhão no cálice

Esta praxe baseada, evidentemente, na recomendação de Jesus na instituição da Eucaristia ("Fazei isto em memória de mim") caiu de uso quando cresceu o receio de profanação ao se acentuar demais o respeito pela presença real de Jesus. Contra a afirmação censurável de que, comungando-se somente sob a espécie de pão, ficaria faltando alguma coisa, a Teologia desenvolveu a doutrina da assim chamada concomitância, segundo a qual Jesus está inteiramente presente sob cada uma das espécies.

No tempo da reforma protestante, o cálice dos leigos foi o marco diferencial das igrejas até vir a proibição católica. Finalmente, o Concílio Vaticano II reabriu em princípio a possibilidade da comunhão sob as duas espécies também para os leigos, inicialmente para casos determinados, cujo número foi aumentando seguidamente.

Hoje, a comunhão no cálice é possível de modo geral, cuja uma regulamentação cabe ao bispo. Quanto à forma, existem quatro maneiras permitidas para a comunhão no cálice: Tomar diretamente no cálice; por intinção; utilizando uma cânula; ou uma colher. Como na comunhão das partículas, é determinante que os comungantes recebam o cálice da mão de quem distribui, e não que eles mesmos o peguem para si no altar.

Comunhão para os enfermos

Se alguém, por motivos de saúde, não tem condições para participar da missa dominical e lá receber a comunhão, esta pode ser levada a sua casa por um clérigo ou um leigo encarregado para isso. Por meio da comunhão para os doentes, é cuidada a ligação sacramental do enfermo com a comunidade. Se seus familiares estiverem presentes, podem também comungar com ele. Uma forma especial de comunhão para os enfermos é o Viático (do latim [*viaticum*] viajor), que se leva para um agonizante. A administração da Eucaristia a um enfermo consiste numa breve "celebração da Palavra" com o Ato Penitencial, renovação das promessas do batismo, preces, *Pai-nosso* e oração conclusiva após a comunhão.

Comunhão pascal

É a designação para a recepção da Comunhão por ocasião da Páscoa. Quando a participação da Comunhão para os leigos caiu em desuso na Idade Média, ficou o preceito de recebê-la ao menos por ocasião da Páscoa. Foi Pio X que, no começo do século XX, recomendou a comunhão frequente aos fiéis. Este desejo foi confirmado pelo Concílio Vaticano II. Também o Catecismo da Igreja Católica insiste em que a recepção da comunhão deve estar unida com a missa dominical; cita como medida mínima que todo o católico, liberado para a Eucaristia, deve comungar ao menos uma vez ao ano e, se possível, no Tempo pascal (compreendido o Tempo quaresmal): "recomenda-se vivamente aos fiéis que recebam a Eucaristia nos domingos e dias festivos, ou ainda com maior frequência, e até todos os dias" (n. 1389).

Comunidade

A igreja está subdividida em comunidades que ou abrangem determinado espaço geográfico (paróquias), ou pertencem a determinados grupos de pessoas (por exemplo, comunidade universitária). O padre coordena como pároco a comunidade paroquial que, por sua vez, pertence a uma diocese. Desta maneira está unida com toda a Igreja. Assim diz a "Constituição sobre a Sagrada Liturgia: As paróquias representam, de certo modo, a Igreja visível estabelecida em todo o mundo" (CSL 42). O elemento constitutivo da comunidade é o encontro (de seus membros) no culto divino, particularmente na missa dominical.

Concelebração

É a celebração da Eucaristia por diversos sacerdotes conjuntamente, sob a presidência de um deles. Exprime a comunhão dos sacerdotes com o bispo. Ocasiões oportunas para essas celebrações: Numa festa do Padroeiro, numa ordenação sacerdotal, num evento paroquial ou diocesano, num jubileu de ordenação etc. Os concelebrantes recitam alternadamente em voz alta a "oração eucarística" e juntos em voz baixa as palavras da consagração. A Instrução Geral sobre o Missal Romano oferece uma descrição exata do decorrer da concelebração (IGMR 157-208).

Desde a Idade Média, a celebração de somente um padre, eventualmente sem participante, foi caindo, a concelebração foi novamente disponibilizada pelo Concílio Vaticano II (CSL 57f).

Concílio

É uma assembleia das altas autoridades da Igreja Católica: cardeais e bispos em comunhão com o papa, além de assessores, teólogos e convidados, mesmo de outra confissão religiosa. No concílio são levantadas questões de grande alcance para toda a Igreja. O Concílio Vaticano II foi muito importante para a Liturgia atual, pois introduziu mais ampla a reforma litúrgica de toda a História da Igreja. Os concílios tomam o nome conforme o lugar onde se realizaram. Do latim [*concilium*], assembleia.

Concílio Vaticano II

Do latim [*concilium*], reunião geral. Consistiu numa assembleia de bispos da Igreja Católica, de 1962-1965, no Vaticano. Foi convocado pelo papa João XXIII e levado avante com o objetivo de, assumindo os desafios do tempo presente, promover reformas básicas na Igreja, sem com isso recuar em sua missão como Igreja de Jesus Cristo (aggiornamento = atualização). Essas reformas atingem todas as esferas da Igreja, em particular também a Liturgia. Para reorganizar a Liturgia, no decorrer do Concílio foi publicada no dia 04/12/1963 a Constituição *Sacrosanctum Concilium* (SC = "O Sagrado Concílio...").

Confessionário

Originalmente, era o assento do confessor, junto ao qual o penitente se ajoelhava. Depois da era barroca, ganhou a forma coberta, já conhecida. Para haver a maior discrição possível, a partir do século XIX, é todo fechado. Como alternativa, está vigorando hoje "a sala das confissões", um pequeno recinto no qual "a celebração da reconciliação individual" pode realizar-se de maneira mais discreta para quem está fora e menos anônima entre o sacerdote e o penitente.

Confesso a Deus

É a fórmula com que se começa o Ato Penitencial: "Confesso a Deus Todo-Poderoso e a vós, irmãos e irmãs..." É rezado nos "ritos iniciais" da missa e também no início da Completa. O confiteor é uma, assim chamada, apologia constando da acusação própria e do pedido de perdão. É parte integrante do sacramento da penitência. Ver Ato Penitencial. Do latim [*Confiteor*] confesso.

Confissão

Confissão é uma expressão usada para significar a declaração da culpa perante um sacerdote nos moldes do sacramento da penitência. Após o exame de consciência, o penitente confessa sua falta contra Deus e o próximo, numa confissão ao sacerdote que, em virtude de seu ministério ordenado, está revestido do poder de absolvê-lo da culpa, "em nome do Pai, do Filho e do Espírito Santo" (Jo 20,22-23). O padre está rigorosamente obrigado ao sigilo do que ouviu. Essencial para a reconciliação com Deus é a prontidão para a conversão interior, portanto para a reconsideração e mudança de mentalidade. O sacerdote pode eventualmente impor penitências que ajudam o penitente no exercício da nova conduta e podem reparar a injustiça praticada. O catecismo prevê a confissão dos pecados graves, ao menos uma vez ao ano, e antes de receber a Comunhão. Pequenas faltas, os assim chamados pecados veniais, deveriam ser confessadas de tempos em tempos (por ocasião de festas religiosas, romarias), para se permanecer realmente em graça com Deus, ou seja, para se poder confiar nele e também educar a própria consciência. A partir do Concílio Tridentino, realizado na metade do século XVI, entraram em vigor os assim chamados confessionários: pequenos móveis cobertos, com três divisões e providos de grade. Ultimamente se prefere as "salas de Confissão" que oferecem melhores possibilidades de diálogo. Nestas também pode ser ressalvado o anonimato mediante medidas adequadas, por exemplo um cortinado.

Confissão comunitária

É a confissão em comum das culpas, seguindo-se as palavras da absolvição pelo sacerdote. Esta prática desenvolveu-se na França a partir do século IX, e tinha seu lugar no fim da pregação. Nela se pode confessar publicamente algum detalhe das próprias culpas. Hoje, vigora o Ato Penitencial da assembleia e a absolvição no início da missa, após a saudação: "Deus todo-poderoso, tenha compaixão de nós, perdoe os nossos pecados e nos conduza à vida eterna". A confissão comunitária e o Ato Penitencial não substituem o sacramento da penitência. Mas podem livrar os fiéis, cientes de suas faltas, de seu peso e assim dispô-los para uma participação consciente da missa e uma digna recepção da comunhão.

Obs.: O ritual dos sacramentos tem várias opções a respeito da confissão ou do sacramento da reconciliação.

Confissão da culpa

A confissão ou o reconhecimento dos pecados, "mesmo do ponto de vista simplesmente humano, liberta-nos e facilita nossa reconciliação com os outros" (Catecismo da Igreja Católica n. 1455). Dentro da Liturgia ela encontra um lugar no rito inicial da missa [(*Confiteor*)], Confesso a Deus...], na revisão do dia (nas Completas). No sacramento da penitência (Confissão) cada um declara sua culpa pessoal ao sacerdote que o absolve. Na celebração penitencial é concedido tempo e estímulo a cada um para refletir sobre sua culpa. Segue então a confissão não individual, mas na recitação comum do Ato Penitencial. Ver *Confissão, Celebração penitencial, Sacramento da penitência, Confissão da culpa.*

Congregação para o Culto Divino

Designação anterior desse departamento romano, que hoje consiste em duas Congregações: para o Culto Divino e Sacramentos, e para as Causas dos Santos. O cuidado principal da Congregação para o culto divino é a uniformização dos ritos, ou seja, de todas as celebrações litúrgicas em toda a Igreja católica do Ocidente (portanto, excetuando as Igrejas unidas com ritos próprios, a saber, algumas de antigos ritos especiais, como a Liturgia de Milão, ou o rito mozarábico). Isto se consegue por meio da revisão preestabelecida e confirmação (reconhecimento), ou seja, revisão e aprovação de todos os livros litúrgicos nas respectivas línguas vernáculas pela Congregação para o culto divino.

Consagração

Designação para a mudança do pão e do vinho no Corpo e no Sangue de Cristo na missa, como também para consagrações e bênçãos especiais, reservadas ao bispo ou que incluem a aplicação do óleo do santo Crisma, como, por exemplo, a dedicação de igrejas e altares. Do latim [*consecrare*], santificar, consagrar.

Consagração

Conceito para a mudança do pão e do vinho no Corpo e Sangue de Cristo na celebração eucarística. O interesse pelo momento exato da consagração se diluiu, pois a "oração eucarística" é, toda ela, a oração da consagração.

Assim, acontece de imediato, num momento, a "atualização" do acontecimento salvífico (anamnese) na Eucaristia.

Consagração e bênção

Consagrar e abençoar significam, portanto, desejar o bem a uma pessoa ou coisa. Ao mesmo tempo é rendido louvor a Deus e reconhecido seu poder sobre a criação e todas as criaturas. Mediante a sagração, pessoa ou objetos sagrados são levados para um aproveitamento no recinto sacro, por exemplo, nas ações litúrgicas. Com a bênção, porém, é invocada a proteção divina sobre pessoas ou objetos – desde que sejam para utilidade das pessoas –, sem por isso serem tirados de seu contexto original. Por exemplo, uma casa benzida pode ser utilizada inclusive como capela. Quando são benzidos objetos, têm-se em vista as pessoas que os utilizam. Por isso podem ser benzidos não somente produtos naturais (as primícias das colheitas na festa das colheitas), mas também equipamentos e produtos artesanais. Em suma, trata-se de colocar sob a proteção de Deus o dia a dia das pessoas em sua multiplicidade de ocupações. A isto deve-se observar que a bênção é sempre uma dádiva de Deus, mas não atua automaticamente. Consagração e bênção não têm nada em comum com magia. Mesmo quando uma bênção é dirigida para uma única pessoa ou um único objeto, por intermédio dela mais um pedaço do reino de Deus vai se tornando realidade em benefício de todos. Basicamente, qualquer cristão batizado ou crismado pode abençoar. Entretanto, bênçãos maiores, conforme sua importância, estão reservadas aos bispos, padres e diáconos, por exemplo, sagração de igrejas. Os elementos principais de uma bênção ou consagração são a oração e o sinal da cruz. Podem ser acompanhados por versículos apropriados de salmos ou a ladainha de todos os santos nas sagrações solenes (por exemplo, bênção da água batismal na vigília pascal).

Após a oração da bênção e o sinal da cruz, as pessoas e os objetos benzidos são aspergidos com água benta ou incensados. Objetos da sagração de valor especial para a igreja são ainda ungidos com óleo do santo Crisma (edifícios religiosos, altares, sinos etc.). O mesmo vale para pessoas que recebem os sacramentos da iniciação cristã (batismo, crisma) ou o sacramento da ordem (por exemplo, sacerdotes). As consagrações solenes ocorrem, na maioria das vezes, durante a missa e as sagrações são da competência do bispo. Bênção, do latim [*benedictio*], síntese de duas palavras latinas [*bônus/ bene*], bem, [*dicere*], dizer; falar bem.

Conservação da Eucaristia

Deve-se conservar o Pão Eucarístico num lugar digno, preparado para isso – o tabernáculo –, e num vaso correspondente, que é o cibório ou a âmbula. A "Constituição sobre a Sagrada Liturgia" do Concílio Vaticano II diz: "Recomenda-se vivamente um modo mais perfeito de participação na missa". Consiste em que os fiéis, depois da comunhão do sacerdote, recebam do mesmo sacrifício, o Corpo do Senhor (CSL 35). A conservação do Santíssimo Sacramento é necessária para a comunhão aos doentes e, em caso de necessidade, para a distribuição da Comunhão na celebração da Palavra e também quando houver adoração.

Constituição sobre Liturgia

A "Constituição sobre a Sagrada Liturgia" foi o primeiro documento do Concílio Vaticano II, votado no dia 4 de dezembro de 1963, com 2.147 votos a favor e quatro contrários, e fica valendo como ponto de partida para as futuras inovações da Liturgia. Neste dicionário ela é citada com esta abreviatura: CSL (Constituição sobre a Sagrada Liturgia). Assim começa: "O sagrado Concílio propõe-se fomentar a vida cristã entre os fiéis, adaptar melhor às necessidades de nosso tempo, as instituições suscetíveis de mudança, promover tudo o que pode ajudar à união de todos os fiéis em Cristo, e fortalecer o que pode contribuir para chamar todos ao seio da Igreja. Por isso, julga dever interessar-se também e de modo particular pela reforma e incremento da Liturgia" (CSL 1).

Conversão

É a aceitação de um não católico, validamente batizado, na Igreja católica, durante uma celebração eucarística, eventualmente com a recepção do sacramento da Crisma.

Convite para a oração

É o apelo do dirigente do culto divino para a oração, por exemplo, "Oremos". Segue depois uma breve pausa para a oração em particular, que o dirigente sintetiza e conclui numa oração feita em comum, ou entoando uma oração que todos acompanham, por exemplo, *Pai-nosso*. Oração introduzida é, portanto, sempre oração da comunidade, quer seja em forma de oração silenciosa de todos que depois é concluída pelo presidente (por exemplo, na *oração do dia*), quer seja outra feita em comum como o *Pai-nosso* ou uma ladainha.

Ocorre não raramente que a breve pausa, corretamente incluída após o convite para rezar (por exemplo. antes da *oração do dia*), é mal-entendida por algum participante como se fosse um "cochilo" do coordenador. Entretanto, este apelo ou convite para a oração, primeiramente, significa a oração silenciosa de toda a assembleia, que depois é encerrada pela oração que o dirigente profere em nome de todos.

Além do convite para a *oração do dia*, encontramos também outros: a "Oração dos Fiéis (Preces)", a "oração sobre as oferendas", antes do *Pai-nosso* e a "oração depois da comunhão". Um convite particularmente solene antes de iniciar a "oração eucarística" encontra-se antes do prefácio (Corações ao alto...).

Cordeiro de Deus

Invocação para a fração do pão. São as primeiras palavras do texto latino: "Cordeiro de Deus que tirais o pecado do mundo, tende piedade de nós", baseado em Jo 1,29: "No outro dia ele (João Batista) viu Jesus que vinha vindo a seu encontro e disse: 'Eis o Cordeiro de Deus, aquele que tira os pecados do mundo'". A invocação é repetida tantas vezes quantas exigir a duração da fração do pão, normalmente, três vezes (durante a qual se dava a paz), sendo a última, conforme a tradição média: "dai-nos a paz" (IGMR 57e). Ao *Agnus Dei*, a comunidade primitiva já designava o próprio Cristo e o identificava com o cordeiro em Isaías (Is 8,32; At 8,32-35; Ap 5,6ss.). Esta aclamação também faz parte do Glória. Do latim [*Agnus Dei*], Cordeiro de Deus.

Cores litúrgicas

A tradição atual de usar determinadas cores para vestes, toalhas de altar, e outros tecidos surgiu a partir da Idade Média. Estão em vigor as seguintes cores:

Branco: para o Tempo da Páscoa e do Natal, festas do Senhor, de Maria, dos anjos e dos santos.

Vermelho: para o Domingo de Ramos, Sexta-feira Santa, Pentecostes, Exaltação da Cruz, festas dos apóstolos e mártires.

Verde: para os domingos do Tempo Comum.

Roxo ou violeta: para o Tempo do Advento e da Quaresma, missas pelos mortos.

Preto: em desuso no Brasil.

Rosa: no III Domingo do Advento (Alegrai-vos) e IV Domingo da Quaresma (Alegra-te, Jerusalém).

Coro ou coral

1. Designa um grupo de cantores, organizados para atuar no setor musical do culto divino. O coral de hoje remonta, por um lado, até a escola coral ("schola cantorum"), que originalmente se compunha, por um lado, de clérigos e executava as partes em latim da missa; e por outro, dos coros civis do século XIX. Além desse coro, existem coros infantis e juvenis em muitas comunidades.

2. O termo coro indica também o espaço onde na Idade Média o clero – portanto, clérigos e membros de Ordens religiosas – executava o "Ofício divino". Nos mosteiros e catedrais, isto era o espaço na frente do altar-mor, que se alongava, dependendo do número dos religiosos, ou seja, dos monges, e frequentemente separado da nave central da igreja (onde ficavam os leigos), por causa do plano elevado e do púlpito. Por vezes, nos mosteiros de religiosas o coro ficava numa tribuna mais afastada.

3. Hoje, o coro está colocado geralmente no mesmo plano do altar--mor. Contudo, tem também o nome de coro o estrado sobre o qual, ao lado do órgão, fica o coral.

Coroinha

Originalmente, era o substituto dos clérigos (acólitos) e ajudante do padre na missa. Até a reforma da Liturgia pelo Concílio Vaticano II os coroinhas representavam a comunidade em sua participação ativa. Atendiam também aos chamados do sacerdote. No caso de substituição do serviço dos clérigos, esta só era permitida aos meninos. Porque, conforme a insistência da participação ativa de todos os concelebrantes e da revalorização do sacerdócio comum dos leigos e sacerdotes com fundamento no batismo e na crisma, o serviço de assistência foi entendido como ministério próprio dos leigos, a limitação a favor de meninos não era mais sustentável; após acirrados debates, em 1992 essa limitação foi suspensa por Roma e entregue ao critério do bispo a aceitação de meninas também no ministério.

Os coroinhas desempenham tarefas múltiplas: Portar incenso e velas, bater a campainha na "oração eucarística", ajudar no altar e no missal. Quando nenhum diácono está presente, assumem em parte também a função dele, por exemplo, o arranjo do altar ou a incensação da assembleia. Por vezes pertence-lhes o recolhimento das oferendas. Os coroinhas trajam roupa litúrgica própria.

Corpo e Sangue de Cristo – Solenidade

Originalmente, essa festa era chamada "Corpo de Cristo" (*Corpus Christi*). É celebrada na quinta-feira depois da Solenidade da Santíssima. Trindade, com o nome de Solenidade do Santíssimo Sacramento do Corpo e Sangue de Cristo. Pode também ser prorrogada para o segundo domingo depois de Pentecostes, particularmente, nas regiões sem feriado nesse dia. O objetivo central da solenidade é a homenagem a Cristo presente nas espécies eucarísticas de pão e vinho.

Antigamente a procissão, costumeira em muitos lugares, não era parte integrante da festa; hoje também não faz parte da Liturgia no sentido estrito, mas como ato de piedade fica ao encargo das dioceses a quem compete sua organização e realização.

Oração do dia

Senhor Jesus Cristo, neste admirável sacramento
nos deixastes o memorial de vossa paixão.
Dai-nos venerar com tão grande amor
o mistério do vosso Corpo e do vosso Sangue,
que possamos colher continuamente
os frutos da vossa redenção.
Vós que sois Deus, com o Pai,
Na unidade do Espírito Santo.

Corporal

É um pano quadrado de linho, colocado sobre o altar desde a preparação das oferendas até depois da comunhão: "Os ministros colocam sobre o altar o corporal, o purificatório, o cálice e o missal" (IGMR 100). Chama-se corporal porque as oferendas eucarísticas de pão e vinho são colocadas em cima (IGMR 100-102). Deve-se distinguir o corporal da toalha do altar, que é sempre prescrita, também, historicamente, o corporal pode ser uma miniatura originária da toalha do altar. Corporal, do latim [*corpus*], corpo.

Credência

Mesinha ao lado do altar sobre a qual se prepara para a missa: Pátena, âmbula (cibório), com as hóstias, cálice, galhetas com vinho e água, corporal, purificatório (sanguinho), missal e o que for necessário para lavar as mãos (IGMR 49, 80c, 120).

Credo

Palavra inicial do credo que contém os artigos essenciais da fé, reproduzidos em frases marcantes e padronizadas. É chamado também profissão de fé ou símbolo apostólico. Fazemos distinção entre símbolo apostólico (que se desenvolveu a partir da profissão batismal) e símbolo niceno-constantinopolitano, mais longo que, estabelecido no Concílio de Constantinopla em 381, foi se impondo, particularmente na Igreja Oriental. A profissão de fé nas duas modalidades entrou na Liturgia latina no ano 1014 por pressão de Henrique II com a designação do termo latino Credo, ou seja, Creio. É rezado nas solenidades e festas após o Evangelho e a homilia, como confirmação do que foi ouvido pela comunidade dos fiéis. Os neófitos fazem solenemente sua profissão de fé respondendo afirmativamente às perguntas feitas perante comunidade (por exemplo: Crês em Deus?... Em Jesus?... No Espírito Santo?). Do latim [*credo*], creio.

Símbolo apostólico (Credo)

Creio em Deus Pai Todo-Poderoso,
criador do céu e da terra;

e em Jesus Cristo, seu Filho único, nosso Senhor;
que foi concebido pelo poder do Espírito Santo,
nasceu da virgem Maria,
padeceu sob Pôncio Pilatos,
foi crucificado, morto e sepultado.
Desceu à mansão dos mortos;
ressuscitou ao terceiro dia;
subiu aos céus;
está sentado à direita de Deus Pai Todo-Poderoso;
donde há de vir a julgar os vivos e os mortos.
Creio no Espírito Santo,
na santa Igreja Católica,
na comunhão dos santos,
na remissão dos pecados,
na ressurreição da carne,
na vida eterna. Amém.

Cripta

Espaço transitável em baixo de uma igreja. Antigamente as igrejas eram construídas sobre os túmulos dos santos, de modo particular dos mártires, acessíveis primeiramente por meio de corredores, galerias, escadas. Depois da virada do milênio tomaram a dimensão de salões. Já que o túmulo ou, na Idade Média, o relicário devia ficar diretamente debaixo do altar, as criptas, com poucas exceções do tempo românico (séc. XI-XIII), ficavam na parte oriental das igrejas. Hoje, as criptas oferecem espaço para capelas, utilizadas para missas, grupos de oração, encontros diversos. Do grego [*kryptein*], esconder.

Crisma

Do latim [*confirmatio*], reforço. Com o batismo e a Eucaristia, o sacramento da Crisma é um dos três sacramentos chamados da iniciação cristã, através dos quais a pessoa é recebida na Comunidade/Igreja. Pela imposição das mãos e a unção do bispo, o crismando recebe o Espírito Santo e se torna membro "emancipado" com os direitos e deveres decorrentes disso.

A importância do Espírito Santo para a Igreja mostra-se no acontecimento de Pentecostes (At 2,38). Pedro estabelece uma união entre o batismo e a vinda do Espírito Santo como uma sequência do batismo. Por causa disso, nos primeiros séculos a crisma era administrada imediatamente após o batismo, na Vigília pascal. Só a partir do século IV o sacerdote também administrava o sacramento do batismo; por isso decorria um espaço de tempo entre a crisma e o batismo. Enquanto no século XIII era prescrita a idade a partir de sete anos, hoje os jovens só podem ser crismados entre 12 e 16 anos, após um tempo de preparação. Uma idade maior para Crisma possibilita mais maturidade e melhor compreensão por parte dos adolescentes. Porém a distância entre os sacramentos da iniciação, batismo e crisma fica reduzida, uma vez que crianças do ensino fundamental recebem a Primeira Comunhão entre o batismo e a crisma. Uma exceção para essa separação dos sacramentos da iniciação favoreceria a inserção na Igreja dos mais crescidos.

Em algumas regiões, num só culto na vigília pascal, são administrados primeiro o catismo e depois a crisma. Na missa seguinte o neófito recebe a Primeira Comunhão. Cada confirmando tem um padrinho, que pode ser o mesmo do batismo. Para haver uma conexão com o sacramento da Eucaristia, a crisma ocorre dentro da missa. Quem confere a crisma, em virtude do múnus episcopal, é o bispo, que pode também delegar sacerdotes para esse ministério. Além disso, no caso de número muito grande de crismandos, eles podem ser incluídos com o bispo nesse sagrado mister. Quanto ao mais, em perigo de morte, um padre pode administrar a crisma.

O rito da administração da crisma, dentro da celebração eucarística, após o Evangelho, tem o seguinte andamento:

– Renovação das promessas do Batismo.

– Convite da comunidade para a oração, e oração ao Espírito Santo.

– Unção dos crismandos: Os crismandos, um por um ou em grupos, juntamente com seus padrinhos, aproximam-se do bispo que traça uma cruz na testa de cada um com o óleo do crisma, dizendo:

– N., recebe por este sinal o dom do Espírito Santo.

O crismado responde:

– Amém.

O bispo retribui:

– A paz esteja contigo.

Após a oração dos fiéis (preces), segue a "oração eucarística".

Cristo Rei – Solenidade

É celebrada no último domingo do ano litúrgico, antes do Advento, para que de certo modo o objetivo do ano litúrgico nos seja apresentado previamente, a saber, a espera do Cristo como Rei e Senhor de toda a criação. "O Cordeiro é digno de receber a riqueza, a sabedoria, a força e o poder. A ele seja a glorificação e o poder por toda a eternidade" (Ap 5,12; 1,6).

Oração do dia

Deus eterno e Todo-Poderoso,
que dispusestes restaurar todas as coisas
no vosso amado Filho, Rei do universo.
Fazei que todas as criaturas,
libertas da escravidão
e servindo à vossa majestade,
vos glorifiquem eternamente.
Por nosso Senhor...

Cruz

É o mais importante símbolo cristão, pois Cristo morreu na cruz e assim tornou-se o sinal da redenção. Os romanos receberam dos persas a crucifixão como pena capital, mas por causa de sua crueldade aplicavam-na somente aos não romanos e aos escravos. Foi tida como uma das mais vergonhosas formas de execução. Todavia, este era o sinal pelo qual os cristãos desde a primeira geração se conheciam (Gl 3,1). A cruz, em confronto com a queda de Adão, é a árvore da vida (Gn 3). Na história da Igreja a cruz foi representada de várias maneiras: primeiro sem o Cristo; na era românica (séc. XI-XIII) com Cristo como Rei, a partir do gótico (séc. XIII-XV) também com o Cristo sofredor.

No tempo da Quaresma, duas semanas antes da Páscoa a cruz permanece velada, para ser descoberta e venerada na Liturgia da Sexta-feira Santa. No tempo pascal e, depois, em alguns países é enfeitada com o buxinho (planta da primavera) para significar que, pela ressurreição de Cristo, ela se tornou símbolo da vida nova.

Cruzes dos apóstolos

Na dedicação de uma igreja, depois do altar, também as "paredes são ungidas, traçando-se uma cruz com óleo do Santo Crisma em 12 lugares previamente escolhidos". Isto é feito para honrar os 12 apóstolos, o fundamento sobre o qual a Igreja foi edificada (Ap 21,14): "O muro da cidade (da celeste Jerusalém) tem doze pedras fundamentais; nelas estão os doze nomes dos doze apóstolos do Cordeiro." Os lugares ungidos são marcados com cruzes, sobre as quais ainda são colocados, por vezes, os assim chamados "luzeiros dos apóstolos".

Culto dominical

É a celebração dominical na paróquia, em geral, a santa missa. Devido à falta de padres, em muitas comunidades é feita a celebração da Palavra. O culto dominical é a reunião mais importante da paróquia e é para todos, mesmo que algum grupo seja mencionado expressamente (por exemplo, missa da família, do apostolado). Por isso é bom evitar intenções particularizadas. Além da missa principal ou paroquial, costuma haver outras, como missa vespertina (na véspera), missa da manhã, missa da noite, o que torna possível a participação de um número maior de fiéis. Por isso deveriam ser celebradas com o mesmo cuidado pastoral, e mais, como um encontro paroquial e não para atender a um grupo separado.

Culto ecumênico

É uma sessão religiosa, conduzida por representantes de duas ou mais confissões. Representam um passo à frente para superar a divisão entre as confissões e restabelecer a unidade dos cristãos. Já que a igreja evangélica não está em plena comunhão com Roma, exclui-se a possibilidade de uma celebração eucarística. Não obstante, são desejados tais cultos da Palavra e outras devoções. Neles, para uns chega-se à expressão da herança comum; para outros, os fiéis aprendem a conhecer as diferentes tradições e experimentam isso como um enriquecimento. Já que para os católicos a participação da missa é obrigatória, o horário dos cultos ecumênicos não deveria coincidir com o horário do culto católico e vice-versa. Os cultos ecumênicos têm sentido especial quando os participantes esperados pertencem a confissões diferentes, por exemplo, alunos de uma escola pública quando se entregam a outras atividades ecumênicas num lugar ou nas catástrofes.

Celebrações ecumênicas para a bênção de uma instituição pública também são oportunas (bem-vindas). Da parte dos representantes da Igreja católica, deveríamos abster-se de certos símbolos não reconhecidos pela Igreja evangélica, em particular, o uso do incenso e da água benta. Nos casamentos de casais pertencentes a confissões diferentes, o ritual se rege pela religião em cuja igreja se realiza a cerimônia. Devido a diferenças entre as confissões, o casamento é celebrado nos moldes de uma Liturgia da Palavra. O batismo ecumênico não é possível, pois o neófito será membro da Igreja concreta onde foi batizado e na qual vai viver.

Cúpula

Era utilizada na construção de igrejas para realçar o lugar do altar, a maioria das vezes como meia cúpula sobre a ábside.

Curso de batismo

Já que se batizam crianças de peito, estas não podem frequentar o catecumenato, como está previsto para os jovens e adultos. O pressuposto para o batismo de crianças é a fé dos pais e/ou dos parentes e padrinhos que a devem professar na hora da cerimônia e prometer educar cristãmente a criança. A palestra prescrita favorece a disponibilidade dos pais, para melhor compreender e aprofundar o batismo como sacramento fundamental, e conscientizar-se sobre a responsabilidade pela educação cristã das crianças. Em muitos lugares este curso compreende várias palestras, por vezes, feitas também em grupos.

Dalmática

Veste litúrgica, cuja forma original se inspirou nos romanos da Dalmácia. A dalmática é a "sobreveste" do diácono usada ao menos nos cultos solenes: "A veste do diácono é a dalmática, trazida sobre a alva e a estola" (IGMR 300); "pode dispensar a dalmática em caso de necessidade, ou se o culto não é celebrado com tanta solenidade" (IGMR 81b). Para o bispo, a dalmática vem antes da casula, e deveria ser usada ao menos nas ordenações sacramentais como sinal de que, em seu múnus, todas as funções fundamentais da Igreja – anúncio, diaconia e liturgia – estão unidas.

Dança litúrgica

Apesar de várias tentativas desde a reforma litúrgica, a dança não conseguiu estabelecer-se em algumas regiões, com letra e música, como amplo recurso litúrgico de expressão. A dança cultual não tem raízes históricas na liturgia cristã, porque a Igreja primitiva a recusava estritamente como sendo expressão de ritos pagãos.

Data da Páscoa

A data da Páscoa foi fixada pelo Concílio de Niceia (ano 325), para o primeiro domingo depois da primeira lua cheia da primavera (14° de Nisan, dia no qual está colocada a festa dos ázimos conforme o calendário judaico). Regem-se por ela todas as datas do tempo pascal, portanto, o início do tempo quaresmal e as datas da ascensão de Cristo e Pentecostes. Também as datas da solenidade da Santíssima Trindade, no primeiro domingo depois de Pentecostes e a solenidade do Corpo e Sangue de Cristo (segunda quinta-feira depois de Pentecostes), e a festa do Coração de Jesus (terceira sexta-feira depois de Pentecostes).

Decurso dos salmos

Divisão e distribuição sequencial dos salmos na Liturgia das Horas dentro de um determinado período de tempo (uma semana, duas semanas, quatro semanas) ou escolha e distribuição das leituras ao longo do ano litúrgico (ordem das leituras). Do latim [*decurso*].

Significa também o ritmo a ser usado nas *cantilaciones*, isto é, nas orações, prefácio etc., a cargo do celebrante.

Descanso eterno

Palavras iniciais da Antífona da entrada da segunda missa pelos falecidos (2 de novembro) e na missa exequial: "Dai, Senhor, o repouso eterno e brilhe para eles a vossa luz" (4Esd).

Devoção do Horto

Apoiando-nos no acontecimento do Monte das Oliveiras, conforme Mateus e Marcos no Jardim de Getsêmani, trata-se de uma devoção popular que se pratica nas noites da quinta-feira no tempo da Quaresma, por vezes no encerramento de uma pregação quaresmal, em memória da oração tríplice de Jesus.

Então (depois da Última Ceia) Jesus saiu e, como de costume, foi para o Monte das Oliveiras; os discípulos o acompanharam. Chegando lá, Jesus lhes disse: "Orai para não entrardes em tentação". E afastou-se deles, à distância de um tiro de pedra e, de joelhos, rezava: "Pai, se queres, afasta de mim este cálice! Mas não aconteça como eu quero, mas como tu queres!" (Lc 22,39-42).

Devoções

É uma forma de culto que não se conta como Liturgia no sentido estrito de "celebração eucarística" e "oração das horas", mas é ordenada e cuidada no plano diocesano. Assim temos devoção ao Sagrado Coração de Jesus, à Via-Sacra, aos sacramentais, ao Santíssimo. Sacramento, ao mês do rosário (outubro), ao mês de Maria (maio), paraliturgias, "rezas" ou celebrações em família, novenas, romarias, devoções marianas, aos santos, bênção para as colheitas, bênçãos em geral e tudo o que pertence ao vasto campo da religiosidade popular.

Devoções durante a missa

Até o Concílio Vaticano II os leigos cumpriam suas devoções durante a missa, à qual procuravam ficar atentos, mesmo fazendo sua oração à parte. Isto acontecia porque a maior parte da população não podia acompanhar os textos recitados em latim e cerimônias do celebrante.

Devoções populares

Junto com a Liturgia oficial que, desde o começo da Idade Média, era dificilmente acessível ao povo simples, foram surgindo e se desenvolvendo devoções espontâneas. Em parte estão entrosadas com o ano litúrgico, por exemplo, procissões, via-sacra; e em parte assumem a Liturgia de forma simplificada, por exemplo, a oração do anjo do Senhor, que entra no lugar da "Liturgia das Horas". A piedade popular se volta de modo particular para os santos, sobretudo para a Mãe de Deus. Assim o rosário, a devoção muito querida desde a Idade Média. De um modo geral as formas da piedade popular estão marcadas por uma expressão de fundo emocional que não se encontra somente em representações teatrais, por exemplo, no drama da Paixão. O Concílio Vaticano II empenhou-se em tornar a Liturgia mais facilmente acessível ao povo, sem excluir as formas de devoção acima descritas. A piedade popular está propensa a exercer, em algumas formas, influência sobre o poder de Deus com determinadas ações. Com isso o amor gratuito de Deus para conosco é ameaçado de ficar de lado. Mas também existem movimentos marcados por uma sólida devoção aos santos, especialmente a Maria.

Dia onomástico

O nome torna a pessoa inconfundível. Isto vale tanto para a vida civil como também para vida eclesial. Mas quem é batizado com seu nome, deve ser chamado por esse nome, porque foi "sacramentado" pelo batismo. Na Igreja é costume escolher nome de um santo para o batismo – ocasionalmente em forma variável – que fica sendo o padroeiro da criança. A memória do santo é celebrada como dia onomástico.

Diácono

Investido de uma função ministerial, o diácono ocupa o grau abaixo do presbítero e do bispo na escala do sacramento da Ordem. A função do diácono já foi atestada no Novo Testamento e se entende como tarefa a serviço aos necessitados da comunidade: "Então os Doze convocaram a assembleia dos discípulos e disseram: 'Não convém deixarmos de pregar a Palavra de Deus para servir às mesas'. Por isso, irmãos, escolhei entre vós sete homens de boa fama, cheios do Espírito de sabedoria, e nós lhes confiaremos esse ofício; quanto a nós, vamos dedicar o tempo todo à oração e ao ministério da Palavra" (At 6,1-7). Entre eles estava Santo Estevão.

A partir do século IX, o diaconato na Igreja latina ficou sendo apenas um grau de transição para o presbiterato. Somente no Concílio Vaticano II foi novamente reconhecido em seu significado: "Em grau inferior da hierarquia estão os diáconos, sobre os quais se faz a imposição das mãos 'não em ordem ao sacerdócio, mas ao ministério'. Pois que, fortalecidos com a graça sacramental, servem o povo de Deus em união com o bispo e seu presbitério, no ministério da Liturgia, da palavra e da caridade" (*Lumen Gentium* 29). Esse ministério está aberto aos homens casados, profissionalmente ativos, acima de 35 anos, como também aos solteiros, desde que se obriguem ao celibato. O diácono, como o presbítero, está sujeito ao bispo. E jurou-lhe obediência na ordenação. Seu ministério é, em primeira linha, a caridade. Nas funções litúrgicas, cabe-lhe a presidência dos sacramentos do Batismo e Matrimônio, exéquias. O diácono dispõe sobre o poder das bênçãos. Nas missas cabem-lhe os ofícios de proclamar o Evangelho, assistir no altar, distribuir a comunhão, dirigir-se à assembleia convidando-a para responder ao "Eis aqui o mistério da fé", no abraço da paz "Saudai-vos com um gesto de comunhão fraterna"; e na despedida "Ide em paz, o Senhor vos acompanhe". Além disso, o diácono pode com a devida permissão pregar na missa.

Dignai-vos, ó Pai

Palavras com que se inicia a epiclese, imediatamente antes da consagração, na primeira "oração eucarística" (cânon romano), por meio das quais se invocam a bênção e a fortaleza de Deus para as oferendas. "Quam oblationem" (dignai-vos, ó Pai...) tornou-se a própria designação para esta oração:

Dignai-vos, ó Pai,
aceitar e santificar estas oferendas,
a fim de que se tornem para nós
o Corpo e o Sangue de Jesus Cristo,
vosso Filho e Senhor nosso.

Dípticos

Do grego: *diptychon* [dobrado duas vezes]. Antigamente, eram designados dípticos, duas tabuinhas ligadas por duas dobradiças nas quais se anotavam nomes que seriam lidos na "oração dos fiéis" ou na "oração eucarística" (falecidos, ofertantes, santos, bispos). Por isso as orações com citação de nomes na "oração eucarística" são denominadas orações dípticas. Se naquele tempo citavam-se os nomes dos que haviam apresentado oferendas para o serviço divino ou por aqueles que tinham sido oferecidos, hoje são mencionados, além do Papa e do bispo como representante de toda a Igreja, sacerdotes e outras pessoas que servem à Igreja, como também os falecidos. A quarta "oração eucarística" faz clara referência ao significado original do díptico: os fiéis que em torno deste altar vos oferecem este sacrifício...

Direitos da estola

É o emolumento (espórtula, taxa) a ser recolhido por determinadas ações pastorais referentes à estola, ou seja, aos serviços religiosos em que o celebrante usa a estola: batizados, casamentos, funerais etc. A quantia é estabelecida pelo bispo. Antigamente era uma contribuição importante para a manutenção dos sacerdotes necessitados, mas hoje está praticamente abolida.

Diretório da Liturgia

Contém orientações e normas para os procedimentos litúrgicos e outros na área da Pastoral. Em sentido estrito, publicação anual desse roteiro para missas e "Liturgia das Horas", devido às festas móveis, como Páscoa e outros dias de semana. Se antes o próprio sacerdote precisava determinar a ordem sequencial, por exemplo, no caso da coincidência de dias litúrgicos diferentes, isto já ocorre no "diretório litúrgico".

Domingo

Conforme o entender cristão, o domingo é o primeiro dia da semana. Conforme a tradição bíblica, é o dia da ressurreição de Cristo (Jo 20,1). Daí por que a comunidade cristã se reúne aos domingos para a celebração eucarística, na qual faz memória do acontecimento pascal. Daí também esse dia é uma Páscoa semanal; também por isso os domingos estão isentos do jejum no tempo quaresmal. Consequentemente o culto dominical é a reunião mais importante da paróquia. Mesmo quando *de fato* somente uma pequena porcentagem de católicos frequenta regularmente o culto divino, a obrigação do preceito dominical continua em vigor como antes (Catecismo da Igreja Católica, n. 2181).

O domingo ocupou o lugar do sábado judaico, como dia do descanso, baseando-se no relato da criação: "No sétimo dia Deus descansou depois de ter concluído toda a sua obra" (Gn 2,2). O descanso dominical é um presente para o homem, para se restaurar. "A instituição do dia do Senhor contribui para que todos disponham suficientemente do tempo de repouso e de lazer, para cuidar de sua vida familiar, cultural, social e religiosa" (Catecismo da Igreja Católica, n. 2184). A celebração eucarística do domingo se distingue das missas dos dias de semana por uma riqueza maior de elementos: o Glória (exceto no tempo quaresmal); as três leituras bíblicas, incluindo o Evangelho, a homilia (obrigatória no domingo), o Credo. A memória dos santos (exceto as solenidades) é deslocada quando cai em um domingo. Do latim [*dies Domini*], dia do Senhor, na região de Roma.

Domingo *in albis*

Assim era chamado o primeiro domingo depois da Páscoa (também "segundo domingo da Páscoa"), ou seja, oitavo dia da Páscoa. O nome (do latim [*alvus*], branco) vem da túnica branca que os neófitos (batizados na Páscoa) usavam até o primeiro domingo depois da Páscoa. Esse domingo é tradicionalmente o dia das Primeiras Comunhões.

Domingo de Ramos

É o domingo antes da Páscoa e início da Semana Santa. Celebração da entrada de Jesus em Jerusalém, onde foi aclamado pelo povo como o Messias esperado e Rei de Israel, com exclamações de hosana, mantos estendidos no caminho a sua passagem e com o agitar de ramos de palmeiras (Jo 12,12-19 e outros). Daí provém o nome de Domingo de Ramos.

Particularmente a entrada na cidade montado num jumento se relaciona com a profecia de Zacarias (Zc 9,9). A aclamação do Hosana é tirada do salmo 118,25s. A Liturgia da Palavra tem dois pontos altos: em seu início está a bênção dos ramos de palmeira (ramos do buchinho, em algumas regiões) e a leitura do Evangelho sobre a entrada em Jerusalém. Depois, segue a procissão para a igreja, acompanhada com cânticos. Na igreja segue o roteiro costumado do serviço divino. À hora do Evangelho é lida a Paixão segundo o evangelista do ano em curso, eventualmente com a distribuição dos papéis (Jesus, cronista, leitor...).

Assim o Domingo de Ramos torna-se destaque na abertura da Semana Santa. A cor litúrgica é vermelha como na Sexta-feira Santa. Em muitos lugares é costume que as crianças, particularmente, preparem ramos enfeitados. Os ramos bentos são levados para casa pelos participantes, para adornar os crucifixos e dessa maneira prestar-lhes veneração.

Doxologia

Aclamação de louvor e glória a Deus, quase sempre na forma trinitária, ou seja, mencionando as três Pessoas divinas. Distingue-se a "grande" doxologia ("glória a Deus nas alturas..."), da "pequena doxologia ("glória ao Pai, ao Filho e ao Espírito Santo..."). Ainda existem outras fórmulas: no fim da "oração eucarística" ("por Cristo, com Cristo, em Cristo, a vós, Deus Pai Todo-Poderoso, na unidade do Espírito Santo, toda a honra e toda a glória, agora e para sempre. Amém"); no fim do *Pai-nosso* ("vosso é o reino, o poder e a glória para sempre!"); e no canto de louvor dos três jovens na fornalha ardente. As doxologias são reforçadas novamente no fim com o Amém. Elas exprimem por palavras e gestos o reconhecimento da grandiosa obra de Deus na história e no mundo de hoje, mas de modo particular na morte e ressurreição de Jesus Cristo. Do grego [*doxa*], glória, honra, esplendor, realeza.

Elevação

É o gesto de erguer o Pão e o Vinho consagrados após a consagração; e na doxologia, encerrando a "oração eucarística": "Por Cristo, com Cristo, em Cristo...". Também pode chamar-se elevação o ato de erguer a patena com a Hóstia e o Cálice no momento do ofertório pelo sacerdote, enquanto pronuncia em voz baixa as orações que acompanham o gesto. A elevação do Pão e do Vinho consagrados após a narrativa da instituição, acompanhada pelo toque do sino (e do incenso nas missas solenes), servia antigamente como "comunhão dos olhos", quando a própria comunhão era recebida raramente. A elevação pode obscurecer o fato de que a "oração eucarística" é toda ela uma oração consagratória.

Em comunhão com

É uma parte da primeira "oração eucarística" antes da consagração. Origina-se da primeira palavra do texto latino *Communicantes* ("Em comunhão com toda a Igreja..."). Nesta oração é lembrada a comunhão da Igreja terrestre com os santos no céu:

"Em comunhão com toda a Igreja
veneramos a sempre Virgem Maria,
Mãe de nosso Deus e Senhor Jesus Cristo,
e também São José, esposo de Maria..."

Embolismo

Do grego. Designação geral para intercalação/inserção. Na Liturgia é de modo particular a oração conclusiva do *Pai-nosso* feita pelo sacerdote: "Livrai-nos de todos os males, ó Pai, e dai-nos hoje a vossa paz. Ajudados pela vossa misericórdia, sejamos sempre livres do pecado e protegidos de todos os perigos, enquanto, vivendo a esperança, aguardamos a vinda do Cristo Salvador". Só depois dessa inserção, a assembleia conclui a oração do Senhor com a doxologia: "Vosso é o Reino, o poder e a glória para sempre". Hoje, fora da missa, também na Igreja Católica se termina o *Pai-nosso* com a doxologia, como na tradição evangélica.

Encíclica sobre Liturgia

"Mediador entre Deus e os homens" são as palavras iniciais da encíclica do papa Pio XII em 1947, que trata do movimento litúrgico. Começa expondo suas preocupações e, ao mesmo tempo, prevenindo sobre exageros. Reconhece que na Liturgia reside a vida mais íntima da Igreja.

Entoação

Entoação é o ato de dar o tom para o canto, pelo celebrante ou cantor na missa. Está praticamente em desuso, mas é usado ainda na "Liturgia das Horas": "Cabe ao cantor ou cantores iniciar as antífonas, salmos ou demais cantos" (IGMR 260).

Entrada

A entrada do padre celebrante e dos outros ministros do altar para iniciar a missa realiza-se em um tipo de procissão: "Reunido o povo, enquanto o sacerdote entra com os ministros, começa o canto de entrada. A finalidade desse canto é iniciar a celebração, promover a união da assembleia, introduzi-la no mistério do tempo litúrgico ou da festa, acompanhar a procissão do sacerdote e dos ministros" (IGMR 25). A entrada ou procissão de entrada formam, junto com o canto acompanhante, a primeira parte dos "ritos iniciais" de cada missa e devem ser realizadas também nas Laudes e Vésperas solenes. Sobre a saída (no fim da missa) a Instrução não fala nada. Contudo em muitas comunidades é acompanhada igualmente por um canto. Com isso impede-se que os participantes deixem a igreja antes do sacerdote e dos outros ministros do altar. Onde o Evangelho é levado solenemente na entrada, este fica na igreja após a missa e não é levado de volta no final. Por isso e com a dispensa de eventuais cerimônias, como o incenso antes ou na saída, deve-se evitar a impressão de que o Senhor está saindo novamente da igreja. Deve-se deixar presente que mesmo a saída após a missa pode ser interpretada e entendida positivamente, ou seja, que o Senhor continua acompanhando seu povo na vida secular.

Entrada

Pode significar o procedimento para a entrada do serviço divino ou para o canto acompanhante, seja a antífona da entrada do Gradual (coral) ou um hino:

"Reunido o povo, o sacerdote dirige-se ao altar com os ministros durante o canto de entrada... A finalidade desse canto é iniciar a celebração, promover a união da assembleia, introduzi-la no mistério do tempo litúrgico ou da festa, e acompanhar a procissão do sacerdote e dos ministros" (IGMR 25). Se não for possível cantar na entrada, pode ser proclamado o versículo da abertura ou proferido por toda a comunidade. Do latim [*entrada*].

Entronização do bispo

Nada se fala sobre isso nos livros de Liturgia.

Epíclese

Oração para pedir a descida do Espírito Santo e a bênção de Deus para pessoas ou coisas. Junto com a invocação de Deus sobre a água batismal e o Santo Crisma, particularmente a "oração eucarística" tem como um todo o caráter de epíclese: "A Igreja implora por meio de invocações especiais o poder divino, para que os dons oferecidos pelas pessoas sejam consagrados, ou seja, tornem-se o Corpo e o Sangue de Cristo, e que a hóstia imaculada se torne a salvação daqueles que vão recebê-la em comunhão" (IGMR 55c). Desde a Idade Média, a invocação do Espírito Santo imediatamente antes da consagração é tida como epíclese eucarística no sentido estrito:

"Santificai, pois, estas oferendas,
derramando sobre elas o vosso Espírito,
a fim de que se tornem para nós
o Corpo e o Sangue de Jesus Cristo,
vosso Filho e Senhor nosso" (II "oração eucarística").

Historicamente, a epíclese mais antiga em sentido estrito é a assim chamada epíclese da comunhão, ou seja, o pedido pela assembleia com Cristo na comunhão, por exemplo, na primeira "oração eucarística": "ao participarmos deste altar, recebendo o Corpo e o Sangue de vosso Filho, sejamos repletos de todas as graças e bênçãos do céu".

Epifania

Esta Solenidade encerra o tempo de Natal. Conforme a Liturgia renovada, é celebrada domingo, entre 2 e 8 de janeiro. Popularmente é mais conhecida sob o nome de "Festa dos Santos Reis" ou "festa dos Três Reis", celebrada no dia 6 de janeiro. Reflete a adoração da glória de Deus encarnado em uma criança, conforme o exemplo dos três sábios narrado no Evangelho: "Onde está o recém-nascido rei dos judeus? Vimos sua estrela no Oriente e viemos para adorá-lo" (Mt 2,1-12). Do grego, manifestação do Senhor.

Oração do dia
Ó Deus que hoje revelastes o vosso Filho às nações,
guiando-as pela estrela,
concedei aos vossos servos e servas,
que já vos conhecem pela fé,
contemplar-vos um dia face a face no céu.
Por nosso Senhor Jesus Cristo, vosso Filho,
na unidade do Espírito Santo.

Equipe de Liturgia

São grupos de pessoas que se reúnem regularmente para tratar de questões atinentes à Liturgia: preparo de folhetos para as celebrações, festas e eventos diversos etc. Esta equipe pode ser de âmbito paroquial ou diocesano.

Escola de cantores

Hoje, é uma designação geral para corais que apresentam cantos litúrgicos a uma voz, principalmente o assim chamado "coral gregoriano". Originalmente eram denominadas assim as instituições de ensino onde se ensinava o canto litúrgico. Com o tempo a designação passou para o próprio grupo de cantores. Do latim [*schola cantorum*], escola de cantores.

Espaço litúrgico

A Liturgia não está ligada a nenhum local fixo no sentido de um templo onde Deus estaria presente (com exclusividade). Os próprios fiéis são templos, nos quais mora o Espírito de Deus (1Cor 3,16). Só depois do reconhecimento do cristianismo pelo imperador romano no século IV é que as comunidades cristãs conseguiram edifícios amplos para fins propriamente religiosos. Antes serviam-se, em geral, de casas particulares para encontros religiosos. Os edifícios religiosos devem, primeiramente, oferecer um espaço digno para as reuniões da comunidade. Como sinal do respeito à Eucaristia e demais sacramentos, como também à Palavra de Deus, as igrejas são sagradas (consagradas), e nelas também o altar, o ambão como lugar da proclamação da Palavra, a pia batismal, o confessionário e o tabernáculo. Pede-se ainda respeito digno nos lugares sagrados. Quando não houver uma igreja à disposição para se celebrar o culto divino, ele pode realizar-se também numa praça, ao ar livre. Isso vale especialmente para grandes concentrações e missas de grupos.

Espórtula de missa

É o dinheiro doado com a obrigação de ser aplicado numa intenção determinada. Só se pode receber uma espórtula por missa, as outras devem ser encaminhadas para o sustento de sacerdotes mais necessitados. Aos domingos o pároco está obrigado a oferecer uma missa por sua comunidade; não deve receber espórtula por ela.

Estação

Chama-se estação a parte introdutória, antes da celebração litúrgica como tal, em que os participantes se reúnem, combinam a celebração seguinte e eventualmente a iniciam. A estação é costume em muitos mosteiros, ao menos antes das horas solenes da "Liturgia das Horas", enquanto monges e monjas colocam-se no lugar combinado para entrar na igreja ou na capela.

Estalas corais

Estalas são assentos, dispostos ao longo dos dois lados do presbitério, uns voltados para os outros, para se rezar ou cantar alternadamente em dois coros os salmos da "Liturgia das Horas". Já que, no Ocidente, a antiga Liturgia diária de todas as comunidades passou para o culto especial da "Liturgia das Horas" das comunidades conventuais e dos clérigos na sede episcopal, encontramos estalas principalmente em igrejas conventuais e catedráticas.

Estante (do missal)

Na Liturgia significa uma pequena estante para nela se colocar o missal, no altar. Para o missal de hoje o emprego desse suporte não tem muito sentido.

Para o lecionário (leituras, salmo responsorial, Evangelho), a estante "combina" bem com o ambão. Do latim [*pulpitum*], cátedra de ensino, palco.

Estola

É a insígnia antiga do múnus presbiteral cujas duas pontas descem pelo peito nos bispos e sacerdotes, e nos diáconos descem pelo ombro esquerdo, unindo-se no quadril direito. É usada em todos os misteres que cabem ao bispo, ao sacerdote, ao diácono, e nas cores litúrgicas requeridas. Nas funções fora do recinto da igreja, como comunhão aos enfermos, bênçãos etc., é usada por cima da própria roupa, mesmo não tendo outra veste litúrgica.

Eucaristia

É o sacramento do Corpo e do Sangue de Cristo. Na cruz Jesus deu uma vez sua vida pelos seres humanos e ressuscitou ao terceiro dia. Antes, porém, instituiu na Última Ceia o pão e o vinho como oferendas eucarísticas e incumbiu seus discípulos de sempre renovar a Ceia em sua memória. Cada celebração eucarística é, portanto, o memorial da morte e ressurreição de Jesus Cristo, no sentido de que a Igreja tem parte nesse sacrifício e de que Jesus está realmente presente nela. Não é, portanto, a simples lembrança de um acontecimento que se foi. Se a Igreja Católica ensina que Jesus Cristo está realmente presente nas oferendas de pão e vinho, disso ela tira, por um lado, que o pão e o vinho permanecem inalterados no sentido físico e químico, mas por outro lado acredita que Jesus Cristo, como Senhor elevado (ao céu), preenche totalmente esta matéria com seu ser através da transubstanciação. Esta consagração acontece na "oração eucarística" pela palavra do sacerdote; mas quem de fato realiza, é o Espírito Santo, para cuja atuação pedimos: "Santificai, pois, estas oferendas, derramando sobre elas o vosso Espírito, a fim de que se tornem para nós o Corpo e o Sangue de Jesus Cristo, vosso Filho e Senhor nosso" (II "oração eucarística").

– Pela Comunhão os participantes do culto eucarístico têm parte em Jesus Cristo, mais exatamente, em sua morte e ressurreição, mas tornam-se também unidos entre si como Igreja. As oferendas simbolizam isto: O pão é formado por muitos grãos de trigo, e o vinho, por muitos bagos de uva que se unem numa só matéria.

– A comunidade adquire expressão em Cristo no rito da partilha e na comida de um só pão; por isso os primeiros cristãos davam o nome de "partir o pão" à celebração toda.

– Conforme a doutrina católica, Cristo está tanto tempo presente nas oferendas (consagradas) quanto elas existirem como tais. Por isso se deve mostrar o máximo respeito também com as hóstias conservadas (no tabernáculo). Podem ser oferecidas aos doentes e agonizantes e expostas para a adoração.

– A celebração eucarística consta da Liturgia da Palavra e da parte eucarística; esta não pode realizar-se sem a Liturgia da Palavra. Do grego: *ação de graças*.

Evangelho

São os quatro livros da Bíblia que relatam a vida, morte e ressurreição de Jesus, denominados conforme seus autores Mateus, Marcos, Lucas e João. Visto liturgicamente, designa a segunda ou a terceira leitura (aos domingos), proclamada, no evangeliário (de visual vistoso), por ser o ponto culminante da Liturgia da Palavra da missa. Correspondendo ao valor das palavras e ações de Jesus, a proclamação deve ser realçada particularmente pela procissão, pelo acompanhamento com tocheiros, incenso, persignação antes da leitura, ósculo do livro depois da leitura. Toda a assembleia manifesta seu respeito permanecendo em pé durante a leitura, à qual segue a resposta que, em cultos particularmente solenes, pode ser uma recitação cantada (*cantilacion*).

Evangeliário

É a parte do lecionário que contém as passagens escolhidas dos quatro Evangelhos, conforme os ciclos (ritmos) (A, B e C), para serem proclamadas durante a missa. O evangeliário costuma ser artisticamente decorado e tratado com veneração especial (procissão do Evangelho, acompanhamento com tocheiros, incenso, persignação antes da leitura, ósculo após a leitura), devido à fé na presença de Cristo quando é proclamada sua Palavra: "Ele está presente por sua palavra, pois ele mesmo fala quando as Escrituras são lidas na igreja" (CSL7).

Exaltação da Santa Cruz, festa

É celebrada no dia 14 de setembro. A origem desta festa vem do costume de, no dia após o aniversário da sagração da igreja da Ressurreição (13/set./335) em Jerusalém, expor ao povo o madeiro da cruz reencontrado. Da veneração dessa relíquia desenvolveu-se então a festa da Exaltação da Cruz. Antífona da entrada da missa: "A cruz de nosso Senhor Jesus Cristo deve ser a nossa glória: nele está nossa vida e ressurreição; foi ele que nos salvou e libertou".

Oração do dia

Ó Deus, que para salvar a todos
dispusestes que vosso Filho morresse na cruz,
a nós que conhecemos na terra este mistério,
dai-nos colher no céu os frutos da redenção.
Por nosso Senhor...

Exorcismo

Significa expulsão de poderes contrários a Deus. O exorcismo se apoia na ideia de que pessoas e coisas podem ser possuídas pelos assim chamados demônios, mas que, pela invocação do poder de Jesus Cristo, podem ser expulsos e obrigados a deixar a pessoa ou coisa. Este é o exorcismo imprecatório. Uma oração de intercessão com o mesmo problema também se chama exorcismo (exorcismo deprecatório). Diversas narrativas de curas do NT falam da expulsão de demônios por Jesus (Mc 7,24-30) ou em seu nome (Mc 9,38). Este poder recebido condizia com a atitude de espera pelo Messias. Deve-se levar em conta o conceito de doença de cada época. Portanto, hoje o exorcismo não deve ser entendido como alternativa para o tratamento médico e psicológico de pessoas que se veem possessas ou são vistas como tais pelos outros. No batismo das crianças e na inserção dos adultos na Igreja são proferidas orações para libertar o catecúmeno do alheamento de Deus e do pecado. O Código de Direito Canônico de 1983 contém uma indicação sobre o exorcismo (can. 1172), sem contudo citar o termo possessão. Do grego [*esconjuração*].

Exorcista

Um degrau das antigas Ordens Menores (sem imposição das mãos) com autorização para aplicar o exorcismo. Esta Ordem foi supressa em 1972 por não ter mais função própria (Carta apostólica *Ministeria quaedam*, do papa Paulo VI).

Exortação

Em determinadas passagens do culto divino a assembleia é convidada pelo sacerdote ou diácono para um gesto comum. As exortações do diácono provocam gestos diretos: "Saudai-vos com um sinal de paz!", "Ide em paz, e o Senhor vos acompanhe!" ou determinada aclamação: "Eis o mistério da fé". Também o sacerdote tem momentos oportunos para convocar. Por exemplo: "Oremos!", "Corações ao alto!". Breves introduções e dicas formuladas espontaneamente no começo da missa, antes das leituras ou no encerramento do culto divino entendem-se exortações para se tomar parte mais profunda e consciente na celebração.

Exortação para a Ceia

Esta exortação acontece ainda em algumas igrejas evangélicas, mas é sempre desejada de alguma forma em ocasiões especiais, por exemplo, numa celebração eucarística (1Cor 11,27). Seria bom advertir a assembleia com breves palavras sobre a importância da Eucaristia e sua necessidade para a vida, e sobre a responsabilidade do exame de consciência antes da recepção da Comunhão: "Quem está consciente de pecado grave, não celebre nem comungue o Corpo do Senhor, sem fazer antes a Confissão sacramental, a não ser que exista causa grave e não haja oportunidade para se confessar; nesse caso, porém, lembre-se de que deve fazer um ato de contrição perfeita, que inclui o propósito de se confessar quanto antes" (cân. 916).

Explicação alegórica da missa

É um modo de explicar as ações e os símbolos da Liturgia – hoje, apenas de interesse histórico – com uma interpretação que se desvia tanto da origem histórica dos elementos litúrgicos como de seu verdadeiro e imediato simbolismo. Esta maneira de interpretação foi introduzida, particularmente, na Idade Média e vigorou até a reforma litúrgica do século XX. Coloca, por exemplo, relações espirituais e teológicas entre casos da Liturgia, por um lado, e, por outro lado, acontecimentos na vida de Jesus, particularmente, da sua Paixão. Assim, da ablução das mãos do celebrante foi feita uma alusão ao gesto de Pilatos (lavo minhas mãos...), quando o rito liga-se diretamente ao pedido de pureza interior. A explicação alegórica da missa pertence ao mesmo sistema de explicação da Escritura que, por detrás do sentido próprio e diretamente pensado, procura uma ou até mais conjecturas para sentidos ocultos.

Exposição do Santíssimo Sacramento

Cerimônia da colocação da Hóstia consagrada no ostensório ou cibório sobre o altar, adrede preparado, para o culto de adoração. A exposição pode ser feita também pelos ministros da Eucaristia. Conforme o novo Código Canônico, é expressamente proibido manter exposto o Santíssimo Sacramento durante a celebração eucarística (can. 941/2).

Exulte o céu

Designação para o anúncio pascal (*praeconium pachale*), com o qual tem início a celebração da Vigília Pascal após o acendimento do círio, anúncio este tirado da primeira palavra do texto latino: "Exulte o céu e os anjos triunfantes...", cantado do ambão pelo sacerdote, diácono ou cantor. O anúncio pascal forma o ponto culminante do lucernário, que consiste na bênção do fogo novo, no acendimento do círio pascal, na procissão e no "exultet". Do latim [*exsultet*], exulte.

Exulte o céu

Exulte o céu, e os anjos triunfantes,
mensageiros de Deus desçam cantando.
Façam soar trombetas fulgurantes,
a vitória de um Rei anunciando.
Alegre-se também a terra amiga,
que em meio a tantas luzes resplandece!
E, vendo dissipar-se a treva antiga,
ao sol do eterno Rei brilha e se aquece.
Que a Mãe Igreja alegre-se igualmente,
erguendo as velas deste fogo novo,
e escutem reboando de repente,
o aleluia cantado pelo povo.

Fazei justiça

Primeiras palavras da antífona da entrada do 5º Domingo da Quaresma, com a qual era designado antigamente:

Fazei justiça, meu Deus, e defendei-me
contra a gente impiedosa
do homem perverso e mentiroso,
libertai-me, ó Senhor!

Sois vós o meu Deus e meu refúgio,
porque me afastais!
Porque ando tão triste e abatido
pela opressão do inimigo!

Festa

As festas ocupam o segundo lugar na ordem das três celebrações:

– Solenidade.

– Festa.

– Memória.

As festas são celebradas nos limites do dia natural. Portanto, não têm primeiras vésperas, exceto em alguns casos, conforme a Instrução Geral sobre o Missal Romano (IGMR 13).

Festa da colheita

Como o nome já sugere, cabe-nos primeiramente dar graças pelos frutos da terra, que nos apontam para os frutos eternos da Graça, pelos quais estamos orando, de modo especial nesta missa de ação de graças pela colheita.

Oração do dia

"Senhor, Pai de bondade,
que nos entregastes generosamente a terra,
dai-nos sustentar nossa vida com seus frutos
e usá-los de tal modo, que sejam úteis a todos
para glória do vosso nome.
Por nosso Senhor... (missa 27, do missal)

Festa do titular

Quando uma igreja não tem nome de um santo, mas é conhecida pelo nome de um mistério da fé, então o dia do mistério vale como título da igreja. Por exemplo: Igrejas dedicadas à Santíssima Trindade, Coração de Jesus, Nossa Senhora da Assunção, Ressurreição, Corpo e Sangue de Jesus Cristo etc. Com respeito a igrejas que têm um mártir ou santo como padroeiro, a festa vai chamar-se pelo nome do santo.

Festa dos apóstolos

Conforme o calendário romano (1969) há várias festas dos apóstolos, mundialmente conhecidas:

– Conversão de São Paulo Apóstolo (25 de janeiro).
– Cátedra de São Pedro (22 de fevereiro).
– Matias, apóstolo e evangelista (14 de maio).
– Filipe e Tiago menor, apóstolos (4 de maio).
– Pedro e Paulo, apóstolos – Solenidade (domingo entre 28 de junho e 4 de agosto).
– Tomé, apóstolo (3 de julho).
– Tiago Maior, apóstolo (25 de julho).
– Bartolomeu, apóstolo (24 de agosto).
– Mateus, apóstolo e evangelista (21 de setembro).
– Simão e Judas, apóstolos (28 de outubro).
– André, apóstolo (30 de novembro).
– João, apóstolo e evangelista (27 de dezembro).

Festas dos santos

Essas festas destinam-se à veneração litúrgica de um santo no dia determinado no diretório. Distinguem-se três categorias de festas:
– Solenidades.
– Festas.
– Memórias (obrigatórias e facultativas).

Nas solenidades, que atingem toda a Igreja, celebram-se, além de Maria, os apóstolos Pedro e Paulo e São José. Também o padroeiro respectivo de uma diocese, ordem religiosa, região ou localidade.

Festas marianas

– Solenidade da Imaculada Conceição de Maria: 8 de dezembro.
– Solenidade de Maria, Mãe de Deus: 1º de janeiro.
– Festa da Visitação de Maria: 31 de maio.

– Solenidade da Assunção de Maria ao céu: Domingo depois do dia 15 de agosto.

– Festa da Natividade de Maria: 8 de setembro.

Outras festas do Missal Romano
Nossa Senhora:

– Aparecida: 12 de outubro.

– da Apresentação: 21 de novembro.

– Dedicação da Basílica de Santa Maria Maior: 15 de agosto.

– de Guadalupe: 12 de dezembro.

Festas temáticas

Festas temáticas são festas especiais cujo tema não apresenta a memória de um determinado acontecimento da salvação, mas uma verdade de fé (dogma), por exemplo, a Santíssima Trindade, a presença real de Cristo na forma de pão (Corpo e Sangue de Cristo), o amor de Deus encarnado em Cristo e a realeza de Cristo como Rei de toda a criação. Assim valem como festas ideológicas: as solenidades da Santíssima Trindade, Corpo e Sangue de Cristo, Coração de Jesus e Cristo Rei. Além disso, há muitas festas marianas temáticas, em parte fundamentadas no terreno dogmático e em parte nos acontecimentos da história da salvação.

Ficar de pé

Desde os primórdios da Igreja, ficar de pé no culto divino é expressão de respeito e, ao mesmo tempo, atitude do homem libertado do peso e da escravidão do pecado mediante as ações salvíficas de Cristo, em contraposição ao ajoelhar-se, que na Igreja antiga era até proibido nos domingos, festas e no tempo pascal. Por isso a reforma litúrgica do Concílio Vaticano II fez também do ficar em pé a posição preferida da comunidade ativamente participante do culto: "caso não se disponha de outro modo, os fiéis permaneçam em pé em todas as missas: desde o início do canto de entrada ou do momento em que o sacerdote se aproxima do altar até a *oração do dia*, inclusive; ao canto do aleluia, antes do

Evangelho; durante a proclamação do Evangelho; durante a profissão de fé e a oração universal (oração dos fiéis [preces]); e da oração sobre as oferendas até o fim da missa, com as seguintes exceções: Assentem-se durante as leituras antes do Evangelho e o salmo responsorial; durante a homilia e enquanto se preparam as oferendas; e, se for conveniente, enquanto se observa o silêncio sagrado após a comunhão. Ajoelhem-se durante a consagração, a não ser que a falta de espaço ou o grande número de pessoa ou outras causas razoáveis não o permitam" (IGMR 21). Mas em muitos lugares se ajoelha durante a "oração eucarística".

Fogo

"Fogueira" como elemento litúrgico no sentido estrito, a Liturgia do Ocidente o conhece apenas no lucernário da vigília pascal. Conforme a oração da bênção sobre o fogo pascal, ele é, ao mesmo tempo, símbolo da luz e da purificação:

"Ó Deus, que pelo vosso Filho
trouxestes àqueles que creem
o clarão da vossa luz,
santificai este fogo novo.
Concedei que a festa da Páscoa
acenda em nós um tal desejo do céu,
que possamos chegar purificados
à festa da luz eterna" .
Por Cristo, nosso Senhor.

Esse símbolo está presente em vários ritos da Igreja: no uso das velas, na lâmpada do Santíssimo Sacramento, na bênção do incenso e das cinzas.

Fontes batismais

Na verdade, são pias ou depósitos, e só em alguns casos também pias retentoras para formar uma fonte natural. Enquanto as antigas fontes batismais não são tão profundas, hoje se encontram em algumas regiões fontes tão fundas que é possível até um batismo por imersão.

Formas (formulários) de missa

A forma da missa depende do motivo e da importância do evento.

– A forma básica é a missa com a comunidade.

– Na missa do bispo com sacerdotes como concelebrantes, o culto é muito mais visível como assembleia, que diz respeito à Igreja inteira.

– A missa dominical da comunidade é marcante para a vida paroquial. Nela atuam junto com o pároco, o diácono (quando presente), ministros, leitores, organista, cantores.

– Cultos em dias da semana podem, com a missa dominical, reforçar a pertença do indivíduo na comunidade eclesial e no sacramento da Eucaristia.

– Para comunidades religiosas a Eucaristia diária (concelebrada onde for possível) representa a fonte e o cume da vida espiritual.

– Para pequenas comunidades a forma da missa pode ajustar-se "às linhas diretivas para missas de pequenas comunidades". Essas valem também para missas em casas de família, por exemplo, por ocasião da unção de um enfermo ou viático.

– Sob circunstâncias especiais o padre pode celebrar também sem a participação de uma comunidade.

O desenrolar da missa está apresentado na Introdução Geral sobre o Missal Romano (IGMR 74-252).

Frequência da missa

O sacerdote não deve celebrar mais de uma missa por dia. Por motivos pastorais é permitida uma segunda missa, aos domingos uma terceira, incluindo a missa da véspera.

Funções dos leigos

Como participantes do povo sacerdotal, fundamentado no batismo e na Crisma, os leigos são chamados para determinadas funções na Liturgia. Depois que os leigos ficaram longo tempo afastados dos serviços litúrgicos, a constituição sobre a sagrada Liturgia do Concílio Vaticano II acentua sua importância no desempenho das funções litúrgicas, dizendo claramente:

"Nas celebrações, limite-se cada um, ministro ou simples fiel, ao exercer o seu ofício, a fazer tudo e só o que é de sua competência, segundo a natureza do rito e das leis litúrgicas" (CSL 28). E continua mencionando as funções dos leigos: "Os que servem ao altar, os ministros, os leitores, os comentaristas e os membros do grupo coral desempenham também um autêntico ministério litúrgico" (CSL 29). Devem ser acrescentados os cantores e organistas.

Funerais

Contrastando com outras regiões, nosso costume ainda é baixar à terra os mortos, dentro do caixão. Nesta tradição inclui-se o simbolismo do grão de trigo, que é baixado na terra, aparentemente morto, e ligado à crença na esperança da ressurreição.

O rito das exéquias varia muito, conforme a cultura e a religião dos povos. No Brasil a CNBB (Conferência Nacional dos Bispos do Brasil) tem normas e orientações que se encontram no ritual dos sacramentos ou sacramentário.

Geralmente há um sacerdote ou diácono para realizar o rito da "encomendação". Contudo, essa assistência pode ser prestada também pelos "ministros das exéquias", incumbidos desse ministério.

Um elemento essencial da Liturgia das exéquias é a santa missa. Celebra-se não só como oferenda para os mortos, mas crendo também que o falecido está participando dessa celebração, através da vida com Deus.

A respeito do ritual para a "cremação dos cadáveres", que vai tomando vulto, aguardam-se normas da CNBB.

Glória a Deus nas alturas

É um dos poucos hinos não bíblicos do cristianismo primitivo que, como o assim chamado hino gêmeo, *Te Deum*, sobreviveu ao veredicto de Laodiceia (c. 350), que se voltou até contra os próprios salmos e hinos (*psalmi idiotici*, salmos idiotas). Primeiramente era cantado nas missas dos dias de semana, exceto no Tempo do Advento e Quaresma; a partir da reforma litúrgica depois do Concílio Vaticano II, está previsto somente nas solenidades, festas, celebrações especiais e todos os domingos, fora do Tempo do Advento e Quaresma (IGMR 31). De acordo com sua origem (Lc 2,14), é chamado também "hino angélico" ou "grande doxologia" para distinguir da "pequena doxologia", que é o "glória ao Pai..." Do latim [*gloria in excelsis Deo*], Glória a Deus nas alturas.

Glória a Deus nas alturas
e paz na terra aos homens por ele amados.
Senhor Deus, rei dos céus,

Deus Pai Todo-Poderoso:

nós vos louvamos,

nós vos bendizemos,

nós vos adoramos,

nós vos glorificamos,

nós vos damos graças,

por vossa imensa glória.

Senhor Jesus Cristo, Filho Unigênito.

Senhor Deus, Cordeiro de Deus,

Filho de Deus Pai.

Vós que tirais o pecado do mundo,

tende piedade de nós.

Vós que tirais o pecado do mundo,

acolhei a nossa súplica.

Vós que estais à direita do Pai,

tende piedade de nós.

Só vós sois o Santo,

só vós, o Senhor,

só vós o Altíssimo,

Jesus Cristo.

Com o Espírito Santo,

na glória de Deus Pai.

Amém.

Glória ao Pai

Denomina-se "pequena doxologia para distinguir da "grande doxologia", mais pormenorizada "Glória a Deus nas alturas...". É um hino de louvor à glória de Deus, cantado ou recitado no fim dos salmos, responsórios e orações e bênçãos. Do latim [*Gloria Patri et Filio et Spiritui Sancto*]:

Glória ao Pai,
ao Filho
e ao Espírito Santo.
Como era no princípio
agora e sempre. Amém.

Gradual

Livro litúrgico, contendo os cantos gregorianos para a missa, diferente do antifonário, que tem as músicas para a execução da "Liturgia das Horas". Junto com o *Gradual Romano* existe ainda o *Gradual Simples*, com melodias mais simples. O termo Gradual é uma referência aos degraus do altar e do ambão, onde a "Liturgia das Horas" era recitada antigamente e o salmo responsorial, proclamado. Do latim [*gradus*], degrau.

Hebdomadário

Hebdomadário é quem, numa comunidade religiosa, desempenha algum serviço litúrgico durante a semana, quer na missa, quer no coro. Do latim/grego: [*hebdomada*], semana.

Hino

Hinos são cânticos da Igreja primitiva e se inspiravam na contextura dos salmos. Pertencem a esse grupo os cânticos do AT. Os mais importantes são os mencionados no Evangelho de Lucas: Bendito seja... (de Zacarias), Minha alma engrandece... (de Maria), Deixai agora... (de Simeão). Acrescentam-se outros semelhantes nas cartas de Paulo apóstolo e no Apocalipse. Por exemplo, o hino da carta aos filipenses (Fl 2,6-11). Dentre os hinos da Igreja primitiva, o Glória é um que entrou no Ordinário da missa. Também o *Te Deum* alcançou importância.

A partir do século IV são denominados hinos os cânticos cujos textos estão divididos em estrofes. O modelo mais frequente costuma ter oito estrofes com quatro versos e número igual de sílabas (dímetro jâmbico). A rima final de cada verso não corresponde à arte poética latina e só conseguiu impor-se no tempo da Idade Média.

O hino termina com uma estrofe de louvor à Santíssima Trindade (estrofe doxológica). Muitos hinos remontam até Santo Ambrósio de Milão. Por isso são denominados hinos ambrosianos. Na "Liturgia das Horas" cada hora começa com um hino. Ele relaciona a hora com a História da Salvação, por exemplo, a manhã com a hora da ressurreição; e tem caráter de louvor como, por exemplo, o hino das Laudes de Domingo e dias festivos: "Oh Criador do universo, a sombra e a luz alternais..."

Hissope

Originalmente, aspergiam-se o povo e os objetos, usando o ramo da planta hissope (Sl 50[51],9). Hoje, asperge-se com a vassourinha ou, mais frequentemente, com a bola metálica (provida de cabo, buraquinhos, e dentro uma esponja com água benta), usada para aspergir pessoas e objetos. A designação hissope reúne todas essas modalidades. Caldeirinha é o recipiente com água benta.

Homilia

Deriva do grego e significa exposição de um texto sagrado no culto divino. Diz a Instrução Geral sobre o Missal Romano (IGMR 41) que a pregação deveria ser uma homilia "explicando alguns aspectos da Escritura Sagrada ou de outro texto da missa para daí tirar normas para a vida dos membros da comunidade". É obrigatória nas missas dominicais; e recomendada nos dias de semana – particularmente no tempo do Advento, Quaresma e Páscoa. Na missa, a homilia é reservada ao padre ou ao diácono.

Hora Prima

Corresponde às seis horas da manhã de antigamente. É a primeira das antigas "Horas menores" da Liturgia monástica. Provavelmente surgiu como oração intermediária antes das Laudes na ordem seguinte: Matinas, Prima, Laudes.

Com a revalorização das Matinas como Horas autônomas na regra beneditina, a Hora Prima não foi supressa, mas reelaborada conforme o modelo das outras Horas.

A Constituição da Sagrada Liturgia suprimiu a Hora Prima por ser uma duplicação das Laudes (CSL 89 D), incluindo nelas parte de seu conteúdo. Do latim [*hora prima*], primeira "Hora" do dia

Hora Santa

Significa o tempo de adoração diante do Santíssimo Sacramento, por diversas intenções e em diversas ocasiões: Na Quinta-feira Santa, na véspera da primeira sexta-feira do mês etc., conforme o calendário de cada paróquia. Uma das intenções costuma ser pelas vocações sacerdotais, religiosas e leigas.

Hora Terça

Hora Terça do latim [Hora tercia], terceira hora, nove horas conforme a antiga divisão do tempo. É a primeira das Horas menores ainda existentes (CSL 89e) na "Liturgia das Horas". Faz memória da crucifixão de Jesus (Mc 15,15) e a vinda do Espírito Santo (At 2,15).

Horas Médias

Designação geral para as horas do dia: Terça, Sexta e Noa, originárias de um ritmo privado de oração (ver. Tertuliano; At 3,1; IGMR 74 e 75), conforme o ritmo antigo do dia para 3ª, 6ª, 9ª hora. Mais tarde encontrou-se fundamento também na bíblia para elas (Dn 6,11); e foram desenvolvendo-se no decurso do monaquismo cenobítico nascente, até chegar ao compromisso das Horas corais em comum, que constituem basicamente a atual "Liturgia das Horas". Conforme diz a Constituição sobre a Sagrada Liturgia: "Mantenham-se na recitação em coro as Horas menores (Terça, Sexta e Noa). Fora da recitação coral, pode-se escolher uma das três, a que mais se coadune com a hora do dia" (CSL 89e). A Hora Menor Prima, acrescentada às Laudes no decorrer dos séculos, foi supressa pelo Concílio Vaticano II.

Hosana

Originalmente era um grito de socorro (ajuda, pois!) a Deus ou ao rei, que hoje, como aclamação jubilosa na Liturgia, acompanha o "Santo, santo..." acrescentada ao "Bendito o que vem: Hosana nas alturas!" Hosana é a forma aramaica. Hosiana aproxima-se mais do termo hebraico, que foi tirado do salmo 118 (Sl 118,25 = hoschia-na). Em outros salmos, ou seja, em outros escritos do AT, encontra-se a forma mais curta Hoschia, sem a sílaba tônica posterior *na*: Socorre, pois! Este pedido podia ser dirigido a Deus (Sl 59,3; 71,2), ao rei ou a alguma outra instância, e era uma possibilidade de apresentar com firmeza resoluta a reivindicação dos direitos (2Sm 14,4; 2Rs 6,26). No decorrer do tempo esse grito de socorro passou a ser um grito de salvação do solicitante que confia na salvação certa e se rejubila com o salvador (Sl 18,4; 98,1). Assim sucedeu também na entrada de Jesus em Jerusalém: "E os que iam à frente e os que seguiam atrás gritavam: Viva! Bendito aquele que vem em nome do Senhor! Bendito o Reino que vem agora, o Reino de nosso pai Davi! Viva Deus no mais alto dos céus!" E os que iam à frente e os que seguiam atrás gritavam: "Hosana! Bendito aquele que vem em nome do Senhor! Bendito o Reino que vem, o Reino de nosso pai Davi! Hosana no mais alto dos céus!" (Mc 11,9-10). Assim o grito de júbilo é também uma alusão a Jesus, pois em Jesus como abreviação de Jehoschua ("Deus é a salvação") está embutida a mesma origem hebraica do termo salvar, socorrer.

Hóstia

Hóstia deriva do latim: vítima para o sacrifício, oferenda do sacrifício, que no início da era cristã atribuía-se a Cristo, vítima voluntária (Ef 5,2). Mais tarde começou a significar as oferendas que se levava para a Eucaristia. O formato atual das hóstias pequenas (ou partículas) deveria, conforme o pensar da reforma litúrgica, ser substituído pelo pão, "que, embora ázimo e com a forma tradicional, seja de tal modo preparado que o sacerdote na missa possa partir a hóstia em diversas partes e distribuí-la ao menos a alguns dos fiéis" (IGMR 283). Mas mesmo nas comunidades com poucos participantes, mal se conseguiu colocar isso em prática, e o rito da fração do pão se limita à quebra de uma única hóstia grande, cujos pedacinhos podem ser distribuídos só a alguns poucos. Hoje, em geral, utilizam-se hóstias que, por sua espessura, são mais parecidas com pão que as utilizadas durante séculos, pois eram brancas e delgadas.

Igreja (edifício)

Nos primeiros séculos os cristãos celebravam seus cultos em casas particulares. Após a assim chamada mudança constantiniana no século IV, pela qual o cristianismo tornou-se religião do Estado romano, a Igreja preferiu construir casas próprias sobre os túmulos dos mártires, para seus cultos religiosos. Contrariamente ao conceito antigo sobre os templos, os cristãos viam nos edifícios das igrejas, antes de tudo, uma casa de reunião e oração (semelhante às sinagogas) e um lugar onde são venerados os santos, porque nesse lugar encontraram seu derradeiro descanso. Quando, na Idade Média, aumentou a veneração pela Eucaristia e se começou a conservar o Santíssimo Sacramento no tabernáculo, mudou-se também a maneira de construir igrejas. O espaço reservado para o altar não dava mais acesso aos leigos. Por vezes foi até separado por meio de algum móvel (púlpito). Em algumas igrejas ainda existem tais móveis, chamados popularmente "barreiras de altar".

Não obstante, a Igreja conservou em sua história este conceito, segundo o qual Deus criador do céu e da terra não habita em casas construídas por mãos humanas (At 7,48ss.) A arquitetura das igrejas foi mudando sempre ao longo dos séculos, de acordo as reflexões teológicas, as interpelações pastorais e o gosto artístico/estilista de seu tempo. No início predominou o estilo de construção basilical, encontradiço também nas igrejas góticas. Já o barroco prefere igrejas tipo salão ou átrio. Depois das tendências historicistas dos séculos XIX e XX, hoje preocupa-se com uma linguagem arquitetônica inserida na atualidade. A arquitetura das igrejas encaminha a comunidade e o indivíduo para o encontro com Deus na Eucaristia, no Verbo encarnado, na oração coletiva e individual. Para isso ajudam ainda, além da própria arquitetura, a disposição das luzes, a configuração das cores, a decoração das janelas, o estilo dos assentos. Em algumas regiões, as igrejas já existentes estão sendo remodeladas para melhor acomodar grupos menores.

Imaculada Conceição de Maria

A solenidade da Imaculada Conceição de Maria é celebrada no dia 8 de dezembro. O núcleo dessa festa é o conteúdo doutrinário elevado a dogma, segundo o qual Maria foi preservada do pecado original (culpa original, antiga culpa). Outra designação, em outros países, é: Solenidade da eleição *de Maria.*

Oração do dia

Ó Deus que preparastes uma digna habitação
para o vosso Filho,
pela imaculada conceição da Virgem Maria,
preservando-a de todo o pecado
em previsão dos méritos de Cristo,
concedei-nos chegar até vós
purificados também de toda a culpa
por sua materna intercessão.
Por nosso Senhor...

Imposição das mãos

A imposição das mãos como gesto para pedir a descida ou a comunicação do Espírito Santo é empregada na conclusão do casamento, na bênção, ou unção dos enfermos, na ordenação dos diáconos, sacerdotes e bispos. A extensão das mãos acompanha a epiclese da celebração eucarística. Na ordenação, a imposição das mãos é, particularmente, o rito para a transmissão do poder na sucessão apostólica.

Incenso

É a resina da "árvore do incenso" à qual se pode misturar outros aromas. É transformado em bolinhas ou grãos que se queimam no carvão aceso dentro do incensório ou turíbulo. Devido a seu perfume ele é, desde muito tempo, empregado no culto divino. Figura no Apocalipse como símbolo da oração dos fiéis (Ap 5,8). Nas missas de domingo e festas solenes são incensados no começo a cruz e o altar; o evangeliário antes da proclamação do Evangelho e antes da "oração eucarística"; novamente o altar com as oferendas e a assembleia. Ao se expor o Santíssimo, este é incensado igualmente como gesto especial de adoração. Em geral o incenso vai queimando na assim chamada caçoila do turíbulo, que é balançado. Pode também ficar queimando numa concha refratária ao fogo (enquanto a fumaça sobe) simbolizando a oração que sobe ao céu. Entre o povo se manteve a crença de que com o incenso se pode debelar as influências maléficas. Esta ideia se prende ao conceito de "defumação". Nas noites que antecedem a Epifania, costumava-se (ou ainda se costuma em alguma regiões) percorrer incensando as casas e os estábulos.

Inclinação

A inclinação de cabeça ou de corpo é sinal de reverência. Na missa há várias inclinações prescritas para a missa: Pelo sacerdote na entrada, em outros serviços diante do altar, durante a "oração eucarística" pelo/pelos celebrantes, "ao nome das Três Pessoas da Santíssima Trindade, ao nome de Jesus, da Virgem Maria e do Santo cuja memória está sendo celebrada"

(IGMR 234). E ao "Glória ao Pai, ao Filho e ao Espírito Santo". A Instrução Geral sobre o Missal Romano (IGMR) distingue entre inclinação de cabeça e de corpo.

Insígnias

Do latim *insígnia* [insígnias], distintivos. São usadas por pessoas autorizadas ou conforme sua posição no ministério eclesiástico. São conhecidas de modo especial as insígnias pontificais do bispo: Cátedra, báculo (episcopal), anel, mitra, cruz peitoral e palio; e para os sacerdotes e diáconos, a estola.

Insígnias pontificais

Denominam-se insígnias pontificais os distintivos do múnus episcopal (abades), particularmente: cátedra, mitra, báculo, pálio, cruz peitoral, piléolo de cor violeta.

Instrumentos musicais

Assim como a música polifônica, também os instrumentos musicais puderam introduzir-se na Liturgia somente a partir da Idade Média. Posto que a palavra de Deus cantada devia ser recebida mediante o intelecto, os "padres da Igreja" achavam que devia ser afastado tudo o que desviasse disso, portanto, também o que se contava como instrumento musical. Já para a Liturgia nos templos judaicos os instrumentos são aprovados. Em diversos salmos fomenta-se a introdução desse tipo de música para o louvor de Deus (Sl 150). O órgão foi aceito nas casas de Deus, na virada do primeiro milênio. Antes disso era tido como instrumento profano. Hoje, é tido como o instrumento de igreja por excelência (ver *órgão*). Outros instrumentos podem ser aceitos, segundo o critério da respectiva autoridade eclesiástica (CSL 120). É evidentíssimo que ela quer apoiar a Liturgia e estimular a participação interior dos fiéis nela. Não devem, portanto, desviar-se do objetivo essencial que é o culto divino, deixando a música transformar-se num concerto para proveito próprio. Durante o Tempo do Advento e da Quaresma e nas missas pelos falecidos, os instrumentos deveriam ser tocados apenas para acompanhamento do canto. Em algumas passagens da missa, propõe-se música puramente instrumental, música para meditação durante a comunhão e na preparação das oferendas, no momento da entrada, dispondo a comunidade para a celebração, e na saída, como um epílogo musical vibrante.

Intenções de missas

Entende-se por esse termo o estipêndio (taxa, espórtula ou montepio, fundação) para celebração de missas na intenção de uma pessoa viva ou falecida. Aos domingos e dias de semana a missa é aplicada pela comunidade paroquial (pro populo) e não por uma determinada pessoa. No Brasil, em geral, as espórtulas de missas foram abolidas ou reestruturadas (*nota do tradutor*). Do latim [*Applicatio*], doação.

Intercomunhão

É a licença recíproca para se comungar em igrejas de credo diferente. Os católicos podem receber a comunhão em todos os ritos que estão em comunhão com o bispo de Roma, portanto, também nas Igrejas orientais unidas. Motivo para debates, sempre há com respeito às "Igrejas evangélicas". Como princípio, o conceito diferente sobre mandato e Eucaristia não permite a intercomunhão. Pode haver exceções em situações de emergência, quando o cristão evangélico partilha do conceito católico sobre a Eucaristia.

Intinção

Designação para a forma de comungar do cálice, segundo a qual a hóstia é imergida no vinho consagrado. Quem a imerge, é exclusivamente quem distribui a comunhão, e não o comungante; com isso a comunhão na mão está praticamente excluída. Do latim [*intingere*], imergir.

Invitatório

Significa o início da "Liturgia das Horas" da manhã: um convite para a oração, com um "prazo de tolerância", aguardando a chegada de todos, ao mosteiro. O Invitatório consta do versículo "Abri os meus lábios, ó Senhor. E minha boca anunciará o vosso louvor" e uma antífona que é cantada de maneira tradicional com o salmo 95 (94). Em lugar desse salmo se pode, desde a reorganização da "Liturgia das Horas", tomar também os salmos 100(99), 67(66), ou 24(23) – (IGLH 34 e 35). Do latim [*invitare*], convidar.

Invocações

Na Antiguidade prestava-se homenagem aos soberanos com a invocação grega "*Kyrie eleison*" (Senhor, tende piedade de mim), unida ao louvor. Nas cartas de Paulo Apóstolo, Jesus é designado *Kyrios*, Senhor.

A introdução da invocação na missa conforme o modelo bizantino teve lugar em Roma, provavelmente no ano 500. No ano 600 o papa Gregório Magno reduziu para nove o total de invocações. A invocação era captada pelo povo e musicada de muitas maneiras. Entre elas introduziam-se metáforas, curtas aclamações. Durante a Idade Média raramente se entendia trinitariamente a invocação do *Kyrie*, isto é, relacionado com a Trindade; mas "Kyrios" foi sempre aplicado para Jesus Cristo. O conceito de pedido de perdão, conforme uma explicação, encobre o caráter de louvor. Entretanto, no rito inicial da missa está sendo acentuado novamente o sentido original de homenagem ao Cristo presente na comunidade. Consequentemente, essas invocações são entendidas como ampliação dessa saudação honorificante por meio de títulos para Cristo, e não como expressão de penitência ou como pedido.

Invocará

É a primeira palavra da antífona da entrada do 1º Domingo da Quaresma, no missal. O versículo é do salmo 91(90),15-16: "Quando meu servo chamar, hei de atendê-lo, estarei com ele na tribulação. Hei de livrá-lo e glorificá-lo e lhe darei longos dias".Do latim [*invocabit*], Quando me invocar...

Jejum eucarístico

É a abstenção de alimentos e bebidas (exceto água) antes de receber a santa Eucaristia. É expressão de respeito com ela, como sinal de que a comunidade está com Cristo, que nos sacia realmente e nos enche de vida. Antigamente vigorava o jejum desde a meia-noite; hoje, a prescrição do jejum se reduz a uma hora antes de receber a comunhão.

Jovens consagradas

O rito da consagração, conforme o decreto da Congregação para o Culto Divino de 1970 "faz parte dos tesouros mais preciosos da Liturgia latina". Com isto não se pensa em primeira linha no rito como tal, mas na força do símbolo que pode advir de uma vida consagrada a Deus por meio da renúncia voluntária do casamento e dos filhos. Com a consagração das jovens, acessível não somente às religiosas dos conventos, mas às mulheres que vivem no meio da sociedade, são assumidos diversos compromissos que consistem na oração regular ("Liturgia das Horas") e, conforme as possibilidades, em obras de caridade e apostolado.

Ladainha

Consiste em orações de súplica nas quais a assembleia responde sempre com o mesmo pedido (rogai por nós) às invocações de quem preside. Roma tirou da Igreja Oriental, no século V, essa forma de oração, que conhecia como "ladainha do Kyrie", portanto como invocação a Cristo, e criou, como tipo mais antigo, a ladainha de todos os santos. A ladainha lauretana também apareceu muito cedo com suas invocações a Nossa Senhora. As ladainhas gozaram de grande popularidade na Idade Média, por exemplo, nas procissões. Hoje, canta-se particularmente a ladainha de todos os santos nas consagrações e bênçãos, nas procissões das rogações, por exemplo, na bênção da água batismal na Vigília pascal, ou na ordenação presbiteral e episcopal. Do latim [*litania*].

Ladainha de todos os santos

É chamada também a grande ladainha. Vem dos primórdios da Igreja. As invocações dirigidas diretamente a Jesus constituem a parte mais antiga ("Cristo, tende piedade de nós! Senhor, tende piedade de nós" e seguintes).

As invocações aos santos foram acrescentadas a partir do século VII. Essa lista nos deixa entender que não está fechada, mas pode ser completada com outros santos, por exemplo, os padroeiros da Igreja. A ladainha de todos os santos tem seu lugar na vigília pascal para a bênção da água batismal.

Lamentação

Expressão de luto que exprime sofrimento, injustiça, lamentação e clama por uma melhoria da situação. A queixa dirige-se ao próprio Deus conforme o entender bíblico e tão expressivo em alguns salmos, por exemplo no salmo 22, do qual foram tiradas as palavras de Jesus na cruz, "Meu Deus, meu Deus, por que me abandonaste!"; no livro de Jó; de alguns profetas, de modo particular Jeremias a quem é atribuído o livro das Lamentações. As lamentações bíblicas encontram acesso na Liturgia, a saber, nos salmos, leituras bíblicas, sobretudo durante o tempo quaresmal e nos dias da Semana Santa.

Lamentos do Senhor

Cantos para a veneração da cruz na Sexta-feira Santa, nos quais Cristo como Salvador faz lembrar os fatos salvíficos do Antigo Testamento, num contraste com a injustiça sofrida em sua Paixão: "Que te fiz, meu povo eleito! Dize em que te contristei!... Eu te fiz sair do Egito... preparei-te bela terra, mas tu, a cruz para teu rei..." O núcleo dos impropérios (que o novo missal traduz por "Lamentações do Senhor") está no triságio triplo: "Deus santo, Deus forte, Deus imortal, tende piedade de nós". Do latim [*improperia*], queixas.

Lâmpada de suspensão

É usada ainda nas igrejas do Ocidente com o nome de "luz eterna". O recipiente fica suspenso diante do tabernáculo, com uma lâmpada dentro dele, lembrando a presença sacramental de Cristo. Reacendida cada ano na vigília pascal, simboliza a "luz de Cristo" (*Lumen Christi*) e recorda o acontecimento salvífico da Páscoa da Ressurreição. Do latim [*Ampulla*], vaso, recipiente.

Latim

A partir do século III o idioma romano separou-se do grego, tornando-se a língua litúrgica na Igreja ocidental. Na segunda metade do século IV, São Jerônimo elaborou a assim chamada "vulgata", ou seja, a tradução da Bíblia para o latim. Com as missões na Europa Central e Norte, o latim espalhou-se e tornou-se a língua de interligação entre a teologia e a ciência em geral na Idade Média até o tempo moderno. Como idioma litúrgico da missa, o latim foi obrigatório até a reforma litúrgica do Concílio Vaticano II. A partir do Concílio Vaticano II a Eucaristia é celebrada na língua vernácula, mas o latim continua sendo a língua de interligação na Igreja. Assim as encíclicas e demais cartas apostólicas do papa, bem como documentos das diversas Congregações romanas, são escritos em latim. O mesmo vale para os livros litúrgicos. O encargo da tradução cabe às Conferências episcopais.

Laudes – Oração da manhã

É o louvor matinal como parte da "Liturgia das Horas". Conforme a Constituição do Concílio Vaticano II (CSL 89), Laudes (Oração da manhã) e Vésperas (Oração da tarde) "são tidas como os dois polos da "Liturgia das Horas" (CSL 89). O nome é devido aos salmos de louvor 148-150 que os monges rezavam nas primeiras horas do dia. A estrutura das Laudes corresponde essencialmente à das Vésperas. Após a abertura "Vinde, ó Deus, em meu auxílio; socorrei-me sem demora Glória ao Pai...", seguem o hino, dois salmos e um cântico do AT. Nos dias de semana tomam-se os salmos 63, 150/149, como também o "cântico dos três jovens na fornalha ardente" (Dn 3,57-88). O salmo 50/51 é introduzido nos dias de penitência. Quanto ao mais, escolhem-se os salmos de acordo com o tempo, num ritmo que se repete a cada quatro semanas. Aos salmos segue uma breve leitura com o responsório, ao qual se ajunta o cântico evangélico de Zacarias ("Bendito seja..." Lc 1,68-79), seguido pelas preces, *Pai-nosso*, oração conclusiva e bênção final. O invitatório (do latim [*invitare*], convidar) antepõe-se às Laudes com a abertura "Abri os meus lábios, ó Senhor, e minha boca anunciará o vosso louvor" (Sl 51,17) e com o salmo 94/95 e o versículo central, conforme o tempo ou "Oxalá ouvísseis hoje a sua voz, não fecheis vossos corações" (Sl 95,7-8). A "Liturgia das Horas" é obrigatória para os clérigos, membros das comunidades conventuais, e recomendada para os leigos (CSL 100). Na medida do possível, tanto as Laudes como as Vésperas sejam rezadas em comunidade. Seu caráter solene faz efeito especial por meio dos elementos cantados, que são o hino, se possível, os salmos/cântico e Bendito seja o Senhor Deus de Israel) Laudes [plural de *Laus*], louvor.

Lava-pés

Rito muito expressivo como explicitação do mandamento de Jesus proclamado na Última Ceia: "Eu vos dou um novo mandamento: 'Amai-vos uns aos outros! Como eu vos amei, assim deveis amar-vos uns aos outros' (Jo 13,34). É lembrado na Quinta-feira Santa após a pregação, isto é, no fim da Liturgia da Palavra, antes da preparação das oferendas. O Evangelho traz logo a passagem correspondente (Jo 13,1-15) e o missal indica que a pregação, junto com a instituição da Eucaristia e do sacerdócio, deve tratar do mandamento do amor ao próximo. Está dito ainda que o lava-pés não deve realizar-se só nas igrejas catedrais e abaciais como antigamente, mas o mais possível também nas comunidades paroquiais. A designação latina "mandatum" para o rito do lava-pés significa literalmente "encargo" e relaciona-se diretamente com o novo mandamento de Jesus.

Lavarei

A ablução das mãos do sacerdote, como parte da preparação das oferendas, tem origem na versão latina dos versículos do salmo 26: "Eis que lavo minhas mãos entre os inocentes..." que o sacerdote devia rezar antigamente enquanto lavava as mãos. Hoje é assim a oração: "Lavai-me, Senhor, das minhas faltas e purificai-me de meus pecados". O gesto concreto da ablução das mãos simboliza o pedido pela pureza interior: "Isto deve ser a expressão do desejo de uma limpeza interior" (IGMR 52).

Lecionário

É o livro que contém todos os textos da bíblia para as leituras da missa, incluindo o Evangelho como 2ª leitura nos dias de semana, respectivamente, a 3ª nos domingos e festas, o salmo responsorial depois da 1ª leitura e a aclamação antes do Evangelho. O evangeliário contém um extrato especial do lecionário da missa. Para a "Liturgia das Horas" há um lecionário próprio.

Leitor

A leitura da Escritura (exceto o Evangelho), como também das intenções da Oração dos fiéis (Preces) já antes era um ofício próprio do leitor que surgiu por ocasião da nova distribuição das tarefas litúrgicas. Era uma das Ordens Menores que em 1972 foram substituídas pelo ministério dos leitores ou dos acólitos. O mandato é conferido pelo bispo ou pelos superiores de Ordem nos moldes de uma celebração eucarística. Para os candidatos ao sacerdócio e diaconato, este mandato é obrigatório; aliás, pouco usado, porque quase sempre se recorre a homens ou mulheres para leitores, sem ser preciso algum mandato especial.

Leitura

É a proclamação de um texto (perícope) da Bíblia no culto divino. Enquanto a leitura do Evangelho é proferida pelo sacerdote ou diácono, a exposição das outras leituras cabe aos leitores leigos. Na "Liturgia das Horas", além das leituras bíblicas, há também as leituras dos "santos padres", isto é, homens e mulheres que, como santos e (ou) teólogos eminentes, deixaram para a Igreja um patrimônio escriturístico marcante, haurido nos ensinamentos dos apóstolos. Do latim [*lectio*] leitura; [*lector*], leitor.

Leitura cantada

Maneira de apresentar um texto (leituras ou orações) em um tom alto e solene. É chamada também canto recitado ou leitura cantada. Não é canto, mas explicita e realça o ritmo e a tonalidade da declamação natural e acentua a estrutura e a expressão do texto. Distingue-se do tom reto.

Leitura continuada

O antigo princípio da leitura continuada da Sagrada Escritura nas celebrações continua em vigor conforme a Constituição sobre a Sagrada Liturgia: "Prepare-se para os fiéis, com maior abundância, a mesa da Palavra de Deus: abram-se mais largamente os tesouros da Bíblia, de modo que, dentro de um período de tempo estabelecido, sejam lidas ao povo as partes mais importantes da Sagrada Escritura" (CSL 51). Portanto:

Para os domingos e solenidades estão marcadas três leituras: do profeta, do apóstolo e do Evangelho, cuja sequência se encontra no próprio evangeliário.

Também para os dias de semana, as leituras já estão em ordem sequencial no Lecionário semanal.

Quanto ao Ofício das leituras na "Liturgia das Horas", diz a Instrução Geral: também ao Ofício se aplica o desejo da Igreja: "dentro de determinado ciclo de anos sejam lidas ao povo as partes mais importantes da Sagrada Escritura" (IGLH 248).

As primeiras leituras do AT nas missas dominicais e solenidades não seguem esse princípio, mas são escolhidas conforme o Evangelho respectivo.

Leitura da Palavra

É a leitura de perícopes, isto é, de passagens bíblicas, visando o anúncio, o fortalecimento da fé e a prontidão para viver conforme as normas cristãs. Na Liturgia da Palavra estão previstas três leituras para os domingos e duas para os dias de semana. Conforme o projeto do Concílio Vaticano II, "a mesa da Palavra deve estar ricamente abastecida", portanto, com o maior número possível de passagens da Sagrada Escritura. Para alcançar esse objetivo, foram introduzidos três anos de leitura (A, B, C) para a missa nos domingos e dias de semana. A "Liturgia das Horas" tem, além das leituras bíblicas, as assim chamadas leituras dos "santos padres", passagens dos escritos que, extraídas dos santos em sua maior parte, devem fortalecer o leitor ou ouvinte da maneira acima descrita. Essas leituras são parte do assim chamado "Ofício das Leituras" (do latim [*hora*]), recitado diariamente nos mosteiros e na vigília (Ofício noturno) dos domingos e festas.

Lembrai-vos

Significa os pedidos na "oração eucarística" pelos vivos e defuntos, como parte das intercessões (inserções). A memória dos vivos como intercessão antes da "oração eucarística" encontrou acesso na Liturgia latina no século IV-V, enquanto a memória dos mortos foi incluída, primeiro, só na missa pelos falecidos, e só mais tarde como parte integrante e permanente da "oração eucarística". Do latim [*memento*], lembrança.

Lembrai-vos, Senhor

É a primeira palavra da antífona da entrada da missa do 2º Domingo da Quaresma. Encontra-se também na antífona da entrada da quarta-feira da primeira semana da Quaresma:

Lembrai-vos, Senhor, de vossa misericórdia
e de vosso amor que são eternos.
Nossos inimigos não triunfem sobre nós;
libertai-nos, ó Deus, de toda a angústia (Sl 24).

Língua litúrgica

Hoje, estamos acostumados a celebrar nossos cultos na língua vernácula. Mas na história da Igreja isto era simplesmente inconcebível. Na Igreja primitiva o grego era a língua corrente, na qual também o NT foi escrito. A partir do século III o latim foi impondo-se no ocidente, enquanto na Igreja oriental a Liturgia continuava sendo celebrada em grego. Do grego conservou-se até hoje o "Kyrie eleison". Outros idiomas como o árabe, o aramaico, o siríaco, o etíope e também o eslavo, depois das missões na Eslavônia no século IX, foram reconhecidos como idiomas litúrgicos. Na Igreja Ocidental, porém, o latim conseguiu se impor, pois foi assumido como língua litúrgica pelos germanos evangelizados.

No tempo que se seguiu ao Concílio de Trento (na metade do século XVI), as línguas do povo foram tidas como proibidas na Liturgia, embora isso não tivesse sido estabelecido pelo Concílio. A missa era celebrada quase exclusivamente em latim até a reforma do Concílio Vaticano II. Coisa semelhante aconteceu para a "Liturgia das Horas". Na verdade o Concílio Vaticano II prevê o uso do latim na Liturgia, contudo confia às Conferências episcopais de cada região dar normas acerca do uso e extensão da língua vernácula (CSL 36). A partir dessa abertura, nos anos seguintes tornou-se uso em todo o mundo, e tanto a missa como a "Liturgia das Horas" são celebradas praticamente em cada país na língua do povo ou do país.

As traduções dos textos litúrgicos sob a responsabilidade das Conferências episcopais de cada região devem ser aprovadas pela Santa Sé (CSL 36 ss.). Na tradução dos textos litúrgicos deve-se ater, por um lado, à exatidão linguística e, por outro lado, à transmissão do conteúdo espiritual com as expressões próprias da língua em questão. As traduções litúrgicas para a língua vernácula devem ser de confiança, "como voz autêntica da Igreja de Deus" – diz o documento "Liturgiam authenticam 7", exarado em 2001 pela Congregação para o Culto Divino e dos Sacramentos, como "addenda" ao artigo 36 da CSL.

Liturgia

Significa "oração oficial", "oração do povo para o povo" (Catecismo da Igreja Católica, n. 1069). A Igreja toma parte ativa na obra da salvação de Deus por meio da Liturgia. Esta é, primeiramente, a Páscoa/mistério de Cristo, seu sacrifício pela morte na cruz. A Igreja participa desse mistério através da missa. A Liturgia é uma resposta de louvor pelo bem que Deus fez à humanidade, particularmente porque nos enviou seu Filho e o Espírito Santo. A Liturgia é oração da Igreja ao Pai, mediante Jesus Cristo no Espírito Santo. É assim que ela se exprime na fórmula conclusiva das orações. Portanto, através da Liturgia, a Igreja tem parte no mistério da Santíssima. Trindade. Liturgia é sempre pública, oficial, já que ela é a expressão da relação entre Deus e a Igreja em sua totalidade, mesmo quando um culto ocorre num círculo muito pequeno. Os rituais uniformes das celebrações litúrgicas são correspondentes. Além da missa, pertencem à Liturgia: a "Liturgia das Horas", a celebração dos sacramentos, as sagrações e bênçãos. As formas de devoção que se desenvolveram como expressão da piedade popular (por exemplo, o rosário) não são Liturgia no sentido próprio. As celebrações litúrgicas podem ter elementos catequéticos, por exemplo, na homilia. Mas isso é apenas uma função paralela da Liturgia.

A Liturgia é de grande importância catequética, pois, nos elementos do anúncio instrui os fiéis na fé e os ensina a orar. Contudo contradiz sua natureza quando é modificada para fins catequéticos. A vida eclesial não se esgota na Liturgia. Acresce a forma cristã de vida, que dá testemunho da fé e é penetrada por ela (martírio = testemunho), e encontra sua expressão no serviço fraterno (diaconia). Ela é estimulada e fortalecida na Liturgia. O anúncio da Boa-Nova (evangelização) precede a Liturgia, e com isso unem-se a conversão dos convocados e a profissão de fé. O termo Liturgia deriva do grego.

Liturgia da Palavra

É a primeira parte da missa, antes da "Liturgia eucarística". Designa também a "celebração da Palavra". Nela o anúncio da Palavra ocupa o centro. Antes do Concílio Vaticano II, a Liturgia da Palavra era, praticamente, subestimada em sua importância e, por isso, frequentemente chamada "antemissa". Diante disso a Constituição sobre a Liturgia acentua que ambas as partes de que se compõe a santa missa – a Liturgia da Palavra e a "Liturgia eucarística" – formam um só ato de culto (CSL 56). O lugar de onde se proclama a Palavra na igreja é o ambão. A Liturgia da Palavra da santa missa tem a seguinte estrutura: Uma ou duas leituras (do AT e NT além do Evangelho), salmo responsorial depois da primeira leitura, segunda leitura (se houver), aclamação ao Evangelho (aleluia, outra aclamação no Tempo quaresmal), Evangelho, homilia, Credo (profissão de fé) e oração universal (oração dos fiéis). O Evangelho pode ser levado em solene procissão para o ambão e lá ser incensado. Nos dias de semana não há segunda leitura e credo. A primeira e segunda leitura são proferidas pelos leitores, leigos em geral, e o Evangelho é proclamado pelo sacerdote ou pelo diácono.

A "celebração da Palavra" é uma forma própria de Liturgia da Palavra que, em casos excepcionais, a assembleia dominical da comunidade pode assumir como "culto dominical" sem padre sob a direção de leigos. Para isso existem disposições próprias.

Liturgia das Horas

É a liturgia do dia. São unidades oracionais executadas em determinadas horas do dia, passando assim o dia em comunhão com Deus e a Igreja. O objetivo da "Liturgia das Horas" é a santificação do dia (CSL 88). Seus pontos-chaves são as:

Laudes (oração da manhã) e as Vésperas (oração da tarde CSL 89a).

Acrescentam-se as assim chamadas Horas Menores (do latim [*Hora*]): Hora Média:

Terça (do latim = terceira hora); Oração das Nove Horas.

Sexta (do latim = sexta hora); Oração das Doze Horas.

Noa (do latim: nona hora); Oração das Quinze Horas.

Os nomes vêm da divisão romana do tempo, segundo a qual a primeira hora do dia corresponde às seis horas.

As Completas encerram o dia. Até a reforma da "Liturgia das Horas" em 1971, a Hora Prima era rezada por primeiro. Cada Hora baseia-se na escolha do hino correspondente ao dia e por isso não pode ser trocada à vontade. A "Liturgia das Horas" é obrigatória para os diáconos, presbíteros e membros de ordem religiosa. Eles rezam representando toda a Igreja. As comunidades religiosas de vida ativa (com uma função apostólica) estão liberadas das Horas menores. Os diáconos devem rezar as Laudes e Vésperas. Também aos leigos é recomendada, pelo menos, a execução da "Liturgia das Horas". Em algumas comunidades, isto é feito à maneira de troca, transferindo a oração para outro lugar ou hora, celebrando, por exemplo, na igreja uma parte da Oração (as vésperas do domingo).

Liturgia de Milão

As dioceses subordinadas ao arcebispado de Milão (cidade no norte da Itália) e regiões circunvizinhas conservaram uma Liturgia própria. Denomina-se também Liturgia ambrosiana, porque se originou no tempo de Santo Ambrosio (séc. IV), bispo de Milão. Na verdade, corresponde em muitas partes à Liturgia de Roma, embora tenha conservado algumas particularidades, por exemplo, abstenção da Eucaristia nas sextas-feiras da Quaresma e o canto ambrosiano. Reconhece ter tido influência da Igreja Oriental.

Liturgia monástica

Os mosteiros conservaram diversas particularidades com respeito à "Liturgia das Horas". Isso está explicado detalhadamente na Regra de São Bento e com as adaptações necessárias, válidas até hoje para as Ordens que vivem segundo essa Regra (beneditinos, cistercienses, trapistas). O diretório litúrgico dos conventos corresponde ao da Igreja Católica. Contudo, já que as Ordens atribuem à memória de seus santos uma ordem de valores mais alta, pode acontecer que celebrem a festa num dia de semana conforme seu "Próprio dos santos", enquanto noutro lugar o formulário da missa do dia é outro. As normas litúrgicas especiais dos conventos constam nos diretórios próprios de cada Ordem ou Congregação Religiosa. A celebração da profissão, ou seja, o compromisso dos votos religiosos e a bênção dos abades, tem também um ritual próprio. A bênção do abade é procedida pelo bispo diocesano. Do latim [*monasteriu*], convento, mosteiro.

Liturgias latinas

Liturgias latinas são as liturgias ocidentais para distinguir das orientais. A Liturgia latina se impôs desde o tempo dos carolíngios (séc. IX). Também a Liturgia de Milão, que remonta até Santo Ambrósio, bispo de Milão (séc. IV), conseguiu se afirmar. No primeiro milênio havia outras Liturgias que se formaram sob o nome de Liturgia "franco-galicana: "norte-africana", "antiga espanhola" (denominada também "gótica-ocidental" ou "mozarábica") e a "celta".

Livrai-nos, Senhor

Do latim [libera], livra-nos. Palavras iniciais do embolismo após o *Pai-nosso* na missa:

Livrai-nos de todos os males, ó Pai,
e dai-nos hoje a vossa paz.
Ajudados pela vossa misericórdia,
sejamos sempre livres do pecado
e protegidos de todos os perigos,
enquanto, vivendo a esperança,
aguardamos a vinda do Cristo Salvador.

Livros litúrgicos

São os livros que contêm todos os textos e indicações necessários para o desempenho do culto divino. Antes da reforma litúrgica do Concílio Vaticano II, o desenrolar de toda a celebração eucarística estava impresso sequencialmente no Missal com todas as leituras, orações do celebrante, cantos corais etc. Na reforma litúrgica retomou-se a tradição primitiva de editar livros próprios para funções diferentes. Assim é mantido até hoje nas igrejas ortodoxas. Os livros litúrgicos aparecem primeiro em edição latina segundo o rito romano, editados pela "Congregação para o Culto Divino e os Sacramentos". São traduzidos e aprovados pelas Conferências Episcopais do respectivo país e autorizados para o uso litúrgico. Finalmente, a Congregação mencionada acima reconhece a tradução e confirma a licença.

Alguns livros litúrgicos do Brasil:

Calendário Romano Geral; Martirológio.

– Missal, em dois volumes (Dominical e Ferial) – Livro das Orações e o Lecionário.

– Liturgia das Horas, em quatro volumes, e o volume da edição abreviada, sem as leituras do ofício.

– Ritual próprio Romano, com celebrações próprias do bispo, em diversos volumes (Ordenações, Confirmação, Dedicação da Igreja e do Altar, Cerimonial dos Bispos, Instituição de Leitores e Acólitos, Bênção de Abades e Abadessas, Bênção dos óleos e Consagração do Crisma).

– Ritual dos Sacramentos e sacramentais: Iniciação Cristã dos Adultos, batismo, matrimônio, unção dos doentes, Penitência, funerais, profissão religiosa, culto eucarístico, cerimonial das bênçãos e celebração dos exorcismos.

– Gradual, com a música dos cânticos interlecionais.

– Rito da Coroação das imagens da Virgem.

Louvor a Deus

"O louvor é a forma de oração que reconhece diretamente Deus, como Deus em sua infinitude. É inteiramente desinteressado: Louva a Deus por amor dele mesmo, presta-lhe honra, porque ele é", ou seja, o "Ser por excelência" (Catecismo da Igreja Católica). Neste sentido o louvor pode ser uma resposta do homem para a obra visível de Deus, como demonstram muitos salmos, mas pode também manifestar-se pela fé, quando o homem o experimenta como um ser que não conhecia (Jó 1,21s.). A Liturgia da missa está cheia do louvor, que aparece explícito na "oração eucarística" com o "Sanctus" e no "Glória" de maneira expressa. O termo Eucaristia (do grego = ação de graças) o atesta. A "Liturgia das Horas" dirige-se a Deus louvando-o, como está no próprio nome da Oração da manhã (Laudes = salmos 148-150, de louvor). Também se costuma denominar "Louvor da manhã" para as Laudes e "Louvor da tarde" para as Vésperas.

Lucernário

Os homens têm a possibilidade de experimentar alumiar a noite com fogo, independentemente da luz do dia, desde sempre como presente divino ou respectivamente como dádiva roubada dos deuses, assim como na antiguidade grega. Desde a antiguidade, os cristãos saúdam e partilham a luz num rito próprio, no início do Louvor da tarde, as Vésperas. Esse rito consiste, ao partilhar a luz, em um hino sobre a luz e uma oração de ação de graças. Com isso reconhecemos Cristo como a Luz verdadeira. Na Liturgia latina esse rito se conservou até hoje só no início da Vigília pascal. Após a distribuição da luz que partiu do círio pascal, ressoa aqui o canto particularmente festivo do Exsultet, o "precônio" pascal da Luz. Do latim [*lux*], luz, celebração da luz no começo da tarde.

Luz

A luz é o símbolo de Cristo. No Evangelho de João, ele mesmo se designa luz do mundo (Jo 8,12). Luz é expressão de vida; esta só pode vingar com o sol. Assim é Cristo, designado o Sol verdadeiro. De Deus se diz que habita numa luz inacessível. A luz, como o som, congrega as pessoas. Pela luz enxerga-se o lugar, conhecem-se as cores. Devido a seu forte simbolismo, na construção das igrejas, cuidou-se sempre mais de uma boa iluminação.

Nas igrejas góticas, os grandes vitrais coloridos mergulham a igreja numa luz mística. Por sua vez as igreja barrocas, banhadas de luz, atiram seu júbilo para o céu. Por vezes desenham-se artisticamente em seu interior configurações especiais produzidas pela luz.

Quanta influência tem a luz sobre a Liturgia, sobretudo na celebração da Vigília pascal, quando o círio aceso vai entrando na igreja escura. Com a impressão de que pela ressurreição de Cristo chegou a nova luz, a nova vida imperecível, o sacerdote ou diácono exclama para a comunidade: "Eis a luz de Cristo!".

A presença de Cristo eucarístico na igreja nos é advertida pela "lâmpada do Santíssimo". Nas sepulturas de alguns cemitérios permanece sempre acesa uma lamparina como expressão da esperança na ressurreição.

Luz de Cristo

Do latim [*lumen*], luz. Aclamação durante a celebração da luz no início da Vigília pascal. É cantada três vezes "Eis a luz de Cristo" pelo sacerdote ou diácono que vai entrando na igreja com o Círio Pascal acendido há pouco, ao que o povo responde "Demos graças a Deus". Em alguns países, é acesa novamente todos os anos na luz do círio pascal, "a luz eterna" que fica junto do tabernáculo, apontando para o Cristo ali realmente presente na espécie do pão eucarístico, como luz do mundo: "Eu sou a luz do mundo" (Jo 8,12).

Luz eterna

Em algumas regiões da Europa ela é acendida cada ano na vigília pascal, no momento do canto "Eis a Luz de Cristo". A lâmpada ou "luz eterna", porque permanece acesa dia e noite, lembra a presença de Cristo no tabernáculo sob as aparências do pão, que é levado para os enfermos ou exposto para a "adoração eucarística". Pode ficar dependurada ou presa na parede, conforme o sistema empregado.

Magia

Magia ou feitiçaria, tipo de superstição que procura dominar os poderes supraterrenos com fórmulas e manipulações e fazê-los servir aos próprios objetivos. Ao contrário da oração e do culto divino, não confia no amor gratuito de Deus e não procura sujeitar-se à vontade dele. Pelo contrário, quer sujeitar a obra de Deus à vontade humana. Também se a Igreja rejeita tais imaginações mágicas, estas passam sempre mais para o domínio da crendice popular.

Magnificat – Minha alma engrandece

É o canto de Maria por ocasião da visita a sua prima Isabel (Lc 1,68-79). Como cântico, ocupa o ponto alto das Vésperas (IGMR 50). Conforme a Instrução Geral sobre o Missal Romano (IGMR 138), presta-se ao *Magnificat* a mesma solenidade e honra que se presta ao Evangelho, ao menos persignando-se no início do canto com o "grande" sinal da cruz (IGLH 266), unido ainda à incensação no dia da festa. Do latim [*Magnificat anima mea*], minha alma engrandece.

Minha alma engrandece...

Minha alma engrandece o Senhor,
e se alegrou meu espírito em Deus, meu Salvador,
pois Ele viu a pequenez de sua serva,
desde agora, as gerações
hão de chamar-me de bendita!

O Poderoso fez em mim maravilhas
E Santo é o seu nome.
Seu amor, de geração em geração
Chega a todos que o respeitam.

Demonstrou o poder do seu braço
dispersou os orgulhosos.
Derrubou os poderosos de seus tronos
e os humildes exaltou.

De bens saciou os famintos
e despediu sem nada os ricos.
Acolheu Israel, seu servidor
Fiel ao seu amor.

Como havia prometido aos nossos pais
Em favor de Abraão e de seus filhos para sempre.
Glória ao Pai e ao Filho e ao Espírito Santo,
Como era no princípio, agora e sempre. Amém.

Mandato

Em 1972 o ministério do leitor e do acólito substituiu as Ordens Menores (com imposição das mãos). O mandato se dá pelo bispo ou superior da Ordem dentro de uma celebração eucarística. O mandato é obrigatório para os candidatos ao diaconato e sacerdócio.

Manhã

Depois da noite que, como tempo do frio e da escuridão, do sono figurado com a morte, vem a manhã, tempo da luz que retorna e do calor do sol, hora propícia para o louvor a Deus. No AT era de manhã que os hebreus ofereciam sacrifícios. Nos salmos a manhã foi comparada com a chegada de Deus: "Mais do que o vigia esperando pela aurora, minha alma espera pelo Senhor" (Sl 130/131,6). No cristianismo a manhã de Páscoa, na qual foi anunciada a ressurreição de Jesus às mulheres que estavam junto ao túmulo, é marcante como expressão de uma vida nova com Deus. A Liturgia exprime de maneira análoga o louvor matinal das Laudes. Em muitos mosteiros as Laudes são celebradas bem de manhã. Assim os Trapistas, às três horas da madrugada. Também o "anjo do Senhor" é rezado cerca das seis horas. Em muitas igrejas, além do mais, a missa é celebrada de madrugada, para se começar o dia com a Eucaristia.

Manípulo

O manípulo era uma faixa adornada, presa no antebraço esquerdo do celebrante, distintivo de uma função. Caiu em desuso depois do Concílio Vaticano II (IGMR).

Mantelete

Vestimenta sem mangas, curta (até o joelho), usada antigamente pelos bispos fora de seu território, como também por determinados prelados dentro da Cuia romana. Foi abolida em 1969.

Maria Santíssima

Maria é a mãe de Jesus Cristo. Era noiva de José quando o arcanjo Gabriel anunciou-lhe que, como virgem, iria gerar um filho, o Messias. Sua confiança em Deus e em sua obra a realizar-se nela esclarece sua resposta: "Eis aqui a serva do Senhor, faça-se em mim segundo a tua palavra" (Lc 1,26-38). Ela é figura da Igreja nessa obediência em que manifesta também seu papel (de intercessora) nas bodas de Caná ("Fazei tudo o que ele vos disser" – Jo 2,6). Em toda a sua vida, ela aponta para Jesus Cristo, e só é vista em união com ele. A devoção a Maria não constitui alternativa ou até concorrência com o culto a Deus, como algumas formas de extremismo deixavam (ou deixam) entrever. Maria, mãe do Filho de Deus, portanto, da segunda Pessoa da Santíssima Trindade, é venerada como Mãe de Deus. Nela vemos a nova Eva que, livre da mancha original, tem parte como primícia, na ressurreição corporal de seu Filho. Isto é celebrado na solenidade da "Assunção de Maria ao céu". A "solenidade da Imaculada Conceição de Maria", que, como foi dito acima, está relacionada com a isenção de Maria da mancha original, é celebrada no dia 8 de dezembro. A piedade popular criou, particularmente na Idade Média, formas próprias de devoção mariana: o rosário, uma devoção que, baseando-se na "Ave, Maria..." (Lc 1,28), contempla os assim chamados mistérios da vida de Jesus sob a ótica de Maria. A "saudação angélica" (Lc 1,28.38; Jo 1,14), que se reza de manhã, ao meio-dia e à tarde, apresenta uma pequena alternativa dos leigos para a "Liturgia das Horas". Nele é meditado o mistério da encarnação de Cristo. A romaria aos santuários marianos (Lourdes, Fátima, Aparecida e muitos outros) goza de grande popularidade. Também nos mosteiros há uma grande tradição mariana. A "Liturgia das Horas" encerra o dia com uma das antífonas marianas, conforme o ano litúrgico, geralmente com a *Salve-Rainha*.

Ave-Maria

Ave, Maria, cheia de graça,
o Senhor é convosco.
Bendita sois vós entre as mulheres,
e bendito é o fruto do vosso ventre.
Santa Maria, mãe de Deus,
rogai por nós pecadores,
agora e na hora de nossa morte. Amém.

Mártires

É a pessoa que dá testemunho de sua fé (em Jesus Cristo), chegando a perder a vida por ele. Na Igreja primitiva os mártires das perseguições aos cristãos eram venerados, e sobre seus túmulos foram erigidas as primeiras igrejas. Santo Estêvão é venerado como protomártir, e sua festa é celebrada dia 26 de dezembro (At 7). Há mártires em nossos dias; disto dá testemunho a série de santos e beatos já proclamados pelo Venerável e hoje Beato João Paulo II. Na missa e na "Liturgia das Horas", há leituras e orações próprias para comemorar suas festas e memórias. A cor litúrgica de suas celebrações é vermelha como o sangue, figura da morte violenta e da vida ao mesmo tempo.

"Confessor" é denominado o santo que não sofreu morte violenta, mas sua vida foi totalmente marcada pela fé e pela qual suportou danos e revezes. Do grego [*martyr*], testemunha.

Martirológio

É um documento em forma de calendário com a lista dos mártires da Igreja e os dados históricos mais importantes sobre a vida e a morte dos que foram elevados às honras dos altares. Outra coisa é o "Martyrologium Romanum", que contém não só os nomes das "testemunhas sangrentas", que são os mártires, mas a lista oficial de todos os santos da Igreja.

Matinas

Matinas era a oração dos ascetas e monges, feita de madrugada, antes das Laudes. Denominação da primeira oração antes das Laudes que, entre os monges beneditinos, fundiu-se com a vigília noturna. Mais conhecida como Matinas de Cristo, para designar a missa da noite de Natal; e como Matinas fúnebres, para designar a Oração da manhã da Semana Santa. Matinas, portanto, corresponde ao culto da madrugada, ou seja, da noite ou da Liturgia das Horas, no amanhecer do dia. Do latim [*ora matutina*], da manhã.

No tempo de São Bento (século IV), para evitar a interrupção do sono, juntou-se tudo, num tempo só. Assim diz a Constituição conciliar: "As Matinas, embora quando recitadas em coro, com a índole de louvor noturno, devem adaptar-se para serem recitadas a qualquer hora do dia; tenham menos salmos e leituras mais extensas" (CSL 89 c).

Essa tradição assumida na Liturgia das horas depois do Concílio Vaticano II foi substituída pelo "Ofício das leituras", que não está preso ao horário (IGLH 55-69), e antes das festas pode estender-se à maneira das vigílias.

Matrimônio

E um dos sete sacramentos. É a união do casal mediante o sacramento. São os próprios noivos que se administram mutuamente este sacramento. O sacerdote ou o diácono assistem e abençoam o casal. Através do matrimônio unem-se em Cristo para uma nova unidade. Como é um sacramento, a cerimônia se realiza durante a missa. Segundo o ritual romano, esta é a sequência de uma celebração matrimonial:

Ritos iniciais, e saudação. Oração. Leitura de uma perícope da Escritura. Alocução. Rito sacramental. Diálogo entre o sacerdote e os noivos. Manifestação do consentimento. Pedido a Deus para confirmar esse compromisso. Bênção e entrega das alianças. Oração dos fiéis (Preces). Bênção nupcial. Conclusão da celebração (Ritual dos sacramentos – CNBB).

Conforme o entendimento bíblico, pelo matrimônio o homem e a mulher formam nova união, figura da relação entre Jesus e a Igreja (Ef 5,22-32). O matrimônio deve ser levado pelo respeito e pelo amor, como também pela obediência recíproca, ou seja, pelo diálogo. Já que o casal é visto como uma unidade querida por Deus (Mt 19,4-6) e base da família, torna-se indissolúvel, segundo o entender católico. A aliança do matrimônio deve ser muito mais firme, para que os parceiros mantenham-se unidos, "tanto na alegria como na tristeza...", até a morte. Essa concepção da Igreja sobre o matrimônio gera um duro contraste com a realidade do grande número de separações conjugais. A Igreja, com sua práxis pastoral de respeito e sem atitudes ofensivas, oferece às pessoas recasadas pistas concretas de ajuda em diálogos etc. Separados recasados, devido à importância do matrimônio como sacramento, na verdade lhes é vedada a comunhão, mas não obstante isso, como membros da comunidade, podem e devem sentir-se sempre bem-vindos.

Melisma

Do grego, canto. No canto gregoriano significa floreios demorados em algumas sílabas.

Memória

Quando uma memória é deslocada porque cai numa festa ou dia de semana do Tempo do Natal ou da Quaresma, "o celebrante pode tomar a *oração do dia* da memória que consta no calendário geral para aquele dia" (IGMR 315). Na "Liturgia das Horas" pode ser escolhida no "Ofício das leituras", uma leitura do dia, e nas Laudes e Vésperas, a antífona e oração correspondentes. Do latim [*commemorare*], comemorar.

Memória anual

É o aniversário da morte de um falecido, particularmente dos mártires, da ordenação do bispo (dia de seu nascimento) e da eleição do papa, sagração de uma igreja, dia do batismo, casamento, ordenação sacerdotal ou profissão religiosa. Do latim [*dies natalis*], dia do nascimento para o céu.

Memória dos santos

É o terceiro grau na ordem das celebrações litúrgicas. Vem depois das solenidades e festas.

As memórias são obrigatórias ou facultativas, cuja celebração obedece aos dispositivos contidos na "Instrução Geral sobre o Missal Romano" (IGMR 315 e 316). Consulte-se, de modo especial, os diretórios litúrgicos publicados anualmente.

Memorial

Na "oração eucarística" da missa o sacerdote repete as palavras de Jesus: "Fazei isto em memória de mim". Com isto não está entendida uma simples lembrança, como o folhear de um álbum de fotografias. Pelo memorial numa celebração eucarística, mas também ao ler a Sagrada Escritura no culto divino, os participantes alinham-se muito mais ao grupo que estava realmente presente no acontecimento histórico (por exemplo, na Última Ceia) e o transporta para o presente. Isto não é um conceito criado por uma imaginação particularmente fantasiosa, mas muito mais expressão da fé na salvação que Deus nos concedeu uma vez pela morte e ressurreição de Jesus Cristo, valendo igualmente sempre, independentemente de tempo e espaço. Isto corresponde ao conceito do Antigo Testamento que fez da saída do Egito na Parasceve um acontecimento que vigorou para cada geração judaica e continua vigorando ainda hoje.

Memórias marianas

Nossa Senhora de Lourdes: 11 de fevereiro.

Imaculado Coração de Maria: sábado após o segundo domingo depois de Pentecostes.

Nossa Senhora do Carmo: 16 de julho.

Nossa Senhora Rainha: 22 de agosto.

Nome de Maria: 12 de setembro.

Memória das Dores de Nossa Senhora: 15 de setembro.

Nossa Senhora do Rosário: 7 de outubro.

Nossa Senhora de Jerusalém: 21 de novembro.

Meses de Maria

Os meses dedicados a Maria – maio e outubro – são marcados por devoções populares, romarias, além de outros meses e regiões com suas tradições e comemorações. Incrementada pela piedade popular desde a Idade Média, esta devoção sempre teve o beneplácito da Igreja.

Mídia no culto divino

A mídia pode ajudar no anúncio da Palavra de Deus. Sem recursos de som, a comunicação com a assembleia reunida não é mais possível sem um grande esforço. Antigamente a audibilidade do pregador era conseguida graças ao púlpito elevado (em parte ao baldaquino: teto sobre o púlpito), portanto mediante algum recurso técnico. Também a música, quando necessário, pode ser amplificada. É fora de dúvida que o emprego do recurso acústico exerce uma função, mas não é um objetivo em si. O acompanhamento silencioso das músicas gravadas pode ter muito sentido em certas situações, por exemplo, como música para meditação. Mas não deve substituir nem a música com instrumentos próprios e nem o canto em comunidade. O ponto central não está na perfeição da música, mas na participação ativa dos fiéis. Os recursos visuais para projeção de imagens e filmes são usados ocasionalmente por ocasião de pregações e meditações. Também é válido se com isso estão oferecendo uma ponte para anunciar a Palavra de Deus aos fiéis, ajudando-os a interiorizá-la. Em suma, vale esse princípio quando se trata do emprego de recursos visuais: "quanto menos, melhor". Nas celebrações para crianças estão sendo empregados recursos que tornam mais compreensíveis certos conteúdos na pregação ou na oração em geral.

Missa

O termo missa vem da expressão latina empregada após a aclamação para a despedida e a bênção final: "Ide, a missa terminou". A santa missa consta de duas partes principais: A Liturgia da Palavra com as leituras bíblicas, o Evangelho e homilia, o credo e a Oração dos fiéis (Preces), como primeira parte; e a Eucaristia, celebração do sacramento, a mudança do pão e do vinho no Corpo e no Sangue de Cristo, como segunda parte. A abertura precede essas duas partes principais com os seguintes elementos: entrada, saudação litúrgica, Kyrie e Glória nos domingos e dias festivos (excetuando no Advento e Quaresma), e a *oração do dia*. A santa missa se encerra, após a comunhão, com a oração conclusiva, a bênção final e a despedida. Além disso pode-se cantar ainda um hino de ação de graças após a Comunhão ou na saída. A expressão celebração eucarística é empregada também como sinônimo para a santa missa. Contudo, não se pode separar o sacramento da Eucaristia, do anúncio da Boa-Nova que a precede. Do latim [*missa*], despedida.

Missa campal

É a designação para uma missa ao ar livre *(sub divo* = a céu aberto) quando, pela multidão esperada, se exige que o culto seja celebrado fora da igreja, ou seja, quando não há por perto outra igreja maior, à disposição. O respeito devido à Eucaristia pode requerer também que se prefira celebrar ao ar livre a numa tenda de festa.

Missa conventual

A missa e o Ofício Divino em coro, cantado sempre que possível, fazem parte obrigatória da vida conventual ou monástica.

Missa de Santo Huberto

Missa em honra de Santo Huberto, padroeiro dos caçadores, celebrado no dia 3 de novembro, por vezes, solenizada com o toque das cornetas para caça.

Missa dos catecúmenos

Na Igreja primitiva os catecúmenos e outros não batizados deviam deixar a missa após a homilia. Por isso era chamada "missa dos catecúmenos". A parte eucarística era reservada somente aos cristãos batizados. Isso tinha a ver com a chamada "disciplina do arcano", que surgiu nos séculos III-V e fazia questão de somente os batizados poderem conhecer alguma coisa dos ritos eclesiais e palavras sagradas.

Missa em particular

"Missa sem povo" designava a missa celebrada por um sacerdote sozinho ou, quando muito, com um coroinha e era chamada pelo nome obsoleto de "missa isolada". O conceito atual vê na celebração da Eucaristia um evento da comunidade. Isto não contradiz a possibilidade de missas com grupos menores ou familiares. Em casos excepcionais, também é possível a celebração de um padre só, sem a comunidade presente; também ela pode ser celebrada em comunhão com toda a Igreja, por isso tem caráter público e não deve ser chamada missa privada (em particular).

Missa explicada

São explicações oferecidas aos fiéis para melhor compreensão da santa missa. Na verdade, após o Concílio Vaticano II (CSL 48) os ritos e orações devem ser muito transparentes, para que os fiéis possam compreender o mistério da missa e concelebrar consciente e ativamente. Mas, afinal, são explicações benéficas que facilitam o acesso também dos menos frequentadores do serviço divino. Contudo, não devem acontecer durante a missa, para não interromper sua sequência. Lá se encontram, dada a ocasião, palavras orientadoras. As explicações de missa sempre foram fomentadas e empregadas ao longo da história.

Missa pontifical

Missa solene na qual o bispo (abade) se apresenta como pastor de sua diocese (comunidade), usando as vestes pontificais.

Missa primicial

É a primeira missa solene do neossacerdote, em geral celebrada em sua terra natal, com grande pompa e no estilo de festa popular. "O povo tem como grande honra receber a primeira bênção do neossacerdote"; o que, porém, pode derivar, antes de uma falsa compreensão, atribuindo-se forças mágicas à bênção do primiciante. O significado teológico da missa primicial é o matrimônio místico do neossacerdote com a Igreja, a noiva mística.

Missa solene

Designação imprópria para missas com a apresentação cantada do "Ordinário" (*Kyrie*, Glória, Credo, *Sanctus*, *Agnus Dei*), executada por um coral, por vezes, porém, só para diferenciar de uma missa de semana com a execução apenas recitada do ordinário usado para a missa dominical, independentemente disso; se é o coro ou é a assembleia presente que está cantando.

Missa vespertina

O que hoje encaramos como coisa evidentíssima era até proibido durante muito tempo pelo Direito Eclesiástico: Só podia haver missa no período da manhã, até o meio-dia.

A missa vespertina nas festas e solenidades da Igreja, mas que são dias de trabalho para alguns, representa para eles praticamente a única possibilidade de cumprir o preceito, e foi esse o motivo da concessão. Entretanto a missa vespertina, especialmente a missa da véspera, foi vista durante muito tempo como concessão ao comodismo. Não obstante, devido à carência de padres, a missa vespertina tornou-se um pressuposto necessário para se poder atender as comunidades com maior abrangência.

Mas fundamentar a missa vespertina com a hora da Última Ceia de Jesus com seus discípulos, ou até querer apoiar, iria gerar tanto uma falsa compreensão do evento salvífico, quanto uma associação invertida com a hora matinal, como tendo sido esse o momento da ressurreição. Ceia e ressurreição de Cristo são não só acontecimentos históricos, mas tornam-se diretamente presentes na Eucaristia – independentemente da hora da celebração. Ver *anamnese*.

Missal

Livro litúrgico que contém os textos necessários para a missa. O livro das leituras vem separado.

Missal popular

Designa o missal ou devocionário de bolso que pode ser usado pelos fiéis na preparação e ação de graças da missa. Após a introdução da língua vernácula na Liturgia, ele perdeu sua grande importância e difusão, como missal popular para acompanhar o celebrante nas orações.

Missão dos leigos

Os leigos (do grego [*laos*], povo), como povo de Deus e povo sacerdotal (1Pd 2,9), em virtude do batismo e da crisma são chamados para o anúncio do Evangelho pelo exemplo de sua conduta e sua palavra. Podem ser comunicadores ativos também na Liturgia: como leitores, dirigentes de celebrações da Palavra, na "celebração da Palavra" para crianças, nas meditações após a comunhão. Unicamente a homilia, portanto, a pregação para exposição do Evangelho da missa, está reservada para o sacerdote ou diácono. A isso se pode ajuntar, dadas as circunstâncias, o testemunho de fé de um leigo. Em casos excepcionais a homilia pode ser substituída pela mensagem de um leigo no início do culto.

Missas com a bênção

Antiga designação para missas diante do Santíssimo Sacramento exposto e a bênção sacramental no fim. Mas agora está expressamente proibido.

Missas de grupo

Referimo-nos a missas numa comunidade menor, quer para determinados grupos homogêneos (jovens, idosos, escolares, religiosos), quer para eventos ou comemorações (núpcias, aniversários, funerais, apartamento de hospital, lojas). Uma missa de grupo pode também ser celebrada fora da igreja, numa casa de família, ao ar livre, durante um encontro de jovens. As alfaias para a missa, como também o altar, podem ser relativamente simples, mas devem corresponder à dignidade da celebração. As leituras podem ser escolhidas de acordo com o evento, e a Oração dos fiéis (Preces) seria espontânea, feita pelos participantes. O caráter comunitário do evento poderia ser intensamente vivenciado, particularmente na parte eucarística da missa. Se o número de participantes permitir, a comunhão pode ser dada de um mesmo pão repartido. Também o cálice pode ser oferecido a todos os participantes. A vivência intensiva de uma missa de grupo pode aprofundar o espírito litúrgico dos participantes. Mas não deve, todavia, separá-los da comunidade paroquial e da Igreja, nem ser realizada em dia de domingo.

Missas pelos falecidos

"Dia da ira" era o início da sequência cantada, antes do Evangelho das missas de "réquiem" (pelos falecidos). Hoje, é quase só uma noção para os diletantes da música clássica (por exemplo, a missa de réquiem de Wolfgang Amadeus Mozart). Com receio de que o texto não ponha em relevo bem claro a esperança na Graça de Deus, devido ao forte acento dado à ira terrível no julgamento, a sequência foi retirada da Liturgia da missa.

Missas votivas

Missas dos fiéis defuntos.

Mistagogia

Mistagogia é a introdução no próprio acontecimento no culto divino, particularmente na mudança do corpo e do vinho no Corpo e no Sangue de Cristo, oculto atrás de ações externas, mas inexplicável por si mesmo. Palavras introdutórias para certas ações e orações têm caráter mistagógico. Assim as palavras do sacerdote, após a abertura (no início) do culto divino, podem ser mistagógicas, quando sintonizam os participantes com a oração em comum, particularmente com a ação de Deus nas pessoas, como indicam as leituras da Escritura e como acontece na Eucaristia. Certas formas de introdução também são mistagógicas, como, por exemplo, o convite para o *Pai-nosso*: "O Senhor nos comunicou seu Espírito. Com a confiança e a liberdade de filhos, digamos juntos..."; ou "Rezemos com amor e confiança a oração que o Senhor nos ensinou...". Do grego [*mystikos*], misterioso; [*agein*], guiar.

Mistério

Quando nas orações do culto o discurso é sobre mistério, então deve ser apontado seu sentido para a salvação da humanidade, presente na origem de todas as ações no culto, mas não evidente. O sentido da palavra mistério torna-se mais evidente, em particular na Eucaristia. Enquanto vemos o sacerdote pronunciar uma oração de bênção sobre o pão e o vinho, não vemos esses alimentos mudados no Corpo e no Sangue do Senhor pela ação do Espírito Santo. Enquanto estamos recebendo na comunhão um pedacinho de pão (e um gole de vinho), visíveis aos olhos, é Jesus mesmo que está entrando ocultamente em nós. O mistério de Deus continua sempre oculto, pois ultrapassa nossa capacidade humana de entendimento, mas pode ser aceito através da fé, isto é, acreditando em sua realidade. Do grego [*mysterion*], segredo.

Mistura de água e vinho

Durante a preparação das oferendas, o celebrante derrama um pouquinho d'água no vinho. Com isso é simbolizada a participação da assembleia na divindade de Jesus, como demonstra a oração que acompanha esse gesto: "Pelo mistério desta água e deste vinho, possamos participar da divindade do vosso Filho, que se dignou assumir a nossa humanidade".

Antigamente a mistura da água com o vinho forte e licoroso tinha por finalidade prática, deixá-lo mais diluído.

Na fração do pão antes da comunhão, o sacerdote deita no cálice uma particulazinha da hóstia. A mistura do Corpo e Sangue de Jesus Cristo nas espécies de pão e vinho quer demonstrar que se trata do Cristo vivo e inteiro, mesmo que os fiéis recebam a comunhão somente sob uma espécie, a espécie do pão.

Mitra

Coberta da cabeça dos bispos e abades, tendo duas pontas para cima e duas faixas curtas que descem pelo pescoço. Originalmente, vem de um uma tira de pano que rodeava a testa. Usada antigamente nas cerimônias solenes pelo papa, a partir do século XI, passou para outros bispos e abades.

Monges

Monge é quem consagrou sua vida a Deus numa comunidade monástica, para viver na oração, na meditação, nos estudos de espiritualidade e em determinados trabalhos. A jornada do monge está distribuída entre a "Liturgia das Horas" e a Eucaristia. Os primeiros monges cristãos viveram entre os séculos III e IV no deserto do Egito e Síria como eremitas. Logo, porém, reuniram-se em comunidades. Um monge percorre as etapas do ingresso e prova (postulado, noviciado, profissão temporária), até se ligar para sempre a uma comunidade pela profissão perpétua. Aí emite os votos perpétuos, especialmente, os votos de pobreza, castidade e obediência (chamados "conselhos evangélicos", formas próprias de vida para o seguimento de Cristo segundo o Evangelho), aos quais se acrescenta, por exemplo, entre os Beneditinos, o assim chamado voto de "estabilidade de lugar", ou seja, o compromisso de viver sempre num lugar, num determinado mosteiro. Além dos votos, as comunidades dispõem de estatutos que regulam concretamente a vida comum e assumem determinados ofícios, por exemplo, o cuidado dos enfermos. A Regra monástica mais conhecida, que foi marcante para toda a Igreja do ocidente, é a Regra de São Bento de Núrsia, que atuou na Itália (Monte Cassino, perto de Nápoles no século VI). Regula também o andamento da "Liturgia das Horas" e a sequência dos salmos. E assim ela marcou essencialmente a "Liturgia diária" da Igreja. Muitos mosteiros influenciaram fortemente até hoje a Liturgia, por exemplo, o movimento litúrgico do mosteiro de Maria Laach. Do grego: [*monachos*], eremita.

Movimento litúrgico

Na Igreja sempre há surtos e esforços renovadores – chamados movimentos litúrgicos – com o objetivo de tornar a Liturgia bem vivenciada, de modo particular a missa dominical, como centro da vida de comunidade e da espiritualidade pessoal, motivando os fiéis para uma participação ativa. O movimento litúrgico da primeira metade do século XX foi de grande importância para o nosso tempo, pois suas ideias tiveram influência direta sobre o Concílio Vaticano II. Como propulsor desse movimento valeu a palestra do beneditino Lambert Beauduim na jornada católica de Malines em 1909 – o assim falado "acontecimento" de Malines. Poucos anos antes, em 1905, o papa São Pio X havia estimulado a comunhão frequente; em 1910 num outro decreto possibilitou a Primeira Comunhão a partir dos sete anos. Com isso ofereceu um apoio para o acesso da comunidade na missa. Muitos domínios da Liturgia que hoje nos parecem evidentes devem ser atribuídos ao engajamento do movimento litúrgico. Alguns responsáveis pela renovação litúrgica: O mosteiro beneditino Maria Laach, os liturgistas Pius Parsch e Romano Guardini e outros. Entre outros alcances, deve-se mencionar a valorização da missa pela comunidade. Ela se manifesta na nova estrutura das igrejas com o altar livre, ao redor do qual se reúnem os celebrantes. A celebração da vigília pascal foi reorganizada, sendo recolocada da manhã do sábado santo para a noite própria, isto é, a noite da vigília pascal. O acesso à comunhão também sob as duas espécies foi facilitado. A exigência do jejum eucarístico foi praticamente abolida.

Mozeta

Capinha de ombro que chega até o cotovelo e se abotoa pela frente. É usada pelos bispos, arcebispos, cônegos capitulares e outros dignitários eclesiásticos, por cima da batina e do roquete. Sua cor é conforme a posição que a pessoa ocupa na Igreja (vermelha para os cardeais; violeta para os bispos). Do latim [*manto curto*].

Música sacra

Designação para a música em geral, executada no culto divino. Ela é um forte elemento integrante da Liturgia, não apenas uma moldura decorativa. Isto se mostra nos textos litúrgicos que facilmente se tornam música. A partir da Idade Média vigorou a música coral a uma só voz, sem acompanhamento (canto gregoriano), como a música mais apropriada para a Liturgia. No decorrer da Idade Média o órgão e outros instrumentos, como a polifonia, foram encontrando acolhida no culto divino. Primeiramente o canto popular e o hino religioso surgiram em segundo plano nas igrejas evangélicas. Depois entraram as missas de concerto dos grandes compositores.

A música sacra do presente está marcada pelas muitas experiências, por exemplo, missas de jazz ou rock. É digna de nota a missa chamada "nova canção espiritual", pela qual o homem moderno é estimulado em sua fé e sentimentos religiosos numa linguagem e composição musical atualizada.

O trato vivo com a música no serviço divino precisa de músicos de igreja bem formados que preparem leigos para os corais, conjuntos instrumentais e cantores em sua comunidade, e tirem do tesouro musical da Igreja coisas antigas e novas, adaptando-as ao culto divino concreto.

Narrativa da instituição

Designa as palavras na "oração eucarística" que tornam presente pela anamnese, a instituição da Eucaristia.

Estando para ser entregue
e abraçando livremente a paixão,
Ele tomou o pão,
deu graças,
e o partiu
e deu a seus discípulos
dizendo:
TOMAI TODOS E COMEI:
ISTO É O MEU CORPO
QUE SERÁ ENTREGUE POR VÓS.
Do mesmo modo no fim da ceia,
Ele tomou o cálice em suas mãos

deu graças novamente

e o deu a seus discípulos

dizendo:

TOMAI TODOS E BEBEI:

ESTE É O CÁLICE DO MEU SANGUE,

O SANGUE DA NOVA E ETERNA ALIANÇA,

QUE SERÁ DERRAMADO POR VÓS E POR TODOS

PARA REMISSÃO DOS PECADOS.

FAZEI ISTO EM MEMÓRIA DE MIM.

A respectiva elevação, primeiro da Hóstia e depois do Cálice, a maioria das vezes acompanhada ainda pelo toque do sino ou da campainha pelos coroinhas, é um destaque das palavras da consagração que foi sendo acrescentado em confronto com outras partes da "oração eucarística", já que toda ela, como um todo, realiza a mudança do pão e do vinho no Corpo e no Sangue de Cristo.

Nartex

Do grego [*Planta semelhante ao caniço*]. Conhecida também como galilé ou paraíso. Originalmente, era o átrio ou pórtico coberto, levantado na frente das basílicas bizantinas ou da Idade Média. A construção, sob várias formas (estreita, galeria, corredor, inclusive com colunatas, conduzia naturalmente o fiel para dentro da igreja. Tinha diversas funções:

– Na igreja bizantina tinha acomodação para catecúmenos e penitentes.

– Nos mosteiros executavam-se nela partes da "Liturgia das Horas".

– O corpo de um falecido era encomendado nela, antes de ser levado para dentro da igreja.

Natal

É a festa do nascimento do Senhor, no qual é celebrada a encarnação de Cristo: "dai-nos participar da divindade de vosso Filho, que se dignou assumir a nossa humanidade..." (Oração da missa do dia). Cada padre pode celebrar até três missas, para as quais há quatro formulários: missa da vigília (dia 24/12), missa da meia-noite, "missa da aurora", missa do dia (25/12). Por motivos pastorais, pode ser celebrada logo a missa da meia-noite no lugar da missa da vigília.

A escolha dos Evangelhos para as quatro missas diferentes conta primeiramente com a árvore genealógica de Jesus e anúncio de seu nascimento (Mt 1,1-25) na véspera; a narrativa de seu nascimento e o anúncio aos pastores (Lc 2,1-14) com o Glória *in excelsis Deo* na missa da meia-noite e com o hino de louvor dos pastores (Lc 2,15-22), pelo nascimento de Jesus (Lc 2,15-22).

O Evangelho da missa solene do dia exprime, no chamado prólogo de João (Jo 1,1-18), o acontecimento salvífico na palavra-chave "e o Verbo se fez carne". O tempo do Natal dura até o Domingo após a Manifestação do Senhor (Epifania, Santos Reis).

A solenidade do nascimento de João Batista (24 de junho) está intimamente ligada com o nascimento de Jesus.

O motivo da fixação do nascimento de Jesus no dia 25 de dezembro era ligar-se com a festa pagã do inverno solar, e assim dar-lhe um novo conteúdo.

Natividade de João Batista – Solenidade

Solenidade celebrada dia 24 de junho, seis meses antes do nascimento de Jesus (Lc 1,36a). Está em estreita ligação com o tempo do Natal (festa do nascimento de Maria e a solenidade do nascimento de Cristo), devido a seu significado. Constitui a terceira festa de nascimento do calendário romano. Dia 29 de agosto comemora-se o martírio de João Batista, precursor de Jesus.

Oração do dia

Ó Deus que suscitastes São João Batista,
a fim de preparar para o Senhor um povo perfeito,
concedei à vossa Igreja as alegrias espirituais
e dirigi nossos passos
no caminho da salvação e da paz.
Por nosso Senhor...

Necrológio

Do grego [*nekros*], morto; [*logos*], palavra. Notícia de um falecimento, quer escrito como "nota de falecimento", quer pronunciado como panegírico junto ao túmulo. Na Idade Média há listas de falecidos, por exemplo, de um mosteiro ou paróquia em cujos aniversários de falecimento fazem-se preces por eles.

Neófitos

Deriva do grego, recém-nascido. São os cristãos recebidos recentemente na comunidade eclesial mediante os sacramentos do batismo, crisma e Eucaristia. O nome de cristão corresponde à esperança de que, pelos sacramentos acima mencionados, tenha sido despertado para uma nova vida em Cristo. A tradução "neobatizado" abrange pouco, já que os outros dois sacramentos também são importantes.

Neumas

Derivam do grego, acento, sinal. Antigamente o canto gregoriano não era, como hoje, escrito com notas; aprendia-se de cor somente o texto, a sequência dos tons e a melodia. Em cima do texto eram colocadas pequenas marcas ou sinais junto das palavras para a correta interpretação rítmica. Não se sabe se refletiam os movimentos da mão do maestro, ou se usavam sinais gramaticais para os acentos e pontuações. Existem, porém, escolas e dirigentes corais que concebem as neumas como movimentos da mão "notados" e os imitam ao dirigir o coral. A anotação posterior das neumas com distâncias diferenciadas para a interpretação das tonalidades contribuiu para nossa atual notação musical. Chama-se semiologia gregoriana a ciência que faz pesquisa sobre as neumas.

Noa

É a terceira das Horas Menores da "Liturgia das Horas" que ainda restaram (CSL 89e). Ligada à hora nona, está a memória da morte de Jesus na cruz (Mc 15,34) e a visão de Cornélio (At 10,3), início da missão entre os gentios. Desde muito cedo a hora nona foi tida como um dos momentos de oração: "Pedro e João subiram ao Templo para a oração da hora nona" (At 3,1). Do latim [*hora nona*], 15h conforme a contagem atual).

Noite

Noite! Hora tenebrosa que veio acompanhada com o caos, a morte e atuação dos poderes do mal! Mas, ao mesmo tempo, a hora da quietude, na qual poucos vigiam com atenção especial. Os personagens da Bíblia a experimentam como o tempo no qual Deus se revela: No Antigo Testamento, a aliança com Abraão (Gn 15,5); a ceia pascal e a saída do Egito (Êx 12), como também a passagem pelo Mar Vermelho (Gn 14,15-31); a vocação de Samuel (Sm 1,3). No Novo Testamento: O nascimento e a ressurreição de Jesus, a espera da volta do Senhor, a parábola das virgens prudentes e improvidentes (Mt 25,1-13). Daí, para os cristãos a noite é um tempo de vigília e oração, na espera da luz do novo dia. Isto corresponde à mentalidade judaica do tempo, conforme a qual o dia começa com a véspera e a noite pertence ao novo dia. Na Igreja são costumes as vigílias na noite da Páscoa e do Natal. Na vigília pascal, a Igreja nascente ficava aguardando a volta de Jesus. Nos mosteiros se faz vigília com maior regularidade, em particular antes dos domingos e solenidades, com salmos e leituras da Sagrada Escritura. Como louvor a Deus pela Boa-Nova recebida, cada vigília termina com o "*Te Deum*", o hino de louvor da Igreja nascente.

Nome

O nome de uma pessoa não é, conforme o entender cristão-judaico, apenas um som para chamá-la, mas representa a pessoa em seu todo e em suas qualidades. É assim que o Apocalipse entende quando fala do "livro da vida", no qual "estão escritos os nomes daqueles que seguiram a Jesus" (Ap 3,5). Quando uma criança recebe o nome de um santo ou de alguma personalidade eminente, está implícito aí o desejo de copiar igualmente suas boas qualidades. Conforme o entender bíblico, ao chamar alguém pelo nome, torna-se presente a pessoa com a qual esse nome está ligado. Isto vale de maneira especial para o nome de Deus. Quando rezamos na oração do Senhor "santificado seja o vosso nome", queremos dizer com isso que Deus mesmo é Santo.

Na "oração eucarística", conforme esse entender, são chamados santos pelo nome tanto o papa como o bispo, pastores da Igreja. Assim pode-se dizer que a Eucaristia é celebrada na presença dessas pessoas que representam a Igreja inteira, no céu ou na terra. Contudo, também se pode praticar magia, abusando do nome: Mediante a citação de um nome, poder-se-ia exercer poder sobre seu portador. Mas para ficar claro que o homem não pode e não deve dispor sobre Deus, diz o segundo dos dez mandamentos: "Não tomar seu santo Nome em vão" (Êx 20,7). Por isso no judaísmo o nome do Deus Javé não deve ser pronunciado. No cristianismo unimos o nome de Jesus Cristo com o de Deus. Levamos este nome conosco por sermos cristãos. (Cristo deriva do grego e significa "ungido".)

Nome de Jesus, Festa

Na classificação do ano litúrgico não havia até há pouco tempo uma festa própria para o Nome de Jesus. Pensou-se em celebrar seu nome no dia 1º de janeiro, oitava do natal, junto com a solenidade da Mãe de Deus, conforme o evangelista: "Chegando o oitavo dia, quando o menino devia ser circuncidado, deram-lhe o nome de Jesus, conforme fora indicado pelo anjo, antes de ser concebido no seio materno" (Lc 2,21). O dia próprio da festa é 3 de janeiro.

Nomes dos domingos

Ao longo do tempo os nomes de alguns domingos do ano litúrgico tornaram-se padrão pelas primeiras palavras do "intróito" ou seja, da Antífona da entrada. Destes, apenas dois são lembrados, mesmo assim, pelas palavras em latim. São eles:

Gaudete (Alegrai-vos): 3º domingo do Advento.

Laetare (Alegra-te): 4º domingo da Quaresma.

Novena de Pentecostes

Seguindo o exemplo dos discípulos (At 1,36ss.), a novena consiste na duração de nove dias de oração pela descida do Espírito Santo(Ascensão de Jesus até o sábado antes de Pentecostes). As missas têm formulário próprio.

Novenas

Do latim [*novem*], nove. Orações de pedido durante nove dias seguidos. Deve-se mencionar de modo especial a novena de Pentecostes entre a ascensão de Jesus e Pentecostes, realizada com orações ao Espírito Santo. Ela se relaciona com a reunião dos discípulos que, após a ascensão de seu Senhor, permaneceram em oração (com Maria, mãe de Jesus) até a vinda do Espírito Santo (At 1,12-14). Na devoção popular há novenas de pedidos dirigidas a determinados santos conhecidos como intercessores em situações de aperto.

Novo Testamento

Segunda parte da Bíblia, escrita em grego nos últimos decênios do século I e traduzida mais tarde para a língua latina (vulgata). Hoje, o NT existe em quase todas as línguas. O núcleo do NT é a vida e o Evangelho de Jesus Cristo.

O Novo Testamento consta de:

– 4 Evangelhos segundo Mateus, Marcos, Lucas e João, que descrevem a vida terrena de Jesus até sua ressurreição e ascensão.

– Atos dos Apóstolos.

– Cartas que foram atribuídas ao apóstolo Paulo e ainda o são em parte (Romanos, 1ª e 2ª aos Coríntios, Gálatas, Efésios, Filipenses, Colossenses, 1ª e 2ª aos Tessalonicenses, 1ª e 2ª a Timóteo; Tito, Filemon, Hebreus).

– Cartas chamadas católicas (Tiago, 1ª e 2ª de Pedro, 1ª, 2ª e 3ª de João, de Judas).

– o Apocalipse de João.

Em cada missa é proclamado um trecho do Evangelho pelo sacerdote ou diácono. Aos domingos e dias festivos a primeira leitura é tirada do Antigo Testamento, dos Atos dos Apóstolos ou do Apocalipse. Para a segunda leitura está previsto um trecho das cartas do Novo Testamento.

As palavras da instituição da Eucaristia da "oração eucarística" (1Cor 11,23-25) são extraídas do NT. Na "Liturgia das Horas", os cantos de louvor do Evangelho de Lucas ("Bendito seja o Senhor..., Lc 1,68-79), "Minha alma engrandece a Deus..." (Lc 1,46-55) e "Deixai agora o vosso servo... " (Lc 2,29-32) desempenham um papel importante como partes igualmente permanentes e diárias.

O Senhor esteja convosco

Essa saudação pode ser proferida no começo da missa. É sempre prescrita no início do Evangelho, da "oração eucarística" e da bênção final. A resposta da assembleia é: "E com teu espírito". "A seguir o sacerdote, pela saudação, expressa à comunidade reunida a presença do Senhor. Essa saudação e a resposta do povo exprimem o mistério da Igreja reunida" (IGMR 28), totalmente na tradição bíblica, onde esta fórmula de saudação logo se encontra no AT (Jz 6,12; Rt 2,4), mas de modo particular no NT, na saudação do anjo a Maria (Lc 1,28). A fórmula "a paz esteja convosco" está reservada para o bispo. Do latim [*Dominus vobiscum*].

Objetos de devoção

São objetos que têm seu papel na piedade popular e na prática religiosa: velas, crucifixos, medalhas, distintivos (São Bento, São Cristóvão), rosários, imagens e estátuas de Jesus Cristo, Maria e dos santos etc. Apesar da designação de "pequena arte religiosa", quase desaparece (em alguns casos) o limite entre o ideal artístico e o "mau gosto" religioso. Embora a teologia dos objetos de devoção os defina como sinais puramente religiosos ou símbolos evocativos, a bênção costumada pode levar a uma compreensão falsa, por exemplo, das "medalhas", tomando-as como amuletos protetores. O ritual das bênçãos diz "que a cruz é para os cristãos um objeto de veneração especial. Ela nos lembra a redenção de Cristo e a Igreja que nasceu da cruz e promete a salvação eterna", assim fica mais evidente que a veneração não é para o objeto, mas para Cristo que morreu na cruz. O mesmo vale para as imagens de santos: "As imagens de Cristo e dos santos lembram a proximidade de Cristo, de sua obra salvífica e da intercessão dos santos junto a Deus". Embora, em princípio, cada coisa pode ser objeto de veneração, porque tudo faz parte da criação de Deus, de fato são benzidos objetos que podem ser, de modo especial, sinais do acontecimento salvífico.

Objetos de uso litúrgico e alfaias da igreja (cruzes, crucifixos, estátuas e pinturas) não são contados entre os objetos de devoção. Do latim [*devotio*], devoção.

Obrigação do coro

As comunidades monásticas e o cabido de cônegos têm o encargo da execução em coro da "Liturgia das Horas". A antiga Liturgia diária das comunidades desapareceu completamente no Ocidente. Em seu lugar entrou o compromisso da oração em coro para o cabido de cônegos, mas que também foi deixada em favor do "breviário" em particular. Desde o Concílio Vaticano II, a oração coral do cabido de cônegos é vista como impulso importante para a renovação da Liturgia diária nas comunidades: "A Liturgia das Horas", como as demais ações litúrgicas, não é ação particular, mas algo que pertence a todo o corpo da Igreja e o manifesta e atinge. O caráter eclesial de sua celebração aparece de modo especial quando é realizada pela Igreja particular, o que, aliás, se recomenda de modo especial. É de fato na Igreja particular, com seu bispo rodeado de seus presbíteros e ministros, que "está verdadeiramente e opera a Una, Santa, Católica e Apostólica Igreja de Cristo. Embora não estando presente o bispo, o cabido de cônegos ou presbíteros e outros, tal celebração deve sempre ser feita atendendo à realidade das horas e, quanto possível, com participação do povo. Isso vale também para os cabidos colegiados" (IGLH 20).

Ocorrência

Por ocorrência entende-se a coincidência de várias celebrações no mesmo dia (solenidades, festas, memórias ou dias de semana do ano litúrgico), ocasionada pela mudança anual do dia da Páscoa e dias de semana que decorrem disso. Antigamente isso era regulado pelo próprio sacerdote, mas hoje fica ao encargo do diretório geral.

Oferenda

No AT entendia-se por sacrifício a oferenda ritual entregue a Deus no altar (no tabernáculo das oferendas, mais tarde no templo), em forma de alimento ou holocausto, geralmente de um animal, entrega esta feita por meio do sacerdote comissionado para isso. A oferenda era apresentada como sacrifício expiatório, representando aquele que transgrediu a lei de Deus. Todo israelita oferecia cordeiros anualmente para a festa da Páscoa, dia da saída do Egito (Êx 12).

Podia ser também uma oferenda de ação de graças pela colheita, com a qual se expressava que a primeira parte da colheita recolhida pertence a Deus, como Criador e Senhor da vida.

Em contraste aos sacrifícios rituais, descritos particularmente no livro do Levítico, elevam-se de modo especial as vozes dos profetas rejeitando seu aspecto ritual e estimulando a dimensão moral e social do sacrifício, como também exigindo do doador a prontidão para a conversão interior. No tempo do exílio da Babilônia após a destruição do templo de Jerusalém no século VI a.C., torna-se mais importante para o povo de Israel a dimensão interna da conversão e a oração, de modo particular, o louvor a Deus, que o sacrifício. Também Jesus, em suas censuras perante os doutores da Lei, refere-se à importância da conduta interior. Isto atinge de modo particular certas oferendas, que ao mesmo tempo são esmolas. Doá-las é um serviço a pessoas que precisam de ajuda. A forma de sacrifício expiatório do AT foi superada pela morte de Jesus Cristo. Ele mesmo é o cordeiro pascal que tira o pecado do mundo (Jo 1,29). A Igreja celebra a Eucaristia em memória da morte de Jesus na cruz pela salvação de todos, não só dos cristãos. Ela não repete esse sacrifício nem o aumenta, mas com sua execução tem parte no sacrifício do Senhor (Mistério pascal). Sua ressurreição está estreitamente ligada com o sacrifício da morte de Jesus. Também isso a Igreja celebra em cada Eucaristia, como exprime a aclamação depois das palavras da instituição da Eucaristia: "Anunciamos, Senhor, a vossa morte e proclamamos a vossa ressurreição. Vinde, Senhor Jesus!".

Ofício da Semana Santa

Nome do Ofício das leituras e Laudes (ou Ofício das Trevas) durante a Semana Santa. Distinguia-se das "Matinas" dos outros dias do ano e era marcado pelo canto das Lamentações do profeta Jeremias.

Ofício das leituras

"Liturgia das Horas" é o nome atual das antigas Matinas (CSL 89c). A estrutura modificada, em contraposição com as Matinas, tem como ponto principal a redução da salmodia e o prolongamento das leituras, visando à oração contemplativa. O lecionário da "Liturgia das Horas" oferece para cada dia do ano, com a leitura da Escritura e o responsório, as assim chamadas leituras dos santos padres (IGLH 160; 161). Como suplemento podem ser acrescentados textos importantes para a região respectiva (IGLH 162). O critério da escolha, puramente formal da vida exemplar, e a doutrina eminente do autor (IGLH 163) são completados, tomando-se de modo particular os textos que ajudam na exposição da Sagrada Escritura. "O Ofício das Leituras, embora conservando a índole de louvor noturno, deve ser adaptado para ser recitado a qualquer hora do dia" (CSL 89c), podendo ser prolongado, de modo particular antes das festas, com uma vigília de cantos, Evangelho, *Te Deum* e oração em geral (IGMR 73).

Ofício fúnebre

Há um formulário próprio na "Liturgia das Horas" denominado "Ofício dos fiéis defuntos", utilizado na Comemoração dos mortos e outras ocasiões.

Oitava

Do latim [(*dies*) *octava*], o oitavo dia. Designa-se com isso a semana depois do Natal e da Páscoa, com alguma celebração especial, como prolongamento da solenidade.

Oitava de Natal

Oitava, do latim ([dies] octava), o oitavo dia. Significa a semana após o Natal com missas especiais, como prolongamento da solenidade natalina. A oitava do Natal começa com o nascimento do Senhor (25/12) e inclui as festas do primeiro mártir Estevão (26/12), do apóstolo e evangelista João (27/12), dos Santos Inocentes (28/12), da Sagrada Família (domingo dentro da oitava), memória do bispo e mártir Tomás Becket (29/12) e do papa Silvestre I (31/12). Termina com a solenidade da Santa Mãe de Deus (1º de janeiro).

A festa do Santo Nome do Senhor ficou para 3 de janeiro.

Oração

É uma expressão de louvor ou pedidos dirigidos a Deus por uma pessoa só ou pela comunidade. Ao mesmo tempo é a resposta do homem que se sente tocado por Deus. Mas sempre dirigida para um Tu divino. Isto diferencia essencialmente a oração da meditação. Em sentido estrito são palavras preparadas, formuladas com oração; em sentido lato, contudo, é o permanecer na quietude, nos hinos, em determinados gestos, na dança na presença de Deus etc. Cada religião conhece a oração. Desde o princípio foi essencial também para os cristãos. Conta-se do próprio Jesus que ele se recolheu para a oração, e os discípulos pediram-lhe que os ensinasse a rezar, pelo que lhes ensinou o *Pai-nosso* (Mt 6,9-13; Lc 11,1-4). Todas as celebrações litúrgicas consistem num diálogo entre Deus e a comunidade: entre o anúncio (da Palavra) e a (nossa) resposta. Na missa, a "oração eucarística", como oração da consagração, tem valor especial por sua posição. Além disso, existem orações em sentido estrito, por exemplo, a *oração do dia*, com a qual se encerra o rito inicial da missa, e a oração conclusiva de ação de graças depois da comunhão. Além da missa, a Igreja conhece de modo particular a "Liturgia das Horas" que se executa em determinadas horas do dia, mas de modo particular a oração da manhã (Laudes) e da tarde (Vésperas), à qual estão obrigados o sacerdote e os diáconos, bem como os demais membros de Ordem religiosa. É recomendada também aos leigos. Além disso, há diversas formas de devoção, como a oração do rosário, da saudação angélica, que desempenharam e desempenham importante papel na piedade popular. Não se devem esquecer as orações de caráter privado, como a oração à mesa, da manhã e da noite.

Oração – Oremos

O dirigente do culto diz em voz alta: "oremos". Pequena pausa. Os fiéis acompanham em silêncio a oração e a concluem. Tomemos como exemplo "a" da solenidade da Santa Mãe de Deus (1º de janeiro):

D. – Oremos (pequena pausa).

D. – Ó Deus, que pela virgindade fecunda de Maria destes à humanidade a salvação eterna... Por nosso Senhor Jesus Cristo, vosso Filho, na unidade do Espírito Santo.

T. – Amém!

O "oremos" tem uma estrutura fixa: começa referindo-se a algum acontecimento salvífico, da Bíblia, da História eclesiástica ou da vida do santo celebrado, e termina pedindo a ação de Deus pela comunidade. Depois o dirigente dirige-se ao Pai mediante seu Filho e conclui com esta fórmula fixa: Por nosso Senhor...

Exemplos de orações no Ordinário da missa que começam com o "Oremos": A *oração do dia* que encerra os ritos iniciais da missa, a "oração sobre as oferendas" no fim da preparação das oferendas (Ofertório) e "a oração depois da comunhão". Do latim [*oratio*], oração.

Oração ao pé do altar

Na missa anteconciliar, eram as orações preparatórias que o celebrante fazia junto aos degraus do altar, que foram substituídas pelo Ato Penitencial no começo de cada missa.

Oração conclusiva

É a oração presidencial, pronunciada pelo sacerdote com as mãos abertas como conclusão da parte eucarística da missa e reforçada pela assembleia com o *Amém*. Não é propriamente uma oração de agradecimento pela comunhão recebida, mas uma oração de pedido: "Na oração depois da comunhão, o sacerdote implora os frutos do mistério celebrado, e o povo faz sua, a oração com a aclamação Amém" (IGMR 56k).

Oração de pedido

Conforme as palavras de Jesus, os fiéis podem e devem, cheios de confiança, apresentar seus pedidos, também em nome de pessoas que por si não têm mais condições, por exemplo, os falecidos: "Pedi e vos será dado. Buscai e achareis. Batei e vos será aberto. Porque todo aquele que pede, recebe. Quem busca, acha. A quem bate, abrir-se-á. Quem dentre vós 'dará uma pedra a seu filho, se este lhe pedir pão? E, se lhe pedir um peixe, dar-lhe-á uma serpente? Se vós, que sois maus, sabeis dar boas coisas a vossos filhos, quanto mais vosso Pai celeste dará coisas boas aos que lhe pedirem'" (Mt 7,7-11). A oração de pedido é a que aparece com a maior clareza e evidencia nas "orações dos fiéis" da missa, quer no fim da Liturgia da Palavra, ou na parte conclusiva da "Liturgia das Horas" (Laudes e Vésperas), e de modo especial nas procissões das Rogações. Pedir é um elemento essencial de cada Liturgia. Assim, os ritos sacramentais do batismo e da ordem, das bênçãos etc. em muitas passagens estão revestidos de orações diretas ou indiretas de pedido. Muitos salmos também contêm, junto com a lamentação e o louvor, um pedido como elemento essencial. O *Pai-nosso* consta na maior parte de pedidos com a finalidade e o núcleo de todo o pedido, ou seja, o pedido pela vinda do Reino de Deus.

Oração do coro

Significa a obrigação do desempenho diário da "Liturgia das Horas" em coro, por parte das comunidades monásticas e do cabido de cônegos.

Oração do dia – Coleta

A *oração do dia* encerra os ritos iniciais da missa e dá início à Liturgia da Palavra. Na "Liturgia das Horas" ela é a oração conclusiva. A designação latina (coleta = síntese de tudo) refere-se à *oração do dia,* que é uma síntese da silenciosa oração anterior dos fiéis. Conforme IGMR 32 ("A oração do presbítero dirige-se ao Pai por intermédio do Filho no Espírito Santo), é a conclusão da *oração do dia* formulada trinitariamente. A oração do dia pertence às orações presidenciais. A partir do Concilio Vaticano II, a "coleta" passou a chamar-se Oração do dia.

Oração do peregrino

Uma das muitas orações pode ser esta, denominada bênção de Aarão:

"O Senhor te abençoe e te guarde.
O Senhor faça brilhar sobre ti sua face
e te seja favorável.
Que o Senhor te descubra sua face
e te conceda a paz" (Nm 6,24-26).

Oração dos fiéis (Preces)

Lembrando o apelo do Apóstolo Paulo: "Antes de tudo recomendo que se façam pedidos, orações, súplicas e ações de graças por todos, pelos reis e por todos que exercem o poder" (1Tm 2,1s.), o Concílio Vaticano II reintroduziu com acento especial a "Oração dos fiéis" (Preces), que ficou perdida ao longo dos séculos na Liturgia do ocidente: "Deve-se restaurar, de modo particular nos domingos e festas de preceito, a 'oração universal' ou 'Oração dos fiéis' (Preces), que era proferida após a homilia, para que, com a participação do povo, se façam preces pela santa Igreja, pelos que nos governam, por aqueles que estão oprimidos por alguma necessidade, por todos os homens e pela salvação do mundo inteiro" (CSL 53; IGMR 45).

Os pedidos devem ser entendidos como expressão do povo sacerdotal e têm seu lugar fixo no fim da Liturgia da Palavra, depois da homilia. Para a composição devem ser acentuadas certas normas, assim que a introdução e conclusão sejam proferidas por um sacerdote, e os pedidos não contenham apelos morais aos fiéis orantes, mas pedidos concretos, nesta sequência: pela Igreja, pelos poderes públicos, pela salvação do mundo inteiro, pelos que passam necessidade e pelo progresso da comunidade local. "Na oração universal ou Oração dos fiéis (Preces), a comunidade exerce seu sacerdócio comum pedindo por todos. Esta oração obriga em cada missa celebrada com a comunidade, para serem mantidos os pedidos pela santa Igreja, pelos governantes, por aqueles que passam por alguma necessidade, por todos os homens e pela salvação do mundo inteiro" (IGMR 45).

Oração eucarística

É a oração principal da parte eucarística da missa. Com ela realiza-se a transformação do pão e do vinho no Corpo e Sangue de Jesus Cristo. Dirige-se a Deus Pai, a Jesus, que fala por meio do sacerdote. É um preito de louvor pela obra salvífica de Deus (anamnese), oração de oferta e de bênção pedindo pelo Espírito Santo (epíclese), dispondo sobre introduções de caráter comemorativo (intercessões). A "oração eucarística" baseia-se no louvor judaico (*beraka* em hebraico) antes da refeição, pronunciada pelo chefe da casa. Jesus rendeu esse preito de louvor nas refeições com seus discípulos e de modo especial na Última Ceia. A "oração eucarística" consta do prefácio que termina com o canto do "Sanctus-Benedictus", do pedido ao Espírito Santo, da anamnese que culmina com as palavras da consagração, à qual segue a resposta da assembleia aclamando: "Anunciamos, Senhor, vossa morte e proclamamos vossa ressurreição. Vinde, Senhor Jesus".

Nas intercessões, a assembleia manifesta sua comunhão com toda a Igreja, o papa, o bispo diocesano, os sacerdotes e os diáconos, os santos, os vivos e os defuntos. Assim é manifestada a salvação universal que Jesus alcançou com seu sacrifício na cruz. A oração conclui com a doxologia: "Por Cristo, com Cristo, em Cristo, a vós, Deus Pai Todo-Poderoso, na unidade do Espírito Santo, toda a honra e toda a glória, agora e para sempre". A assembleia responde com o "Amém" (Assim Seja) cantado.

Existem orações eucarísticas com os seguintes textos:

– "Oração eucarística" de I até V.

Outras séries:

– "Oração eucarística" VI-A, VI-B, VI-C. VID.

– "Oração eucarística" VII, VIII (sobre reconciliação).

– "Oração eucarística" IX, X, XI (para missas com crianças).

Oração sobre as oferendas

Do latim [*oratio super oblata*], oração sobre as oferendas. É a oração conclusiva do presidente da celebração após a preparação das oferendas, corroborada pelo *Amém* da assembleia.

– Orai, irmãos e irmãs,
para que o nosso sacrifício
seja aceito por Deus Pai Todo-Poderoso.

– Receba o Senhor por tuas mãos este sacrifício
para glória do seu nome,
para nosso bem
e de toda a santa Igreja.

Oração universal – Oração dos fiéis (Preces)

É uma designação pouco usada para a "Oração dos fiéis (Preces)" ou "Preces dos fiéis" na missa. Em sentido estrito significa também a forma padronizada de pedidos que São Pedro Canísio introduziu no século XVI e que ainda hoje pode ser empregada. Do latim [*oratio universalis*], oração universal.

Orações presidenciais

São as orações a cargo do sacerdote que preside a missa (IGMR 10): A elas pertencem, primeiramente, a "oração eucarística", a *oração do dia* (coleta), a oração sobre as oferendas e a oração depois da comunhão. Também as orações conclusivas da Oração dos fiéis (Preces) e da Liturgia do dia são orações presidenciais.

Orai, irmãos

"Orai, irmãos" eram pedidos de oração dirigidos ao clero antes da oração sobre as ofertas. Isso surgiu no tempo dos carolíngios (século IX) e foi estabelecido em 1570, portanto pelo Concílio Tridentino. O missal atual conhece três fórmulas de convite para a oração sobre as ofertas. A fórmula C tomou o teor do texto antigo: "Orai, irmãos e irmãs, para que o nosso sacrifício seja aceito por Deus Pai Todo-Poderoso". – "Orai, irmãos e irmãs, para que esta nossa família, reunida em nome de Cristo, possa oferecer um sacrifício que seja aceito por Deus Pai Todo-Poderoso." E outras, às quais todo o povo responde, não somente o clero, em contraposição ao costume antigo: "Receba o Senhor por tuas mãos este sacrifício, para a glória do seu nome, para o nosso bem e de toda a santa Igreja".

Oratório

Do latim [*orare*], rezar. Tem vários sentidos:

1. Recinto para a oração, por exemplo, a capela de um mosteiro.

2. Gênero musical, cujo nome provém de uma comunidade do oratoriano São Filipe Néri (séc. XVI em Roma). Inicialmente usado para acompanhamento das devoções, mais tarde assumiu forma musical independente, semelhante a cantatas e óperas (por exemplo, oratórios de Natal).

Ordem das leituras

As leituras bíblicas nas missas dominicais e nos dias de semana, como também na "Liturgia das Horas", seguem certa ordem preestabelecida.

A ordem das leituras para os domingos e solenidades prevê a 1ª leitura do AT, a 2ª do NT e uma passagem dos Evangelhos. Estão previstas, portanto, três leituras para os domingos e dias de festa, tanto nas missas como na Liturgia das Horas. Por motivos ponderáveis de Pastoral, pode-se deixar a leitura do AT ou das Cartas. Contudo, o princípio básico da ordem das leituras é ler regularmente a maior parte possível da Bíblia e assim torná-la familiar aos frequentadores do culto.

As leituras dos domingos no ciclo anual voltam no ritmo de três anos. Assim, no ano A são lidos trechos do Evangelho de Mateus; no ano B, do Evangelho de Marcos; no ano C, do Evangelho de Lucas. Quanto à escolha, as leituras são tomadas na sequência em que estão na Bíblia (*lectio continua*, leitura contínua). O mesmo vale para as leituras das cartas do NT. As leituras do AT, porém, serão escolhidas tematicamente, de acordo com o Evangelho. Assim como nos domingos do Tempo do Natal e da Páscoa. No Tempo do Advento, as leituras são sobre João Batista, precursor de Jesus. Nos dias de semana é feita uma leitura antes do Evangelho. Enquanto as leituras do Evangelho se repetem a cada ano, para a 1ª leitura vale um ritmo de dois anos. Em ambas as leituras, os livros bíblicos ou cartas obedecem às normas da leitura contínua.

Para as festas dos santos há leituras próprias, escolhidas de acordo com a vida do santo.

As leituras das Laudes e Vésperas no Ofício Divino repetem-se num ritmo de quatro semanas, numa distribuição do saltério para quatro semanas, excetuando as memórias dos santos e as festas.

Ordenação episcopal

É o mais alto grau do sacramento da Ordem, conferido em solene celebração eucarística. Após o interrogatório, o compromisso do eleito e a oração (ladainha) da assembleia, vem o momento culminante da cerimônia que é a imposição das mãos por, ao menos, três bispos presentes ("foram apresentados aos apóstolos que oraram e impuseram as mãos sobre eles", At 6,6; 1Tm 4,14; 2Tm 1,6), e a oração consagratória. Durante a oração consagratória, o evangeliário é colocado sobre a cabeça do eleito. A unção da testa, a entrega do evangeliário, pálio, anel episcopal, mitra e báculo constituem a conclusão do rito da ordenação. No momento da imposição das mãos e da oração consagratória, é invocado sobre o bispo eleito o dom do Espírito Santo. A entrega do evangeliário simboliza seu futuro magistério episcopal, que consiste, particularmente, no anúncio do Evangelho, enquanto o báculo é o sinal de sua prestação de serviço, nomeadamente, de seu pastoreio na sucessão do colégio apostólico. O anel lembra a fidelidade do bispo à Igreja, esposa de Cristo. A mitra lembra o compromisso de ocupar-se com sua santificação pessoal.

O diácono e o presbítero participam do múnus episcopal em determinadas funções.

Oração da ordenação episcopal

Senhor, infunde sobre teu servo,
que escolheste,
a força que vem de ti,
o Espírito da liderança.
Deste-lho ao teu amado Filho, Jesus Cristo,
e ele o transmitiu para os apóstolos.
Eles estabeleceram a Igreja
em cada lugar, como teu santuário,
para honra e louvor eterno do teu nome.

Pai, que conheces os corações,
permite a este teu servo
que escolheste para o episcopado,
apascentar o teu rebanho santo,
desempenhando o primado do sacerdócio
de forma irrepreensível,
servindo-te noite e dia
como sumo sacerdote.

Concede-lhe sempre tua imagem compassiva,
oferecendo-te os dons da tua Igreja.
Concede-lhe o poder de,
com a força do Espírito Santo,
perdoar os pecados em teu nome,
distribuir as funções segundo
a tua vontade,
desatar quaisquer laços pelo poder
que deste aos discípulos.
Concede-lhe um coração puro e bondoso,
para que sua vida seja
um holocausto que te agrade,
por Nosso Senhor Jesus Cristo.
Por Ele toda glória, poder e honra a ti,
com o Espírito Santo na Santa Igreja,
agora e por toda a eternidade. Amém.

Ordenação sacerdotal

O candidato ordena-se bispo, padre ou diácono pelo sacramento da Ordem. Por meio dele homens são encarregados pelo bispo para o ministério dos fiéis confiados a ele em cada comunidade, ficando disponíveis como sacerdotes ou como membros de uma Ordem religiosa. A ordenação presbiteral é conferida pelo bispo no decorrer de uma celebração eucarística. Após a homilia os candidatos depõem seu juramento. A comunidade canta a ladainha de todos os santos. Depois o bispo e os sacerdotes presentes estendem a mão sobre os ordenandos, como sinal da entrega do poder sacerdotal por virtude do Espírito Santo e como expressão da admissão no presbitério (do grego [*presbitério*], comunidade dos anciãos). Em seguida são revestidos da casula. O bispo unge as mãos deles com o santo Crisma, como sinal de seu ministério no altar e entrega-lhes a patena e o cálice. O rito da ordenação é selado com o ósculo da paz que o bispo e coirmãos trocam com os neo-ordenados.

Continuam a missa concelebrando com o bispo. O rito completo da ordenação presbiteral está consignado no ritual próprio. A data da ordenação deveria ser comunicada de tal modo que mais membros das comunidades respectivas pudessem participar.

Ordens maiores

Antiga designação do Sacramento da Ordem para bispo, sacerdote ou diácono, também para subdiácono algum tempo. Já que as Ordens menores foram substituídas pelos ministérios de leitor ou acólito, a designação de "Ordens Maiores" ficou fora de uso.

Ordens Menores

As Ordens menores constituíam antigamente a sequência das Ordens para o Ostiarado, Leitorado, Exorcistado, Acolitado, que no transcorrer do tempo tinham apenas caráter de preparação para o presbiterado. Em 1972 foram substituídos pelo mandato do ministério de Leitores e Acólitos (*Ministeria quaedam* – Paulo VI). Originalmente as Ordens Menores também recebiam mandatos para determinados serviços, mas sem a imposição das mãos, diferenciando assim das Ordens Maiores para diácono, sacerdote ou bispo. Por causa do compromisso do celibato e do breviário, ligado a essas Ordens, o subdiaconato foi contado desde a antiguidade entre as Ordens Maiores até sua supressão em 1972, embora ligado de algum modo e desde muito às quatro Ordens mencionadas acima.

Ordinário

Nome padrão para os cinco cantos fixos, chamados cantos do Ordinário da missa: Kyrie, Glória, Sanctus, Benedictus e Agnus Dei. São tradicionalmente cantos do povo, mas podem ser apresentados por um coral, especialmente nas celebrações festivas. Foram acolhidos muito cedo na Liturgia. Exceto o Kyrie, os outros baseiam-se em textos bíblicos. Em sentido lato, também o conjunto dos textos fixos da missa recebe o mesmo nome, ou seja, Ordinário da missa. O missal prefere a expressão do latim [*ordo missae*], ordinário da missa.

Ordinário da missa

No Ordinário da missa estão reunidas as orações fixas da missa e breves indicações sobre a sequência dos ritos. O atual Ordinário da missa está no missal romano, sob o título "Introdução Geral sobre o Missal Romano". Aboliu os ritos do Concílio Tridentino de 1570, que por sua vez estavam calcados no "Ordinário da Média Renânia. O paralelismo científico com as fontes primitivas e textos da Igreja Oriental constitui a base na elaboração do rito da missa que levou ao atual Missal Romano em 1969. O Ordinário da missa revisto, comparado com o Ordinário do Concílio Tridentino, contém menos orações acompanhadas do celebrante e leva em conta o intuito do Concílio Vaticano II que é favorecer a participação ativa do fiéis na missa. Do latim [*ordo*], ordinário.

Ordinário romano

Livro no qual se descrevia o roteiro das missas na Idade Média, já que os livros litúrgicos tinham apenas o texto da missa, sem mais indicações. Do latim [*Ordinário romano*].

Organista

É o organista que, como profissional ou substituto, administra o culto divino, mediante o acompanhamento da assembleia, do coral ou ainda do solista. Com isso ele contribui responsavelmente pelo desempenho solene do culto divino. A formação do organista tem várias etapas, conforme as exigências locais. Frequentemente, além de sua função, o organista assume a regência do coral e o ministério da música, ou seja, a formação de cantores.

Órgão

É um sofisticado instrumento de teclas, cujo som é produzido pela pressão do ar, soprado mediante tubos, que em parte possuem as assim chamadas línguas metálicas e dispõem de vários registros, assim podem ser produzidas diversas tonalidades, multiplicando-se com isso sua versatilidade musical. Antigamente era utilizado para a música profana. No século VIII ficou conhecido na Francônia mediante um presente de Bizâncio e foi acolhido nas igrejas do Ocidente a partir do século X (mencionado para a antiga catedral de Colônia em 953). Durante o tempo quaresmal e nos funerais, pode ser tocado apenas como acompanhamento do canto. Durante o tríduo pascal, silencia desde o Glória da Quinta-feira Santa até a vigília pascal. Em compensação, nas solenidades, cultos e ocasiões especiais (casamentos, ordenações), presta-se para criar uma atmosfera particularmente solene.

Ósculo

É sinal de respeito e solidariedade. Beija-se o altar, no início e no fim da missa, na incensação durante as Vésperas e Laudes, o evangeliário após a leitura do Evangelho e a cruz na Sexta-feira Santa. O ósculo, porém, pode ser substituído por outro sinal, conforme decisão das Conferências Episcopais: "Onde esse sinal não se coaduna plenamente com as tradições e a índole da região, compete à Conferência Episcopal estabelecer outro sinal, certificando disso a Santa Sé" (IGMR 232).

O ósculo também está previsto na saudação da paz, em muitos países, que seja com leve aceno, lembrando a admoestação do apóstolo Paulo: "Saudai-vos mutuamente com o ósculo santo" (Rm 16,16a;1Cor 16,20).

Ostensório

Antigamente o ostensório era utilizado para exposição de relíquias. A partir da Idade Média, coloca-se nele a Hóstia consagrada para as procissões ou para a adoração. No centro do ostensório encontra-se um suporte para a Hóstia na forma de pequena lua, denominada lúnula (do latim [*lunula*], pequena lua) ou um prendedor no formato de um círculo ou semicírculo. Ambas as peças são confeccionadas com metal nobre. Literalmente: mostruário. Do latim [*monstrare, ostendere*], mostrar.

Ostiário

É a última das quatro Ordens Menores (sem imposição das mãos) cujos ofícios e funções são exercidos hoje pelo sacristão (e outros auxiliares). Foi abolida em 1972, como as outras três Ordens Menores (Leitorado, Acolitado, Exorcistado). Do latim [*ostium*], porta.

Padre

Em Israel do AT os sacerdotes provinham da estirpe de Aarão, irmão de Moisés, e eram encarregados, como representantes de todo o povo, de oferecer o sacrifício diante da "Tenda do Encontro" e, mais tarde, no Templo. Para esse fim, eles unicamente, dentre o povo, podiam aproximar-se da presença de Deus. Segundo o entender do NT todos os cristãos, em virtude do Batismo, são chamados para essa proximidade com Deus. Os cristãos são denominados sacerdócio escolhido (1Pd 2,9). Além do mais, os sacerdotes ordenados são, como colaboradores de seu bispo, sucessor dos apóstolos, encarregados de guiar e apoiar a comunidade a eles confiada. Para isso receberam, por meio da ordenação presbiteral, o poder de administrar os sacramentos e explicar o Evangelho à comunidade na missa (homilia).

Na Igreja Católica o estilo de vida sacerdotal está ligado aos compromissos que devem fortificá-lo em seu constante convívio com o Sagrado (na missa e demais sacramentos) e marcar sua vida pelo ministério sacerdotal. Estes são de modo especial o celibato, a missa diária e a "Liturgia das Horas". Esses compromissos os sacerdotes partilham com os religiosos de Ordem. Exclusivamente homens recebem o presbiterato, pois, conforme a Bíblia, Jesus só escolheu homens para apóstolos. Do grego [*presbyter*], ancião.

Padrinho

O padrinho é testemunha do Batismo ou da Crisma e assume com os pais a responsabilidade pela educação cristã do afilhado confiado a ele. Para poder desempenhar essa função, precisa ter 16 anos completos, ser batizado e crismado. Além disso, deve levar um estilo de vida conforme as normas da Igreja. Padrinho, do latim [*pater*], pai; de [*patrinus*], fiador.

Padroeiro

Designação para anjos ou santos a quem foi dedicada uma igreja. No cristianismo nascente as igrejas eram construídas sobre os túmulos dos mártires, sob cuja proteção eram confiadas (por exemplo, a basílica de São Pedro, construída sobre o túmulo de São Pedro). Mais tarde as relíquias do padroeiro da igreja eram depositadas debaixo do altar. Por isso costuma-se dizer que tal e tal igreja está sob o patrocínio de um determinado santo. A memória do santo é celebrada como festa do padroeiro ou de seu patrocínio. Se uma igreja é dedicada a um mistério de fé (por exemplo, Igreja Sagrado Coração de Jesus), então se diz que o titular dessa igreja é o Sagrado Coração de Jesus. O mesmo se diz quando é celebrada sua festa: Festa do titular. Também os países e continentes são confiados aos santos ou anjos como seus padroeiros. Padroeiro do latim [*patronus*], protetor; [*patrocinium*], proteção.

Pai de misericórdia

É o início do texto latino da Primeira "oração eucarística": "Pai de misericórdia, a quem sobem nossos louvores, nós vos pedimos por Jesus Cristo, vosso Filho e Senhor nosso, que abençoeis estas oferendas apresentadas ao vosso altar. Nós as oferecemos pela vossa Igreja santa e católica: concedei-lhe paz e proteção unindo-a num só corpo e governando-a por toda a terra. Nós as oferecemos também pelo vosso servo o papa...".

Pai-nosso

É chamada também a oração do Senhor, porque, segundo os Evangelhos, foi ensinada diretamente por Jesus (Mt 6,9-13; Lc 11,2-4). Tem um lugar bem definido, tanto na celebração eucarística como na "Liturgia das Horas", desde os primórdios do cristianismo; acrescido ainda com a doxologia "pois vosso é o reino, o poder e a glória para sempre. Amém". A partir da reforma litúrgica, ele não é mais recitado (ou cantado) só pelo presidente da celebração, mas por toda a assembleia (IGMR 16). Entre o *Pai-nosso* e a doxologia, as mais das vezes o presidente proclama ou canta o assim chamado embolismo que a comunidade conclui com a doxologia. Em algumas regiões a "oração do Senhor" é entregue solenemente aos catecúmenos adultos, durante o tempo de preparação para o batismo, dentro de um rito próprio.

Paixão de Cristo

Paixão, do latim [*passio*], paixão. O Evangelho da Paixão de Cristo é lido no Domingo de Ramos, segundo o evangelista do ano correspondente, e na Liturgia da Sexta-feira Santa, segundo o evangelista João. É desde muito tempo que a narrativa transcorre mediante a distribuição dos papéis: Jesus (geralmente o sacerdote), o cronista, o leitor e outros personagens. Como alternativa, o texto da Paixão também pode ser lido parceladamente. Devido ao tamanho da narrativa, a assembleia fica assentada, mas deve levantar-se no momento da morte de Jesus e permanecer de joelhos por alguns instantes.

Pala

Pano quadrado (20 x 20 cm mais ou menos), com o qual o cálice é coberto para protegê-lo durante a "oração eucarística". Às vezes é reforçado com papelão ou material semelhante. Hoje é pouco usada.

Pálio

Um tipo de manta usada antigamente pelos filósofos em Roma, também pelo imperador Teodósio (século IV). Fazia parte da indumentária dos funcionários da classe mais alta. Provavelmente foi outorgado ao papa pelo imperador. A partir do século IX era imposto aos arcebispos e, antes, também aos bispos que se destacaram.

Hoje é uma faixa de lã branca, colocada sobre os ombros, marcada com cruzes e presa com alfinetes no paramento, deixando duas faixas pendentes sobre o peito e uma sobre as costas. É usado pelo papa e pelos bispos por cima da batina. É outorgado por ocasião da investidura de cargos eclesiásticos.

Bento XVI designa o pálio branco "figura do envio do pastor, daquele que ama o povo a ele confiado, por que e como ele ama Cristo".

Pano da fome

Ou pano da penitência. Designação antiga (em desuso). Originalmente era um pano de cor preta ou violeta que cobria o altar no tempo quaresmal, lembrando para todos o tempo do jejum. Foi usado também nas representações da Paixão de Jesus ou adaptado para cada finalidade. Hoje, em alguns países da Europa, vem a ser um banner com figuras e slogans, utilizado por entidades de assistência social tipo "Caritas" ou "Misereor", para divulgação da campanha de assistência.

Pão

O pão é a base da alimentação e figura como tal para as necessidades humanas, como diz o *Pai-nosso* numa de suas petições: "o pão nosso de cada dia nos dai hoje". Esta petição deixa mais do que claro que a saciedade das pessoas pelo pão é vista como dádiva de Deus. É o que exprimem também os milagres da multiplicação dos pães (Mt 15,29-36 e outros), ou a dádiva do maná durante a travessia dos hebreus pelo deserto. Além do mais, o pão é o símbolo da união da comunidade, pois se originou de muitos grãos de trigo e pode ser partido e distribuído para o sustento de muitos. Na Igreja primitiva, o Pão eucarístico era levado com os fiéis, geralmente fermentado. Somente a partir do século IX-XI é empregado especialmente para a Eucaristia o pão não fermentado. Por um lado, ele tem a finalidade prática da fácil quebrabilidade, sem deixar fragmentos, e da durabilidade. Por outro lado, lembra-nos a saída de Israel do Egito e a Parasceve ligada a esse acontecimento, no qual só se come pão ázimo. Na "Introdução Geral sobre o Missal Romano" está prescrito que o pão empregado na celebração eucarística "pareça realmente um alimento e seja de tal modo preparado que o sacerdote possa de fato partir a hóstia em diversos pedacinhos e distribuí-los aos fiéis" (IGMR 283).

Papa

É o chefe supremo da Igreja Católica e bispo de Roma. A Igreja lhe é confiada como sucessor de Pedro. "Jesus lhe disse: Apascenta minhas ovelhas" (Jo 21,17). Como Pedro, o Papa é considerado o representante de Cristo na terra. Reza-se pelo Papa na "oração eucarística". Assim torna-se evidente que, ao reunir-se em determinado lugar para o culto divino, a comunidade faz parte da Igreja e está unida ao Papa como seu chefe supremo. O papa é eleito pelos cardeais e exerce o ofício até o fim da vida. Nomeia cardeais e bispos, sucessores dos apóstolos, como colaboradores na Igreja universal. Pela bênção papal (*urbi et orbi* = para Roma e para o mundo) é concedida uma indulgência plenária. Os cultos com o papa como celebrante principal não se distinguem essencialmente de outras funções pontificais, ou seja, cultos com um bispo. As insígnias do papa são: o anel de pescador e o pálio, a tiara com três coroas (até Paulo VI). Entre os muitos títulos honoríficos do papa, os mais usados são: "Santo Padre", "Sumo Pontífice" e "servo dos servos de Deus". O reconhecimento do primado papal é o ponto nevrálgico da controvérsia entre a Igreja católica e as outras confissões cristãs. Do latim [*pater*], pai.

Paraliturgia

São celebrações que se apoiam na Liturgia em sua execução sem serem litúrgicas no sentido estrito. Podem chamar-se paraliturgias, celebrações como estas: cultos catequéticos com crianças, entremeados de hinos e orações, reuniões de grupo ou de família, concertos musicais culminando com meditação e oração, e outras celebrações que podem oferecer uma chance para os afastados da igreja.

Paróquia

A diocese está dividida em diversas comunidades, limitadas territorialmente e dirigidas por um sacerdote encarregado pelo bispo. Estas unidades chamam-se paróquias; e o sacerdote que as dirige recebe o nome de pároco. Nelas se concretiza a vida eclesial mediante o culto dominical, atividades pastorais, associações, ministérios e eventos destinados a fomentar a vida de comunidade. Cada paróquia está subordinada a um bispo e, com isso, unida à Igreja Católica em sua universalidade. Isto transparece quando se menciona o papa e o bispo diocesano na "oração eucarística" da missa. Além das assim chamadas paróquias territoriais que possuem uma determinada extensão geográfica, existem também, embora raramente, paróquias pessoais (reitorias, capelanias) às quais está subordinado um círculo determinado de pessoas.

Participação ativa

É a ideia central do movimento litúrgico que afirma: Não é somente o padre que atua na Liturgia, mas exatamente os leigos com base em seu sacerdócio comum através do batismo e da crisma. Com isso, a atitude exigida dos fiéis na Constituição da Sagrada Liturgia é a participação ativa nas celebrações litúrgicas. Eles não devem ser ouvintes e expectadores passivos, mas tomar parte ativa no culto divino por meio dos cânticos, aclamações ("Anunciamos, Senhor, vossa morte..."), no acompanhamento silencioso das orações do celebrante. Além do mais: São vivamente admoestados a organizar o serviço divino no desempenho das funções propriamente litúrgicas, como leitor, cantor, auxiliar na comunhao, coroinhas etc. A Constituição sobre Liturgia acentua em vários pontos a participação ativa. Exemplos:

– "Sempre que os ritos comportam – segundo a natureza particular de cada um – uma celebração comunitária, caracterizada pela presença e ativa participação dos fiéis, inculque-se que esta deve ser preferida" (CSL 27).

– "Para fomentar a participação ativa, promovam-se as aclamações dos fiéis, as respostas, a salmodia, as antífonas, os cânticos, bem como as ações, gestos e atitudes corporais..." (CSL 30).

– "... poder-se-á conceder à língua vernácula um lugar mais amplo, de modo particular nas leituras e admonições, em algumas orações e cantos, segundo as normas estabelecidas para cada caso nos capítulos seguintes" (36 § 2).

– "A língua vernácula pode dar-se, nas missas celebradas com o povo, um lugar conveniente, sobretudo nas leituras e na 'oração comunitária' e, segundo as diversas circunstâncias dos lugares, nas partes que pertencem ao povo" (CSL 54).

– "Recomenda-se vivamente um modo mais perfeito de participação na missa, que consiste em que os fiéis, depois da comunhão do sacerdote, recebam do mesmo Sacrifício, o Corpo do Senhor" (CSL55).

Partículas

Tem dois sentidos:

1. Uma partezinha da hóstia. Para mostrar o conteúdo simbólico de comida do pão, como expressão da comunhão dos fiéis com Cristo e entre si, o pão eucarístico deve ser confeccionado de tal modo que possa ser quebrado pelo sacerdote e repartido entre mais fiéis. Além disso, uma pequena partícula é dada no cálice com vinho (consagrado). Nem sempre se pode evitar que caiam fragmentos da hóstia no chão ao ser quebrada ou consumida. Devem ser tratados com respeito e colocados no purificatório se este estiver disponível. Mas a presença de Cristo no Sacramento eucarístico refere-se só ao alimento consumível; o tratamento com tais fragmentos não deveria dar motivo a medo e preocupação. *(Ver mistura.)*

2. Pode significar também as partículas da santa cruz, veneradas como relíquias da cruz de Cristo. Do latim [*pars*], partezinha.

Partir o pão

No Oriente o pão delgado e redondo até hoje não é cortado, mas partido e consumido em pedaços. Na tradição judaica, isso é prerrogativa do chefe da casa que, para isso, faz uma prece de ação de graças. Ele reparte o pão para a família, com o que se torna como um sinal da comunidade e pertença mútua. Também de Jesus se sabe que partiu o pão, e foi até nesse gesto que os discípulos em Emaús o reconheceram. Com isso ele se apresenta como o Senhor, a quem cabe o direito da fração do pão, e mostra quem oferece o pão partido, a pertença deles a Ele e a deles entre si.

Na celebração eucarística, a fração do pão era inicialmente uma necessidade prática. Mas o conteúdo simbólico desse rito tinha tanto significado para os cristãos que davam a sua reunião o nome "partir o pão". Este procedimento, muito demorado diante do aumento da comunidade, foi bem cedo preenchido com o acompanhamento do canto "Agnus Dei" (Cordeiro de Deus). Com a introdução das hóstias pequenas no século XI-XII para cada fiel, manteve-se a partilha da hóstia grande do padre celebrante, como ação sinalizadora, ou seja, significando Cristo vítima, Corpo partido de Cristo. A "Introdução Geral sobre o Missal Romano" (IGMR) incentiva a fração do Pão eucarístico para deixar bem explícito que "todos na Comunhão comem de um só Pão da vida que é Cristo". Hóstias pequenas como reservas são para serem usadas somente num grande número de comungantes.

Parusia

Na antiguidade significava a volta de um dignitário ou a aparição de uma divindade. No cristianismo, significa a volta de Jesus Cristo para o julgamento e para a plenificação da história da salvação que já alcançou seu ponto culminante com a morte e ressurreição de Jesus Cristo.

A parusia é contemplada de modo especial nas parábolas (Mt 24–25); em textos paralelos (Mc 13,24-27; Lucas, Ap 21–22). Na Liturgia, a espera encontra expressão na aclamação, depois das palavras após a consagração, na "oração eucarística": "Todas as vezes... enquanto esperamos vossa vinda" (1Cor 11,26), como também nas leituras do Advento até o dia 16/12 e na vigília pascal. Do grego [*volta*].

Páscoa

É a solenidade da ressurreição de nosso Senhor Jesus Cristo. A Liturgia do dia da Páscoa independe da vigília pascal com suas leituras e orações. Portanto, os dois cultos não formam uma alternativa entre si, como a missa da véspera com o domingo seguinte. Ainda um vez se confirma de novo aos fiéis durante o culto divino após a Vigília da noite pascal: "O Senhor ressuscitou verdadeiramente, aleluia". A Liturgia pascal tem uma "sequência" própria que é cantada antes do aleluia: "Cantai, cristãos, afinal...".

A solenidade da Páscoa tem uma oitava, do latim [*octavus*], oitavo, portanto, uma semana festiva. Daí o motivo por que a segunda-feira da Páscoa sobressai com três leituras na missa. O Evangelho desse dia é a assim chamado história dos discípulos de Emaús, o encontro do Ressuscitado com os jovens que estão caminhando para o lugarejo de Emaús (Lc 24,13-35). É dia de feriado em vários países. Durante a oitava reza-se todos os dias na "Liturgia das Horas", o mesmo ofício do dia da Páscoa. Daí se tira a impressão de que se trata mesmo de uma festa grande e única.

Páscoa dos judeus

Significa a festa judaica celebrada na primeira lua cheia da primavera. É o memorial da libertação e saída de Israel do Egito (Êx 12), e a passagem pelo Mar Vermelho. A celebração da festa da Páscoa (passagem) está ligada com a vítima pascal, um cordeiro que é sacrificado na véspera e consumido em família. Na noite da libertação do Egito, o sangue do cordeiro foi passado sobre os umbrais das portas. Tornou-se, por isso, o sinal da libertação, pois protegeu os israelitas da praga divina, ou seja, da morte de cada primogênito no Egito. Conforme o Evangelho de João, Jesus morre como "o cordeiro de Deus que tira o pecado do mundo" (Jo 1,29) e, ao mesmo tempo, como as vítimas sacrificais na véspera da Páscoa. A passagem pelo Mar Vermelho é vista na tradição cristã como passagem da morte para uma nova vida. Os textos do Antigo Testamento que tematizam a Páscoa dos hebreus são lidos na missa da Quinta-feira Santa (Êx 12,1-8; 11-14) e na Vigília Pascal (Êx 14,15–15,1).

Pastoral da Juventude

Os jovens estão na fase de quem "não é mais criança" e "ainda não é adulto". Levantam muitas dúvidas sobre normas e regras aprendidas ou encontradas, inclusive sobre o culto divino. Por outro lado, desejam que alguém os oriente e leve a sério suas perguntas e indagações. Cultos para jovens não se caracterizam, em primeira linha, pelo aparato externo com música "pop" e estilo "mundano". De preferência, no culto são abordados temas que preocupam a juventude. Isto acontece pela escolha dos textos, forma e conteúdo da pregação, preces e música. Numa celebração para jovens, eles têm a palavra. Eles mesmos, por exemplo, apresentam as preces ou um texto para meditar. Ou contribuem com a parte musical.

Um culto divino para a juventude não precisa ser, necessariamente, uma missa. A oração da manhã e a da tarde, em geral, oferecem melhores possibilidades para expor suas próprias ideias. No "Próprio do tempo" – sobretudo no Advento e na Quaresma – os assim chamados "encontros da manhã" ou louvor matinal lhes agradam. Grande influência na estruturação da pastoral juvenil está tendo o movimento Taizé, fraternidade ecumênica que surgiu na Borgonha e que, desde o após guerra, vem convidando os jovens de toda a Europa (e outros países) para rezar e conviver. Os cantos para meditação de Taizé tornaram-se a parte sólida de muitos cultos para jovens. Sabe-se de celebrações de grupos jovens que, por exemplo, são feitas durante o tempo livre dos catequistas ou da preparação para a Crisma.

Grandes eventos, como jornada mundial da juventude, oferecem celebrações convidativas, particularmente para a juventude. Mas, ao lado de todas as possibilidades para se organizar e realizar cultos jovens, coloca-se um problema fundamental: Partindo da situação atual em que os jovens quase não têm mais acesso aos cultos da comunidade, está havendo um debate constante por uma estrutura da missa e outras formas do serviço divino, condizentes com eles. O problema de todas essas iniciativas é tanto a quase impraticabilidade devido à falta de constância, quanto um maior afastamento do culto na comunidade, que pode advir dos cultos em família. As atuais explicações psicológicas e antropológicas modernas passam ao lado do problema central com suas concepções sobre o pluralismo dessa fase da juventude: Os jovens estão enxergando bem, procuram modelos vividos e colocam grandes interpelações sobre a conexão de vida e doutrina, sobre a autenticidade da comunidade e seu culto divino. Há muitos escritos atualizados que podem ajudar a discernir o presente e o futuro de suas vidas.

Patena

Patena é um pratinho redondo de metal nobre para as hóstias. Antes da reforma litúrgica havia uma distinção entre a hóstia grande do celebrante e as hóstias pequenas dos fiéis. A hóstia do celebrante era apresentada na patena (pratinho raso que ficava em cima do cálice), enquanto as hóstias para os fiéis eram conservadas no cibório ou âmbula. Hoje, pode ser dispensada a patena do celebrante (redonda e rasa), colocando tudo nesse mesmo recipiente com formato de pequena bacia. Do latim [*travessa*].

Patriarca

Na Igreja antiga, patriarca era o bispo de uma das quatro dioceses mais importantes: Roma, Antioquia, Alexandria e Jerusalém. Mais tarde acrescentou-se Constantinopla (hoje Istambul). As disposições litúrgicas naquelas dioceses valiam para a região circunvizinha. Na Igreja ocidental o papa, como bispo de Roma, é também o patriarca. Por isso perdura uma Liturgia uniforme na Igreja latina. A comunhão da Igreja com seu patriarca se mostra na citação nominal do papa na "oração eucarística". A designação de "Patriarca" para os bispos de Veneza, Lisboa, Goa (da Índia oriental) e Madri (da Índia ocidental) é um título de honra. Não estão ligados direitos especiais a eles. Também as Igrejas orientais unidas com Roma têm patriarcas como chefes supremos, que são reconhecidos por Roma depois de sua nomeação.

A renúncia do Papa Bento XVI em 2006 ao título de Patriarca do Ocidente não teve consequências especiais para a estrutura de nossa Igreja, mas nas igrejas orientais não unidas causou alguma incompreensão e manifestação pública de apreensão sobre o futuro do ecumenismo. Patriarca, do grego [*patriarches*], condutor da raça.

Pedra fundamental de nova igreja

A bênção do local da futura igreja, da pedra fundamental e sua inserção, tem rito próprio. A maioria das vezes é presidida por um bispo. As orações da bênção a serem proferidas pelo presidente (bispo ou sacerdote delegado por ele), o povo reunido e a própria bênção da pedra fundamental fazem lembrar a relação entre a construção de pedra que se inicia e a igreja "viva": Cristo é a pedra fundamental, os apóstolos formam o alicerce, a comunidade é o templo de pedras vivas: "Vós sois o edifício construído sobre o fundamento dos apóstolos e profetas; e o próprio Cristo é a pedra angular" (Ef 2,20; Lc 20,17; At 4,11).

Penitência

Primeiramente, o reconhecimento das próprias faltas é predisposição para a conversão, no sentido de um esforço renovado para seguir Cristo na Fé, Esperança e Caridade. A conversão se manifesta em tempos especiais. "Obras de penitência" clássicas são a oração, o jejum e a esmola. Independentemente disso, o penitente pode encontrar, por exemplo, no diálogo da Confissão, sinais próprios de amor a Deus e ao próximo. A Igreja indica tempos em que o olhar se volta particularmente para a penitência. Estes são o Tempo da Quaresma e, originalmente, o Tempo do Advento. Também a Sexta-feira, como dia da morte de Cristo, é um dia de penitência. Junto com a Confissão, também a prontidão interna para a conversão e a reconciliação pode ser disponibilizada em celebrações penitenciais ou numa tarde de reflexão. O missal prevê nos "ritos iniciais" da missa o Ato Penitencial como sinal de penitência. Ver: Ato Penitencial.

Pentecostes

Refere-se ao quinquagésimo dia depois da Páscoa dos hebreus que era a festa das colheitas e da aliança selada entre Deus e Israel no monte Sinai. No cristianismo, Pentecostes recorda o envio do Espírito Santo aos apóstolos (At 2). Ao mesmo tempo é a oitava da oitava pascal (sete semanas) e, com isso, o encerramento e a complementação do tempo pascal. Como solenidades, Pentecostes, Natal e Páscoa estão equiparadas. Pentecostes tinha antigamente oitava própria, da qual a segunda e a terça-feira se mantiveram em alguns países. O dia da oitava era o domingo da Santíssima Trindade. O domingo de Pentecostes tem um formulário próprio para a missa da véspera e do dia. Tem também sequência própria, cantada entre a segunda leitura e a aclamação ao Evangelho: "Espírito de Deus, enviai dos céus uma luz...". A cor litúrgica para Pentecostes é vermelha, símbolo do fogo e da vida. Está prevista uma vigília na véspera. Nela se administrava o batismo antigamente. O missal prevê textos próprios para a segunda-feira de Pentecostes, mas também se pode celebrar a missa votiva do Espírito Santo. Pentecostes, do grego [*pentekoste*], quinquagésimo (dia).

Perfume

O perfume do conhecimento (2Cor 2,14-16), metáfora muito ao gosto dos orientais, é completamente estranho aos ouvintes ocidentais. Com odor e perfume associamos descanso, relaxamento, sossego em casa, talvez até o próprio Natal por causa das velas perfumadas, mas nenhuma religiosidade séria. Na Liturgia católica são os sentidos da visão e audição os mais estimulados e aplicados, mas raramente o olfato pelo emprego do incenso.

"Graças sejam dadas a Deus que, no Cristo, nos conduz por toda parte em triunfo e que, por nós, espalha por todo lado o perfume de seu conhecimento. Pois na verdade somos, para Deus, *o bom odor de Cristo*, entre os que se salvam e entre os que se perdem; para uns, um odor que da morte conduz à morte; para os outros, um odor que da vida conduz à vida. E quem, pois, está à altura de tal tarefa? Com efeito, nós não somos como a maioria, que falsificam a palavra de Deus; é como homens sinceros, como enviados de Deus que, diante de Deus, falamos no Cristo" (2Cor 2,14-17).

Perícopes

Perícopes são textos da Escritura colocados em ordem sequencial e lidos na "Liturgia das Horas" ou em outras celebrações.

Piedade litúrgica

Antigamente o termo piedoso significava valente, jeitoso, útil. Hoje significa uma atitude cheia de respeito perante Deus, que se expressa na oração, na concelebração litúrgica, como também no dia a dia. A piedade litúrgica, ou seja, a atenção amorosa que a pessoa que se sente movida por Deus quando participa de uma celebração litúrgica sente, leva-a do culto religioso para o dia a dia e para a prática do amor ao próximo. A própria Liturgia torna-se piedade no sentir do movimento litúrgico e, portanto, as orações e as leituras bíblicas também se tornam oração, e nada é acessório. Assim a Liturgia torna-se uma fonte na qual a fé se fortalece e a piedade aumenta.

A Liturgia renovada facilita esse entendimento, pois os textos e orações em língua vernácula podem ser executados numa ativa participação por parte dos fiéis.

Píxide

Caixinha de metal para conservação da reserva eucarística, ou seja, das hóstias consagradas para atendimento dos enfermos, fora da igreja. Para essa finalidade usa-se mais, hoje, um pratinho especial com uma caixinha de metal no meio, fechável, denominada píxide. Outro modelo mais simples é a teca.

Polifonia

Essa forma de canto a mais vozes foi entrando devagar na Liturgia, a partir da Idade Média. Antes vigorava o canto a uma voz para distinguir dos cantos a mais vozes, tidos como ideal para a antiguidade pagã. A princípio só os cantos do "Próprio da missa" eram a mais vozes; com o transcorrer do tempo foram sendo desenvolvidos textos a mais vozes também para o "Ordinário da missa". Nisto as "missas" dos compositores clássicos atingem o máximo. Hoje, há esforços para fazer a comunidade participar do canto a mais vozes: A assembleia canta, por exemplo, a melodia do hino, enquanto o coro pega uma voz acima. Há, aliás, cantos muito simples, repetitivos (por exemplo, os hinos de Taizé) que, com pouco ensaio, podem ser cantados a mais vozes.

Poltrona

Na Liturgia é o assento dos participantes que ocupam uma função especial. A poltrona não deve evidenciar a função do celebrante como presidente da Liturgia pela configuração esquisita, mas pela posição prioritária sem perder o contato com a assembleia (IGMR 271). Do latim [*sedile*], poltrona, cadeira.

Porta de entrada

Para igrejas voltadas para leste, a entrada principal fica a oeste. A porta não tem apenas a função de entrada ou de para-vento, mas é ao mesmo tempo – muitas vezes artisticamente trabalhada – símbolo da porta do céu e do paraíso (porta da celeste Jerusalém) ou do próprio Cristo: "Eu sou a porta, quem entrar por mim será salvo; tanto entrará e sairá, e encontrará pastagem" (Jo 10,9). As igrejas de hoje, abertas tão somente para os serviços do culto e fechadas de resto por medo de roubos e vandalismo, fazem inverter instintivamente o simbolismo; "igrejas fechadas" (em vez de "portas do céu").

Povo de Deus

A abreviação *povo*, as mais das vezes, é usada para distinguir a assembleia reunida do clero. A designação *leigos* tem o mesmo sentido. "Povo de Deus" aplica-se também aos batizados para distingui-los dos ainda não batizados: "Antes não éreis seu povo, mas agora sois povo de Deus" (1Pd 2,10). Toda a ação litúrgica é uma ação do povo de Deus e pede a total e ativa participação de todos os fiéis: "É desejo ardente da mãe Igreja que todos os fiéis cheguem àquela plena, consciente e ativa participação nas celebrações litúrgicas que a própria natureza da Liturgia exige e que é, em virtude do batismo, um direito e um dever do povo cristão, 'raça escolhida, sacerdócio real, nação santa, povo adquirido'" (1Pd 2,9; 2,4-5).

Na reforma e no incremento da sagrada Liturgia, deve-se dar a maior atenção a essa plena e ativa participação de todo o povo, porque ela é a primeira e necessária fonte onde os fiéis hão de beber o espírito genuinamente cristão" (CSL 14). Do grego [laos], povo, leigos.

Preces

Designação para as orações de pedido no final das "Laudes" e das "Vésperas" na Liturgia das Horas, nas quais sobressai o caráter de pedido: "Além de louvar a Deus, a Igreja transmite também a Ele na Liturgia os sentimentos e desejos de todos os fiéis cristãos. Mais ainda: pede a Cristo e, por ele ao Pai, pela salvação do mundo inteiro" (IGLH 17). Do latim [*preces*], pedidos.

Predela

Do italiano [*predella*], degrau. Plataforma para o altar. Pedestal para retábulo do altar.

Prefácio

É a introdução para a primeira parte da "oração eucarística". O conteúdo muda conforme o dia e a motivação. A partícula "pré" [antes] deve ser entendida não somente no sentido de tempo (vem antes, vem na frente), mas também no sentido espiritual de "colocar-se diante de Deus". Do latim [*præ-fatio*], preâmbulo.

Pregação

Anúncio oral do plano salvífico de Deus numa reunião do culto. A explanação do Evangelho, como parte integrante da missa denomina-se homilia. Está reservada para o padre ou o diácono. A pregação obteve seu valor de posição na missa, só mesmo após o Concílio Vaticano II; antes dele foi frequentemente postergada. Existem ainda outras celebrações nas quais a pregação ocupa o centro, por exemplo, as pregações quaresmais. O alvo principal da pregação é transmitir aos ouvintes a vontade amorosa de Deus, a Boa-Nova, de tal maneira que eles possam aceitá-la e estejam prontos para se deixar modelar por elas. Mesmo quando uma pregação estiver bem preparada e demonstrar qualidade profissional, no fim é o Espírito Santo que atua na aceitação da mensagem pelos ouvintes, e não exclusivamente a oratória puramente humana. Do latim [*praedicare*], proclamar.

Preparação das oferendas

O início da celebração eucarística, após a Liturgia da Palavra na missa, consta do seguinte:

– Preparação do altar com o corporal, cálice e missal.

– Apresentação do pão, vinho e água pelos coroinhas ou participantes, como oferendas da comunidade.

– Apresentação das ofertas e entrega das mesmas igualmente como oferenda da comunidade.

– O celebrante reza em voz baixa as orações que acompanham as apresentações.

– Nos cultos solenes, incensação do altar e das oferendas.

– Lavar as mãos.

– Oração sobre as oferendas.

Preparação para a comunhão

A preparação para a comunhão ocorre dentro da missa, após a "oração eucarística", de modo particular pela recitação ou pelo canto da oração do Senhor e pela oração "Livrai-nos de todos os males, ó Pai...", unida com o abraço da paz. O *Pai-nosso* é importante, sobretudo pelo pedido de perdão das culpas. Pela fração do pão se expressa a comum participação num só corpo. O canto de acompanhamento, o Cordeiro de Deus, lembra a libertação da culpa e o convite para a paz. Antes da comunhão, o sacerdote mostra a hóstia para a comunidade reunida dizendo: "Felizes os convidados para a ceia do Senhor! Eis aqui..." ao que todos respondem: "Senhor, eu não sou digno de que entreis em minha morada, mas dizei uma palavra e serei salvo" (Lc 10,6-7). Essas palavras do centurião que pede a cura de seu servo mostram ao mesmo tempo firme confiança e respeito diante da grandeza de Deus. Ao entregar a comunhão, o sacerdote ou o ministro diz "o Corpo de Cristo". O comungante responde: "Amém" (assim creio). Igualmente na comunhão do cálice: "O Sangue de Cristo" – "Amém!". A hóstia pode ser recebida na mão ou na boca. Após a comunhão segue um tempo de silêncio para a oração pessoal e, eventualmente, um hino de ação de graças, seguindo-se a oração "depois da comunhão". Ver também: Eucaristia, Comunhão.

Prequaresma

Desde a reorganização do ano litúrgico em 1969, foi abolida a prorrogação para oito semanas do tempo quaresmal: cor roxa ou violeta, supressão do aleluia, Glória e *Te Deum*.

Presbitério

Presbitério pode ser:

– O colégio presbiteral de uma diocese.

– O espaço mais alto na igreja, reservado para o coro e o altar-mor.

– O coral separado por "barreiras" em algumas igrejas históricas.

Presença de Cristo

Na Liturgia, acontecimentos ocorridos há muito tempo na história da salvação são trazidos para o presente por meio do memorial (anamnese). Assim, a Liturgia utiliza a palavra "hoje" nas solenidades que fazem memória de acontecimentos fundamentais da Bíblia, por exemplo, na missa da última Ceia na Quinta-feira Santa: "Na noite em que ia ser entregue para padecer pela salvação de todos, isto é, hoje, Ele tomou o pão em suas mãos...". Essa atualização vale de modo particular para o sacrifício da cruz de Jesus Cristo que se torna atual no Sacramento Eucarístico. Podemos aproximar-nos desse mistério, refletindo que Deus é maior que o tempo e o espaço, e assim tudo o que já aconteceu, fica retido nele, e por isso tudo nele, é presente também. Quando Jesus afirmou estar com seus discípulos até o fim dos dias – e isto pode ser entendido que Ele continua operando na Igreja e a conduz por meio do Espírito Santo –, disso advém uma importância especial para presença de Cristo no Sacramento da Eucaristia. Está presente nele não só com força eficaz, mas em toda a sua pessoa como Senhor e Deus ressuscitado. Mesmo que Ele permaneça lá, oculto para nossos sentidos, não se pode imaginar nenhuma outra presença mais concreta de Cristo. A presença de Cristo acontece na Liturgia de diversas maneiras: Está presente na reunião dos fiéis, conforme suas palavras: "Onde dois ou três estiverem reunidos em meu nome, eu estou entre eles" (Mt 18,20). É ele mesmo que fala para a assembleia nas palavras da Sagrada Escritura, particularmente no Evangelho. Por isso prestamos reverência especial ao Evangelho na aclamação do aleluia, na incensação, no acompanhamento com castiçais, no permanecer de pé da comunidade. Ela também responde à aclamação final do diácono ou do sacerdote: "O Senhor esteja convosco" – "Ele está no meio de nós". "Proclamação do Evangelho de Jesus Cristo... – Glória a vós, Senhor" – "Palavra da salvação – Glória a vós, Senhor". Portanto, ela confessa que ouviu as palavras do próprio Jesus Cristo. Cristo está presente na Eucaristia, como falamos acima. Cristo se encontra igualmente conosco no sacerdote celebrante, já que é ele mesmo quem atua por meio da pessoa do sacerdote, realizando o sacrifício eucarístico. O sacerdote usa a estola como símbolo disso.

Presidência dos cultos

A presidência do culto acontece mediante as pessoas encarregadas disso. A celebração eucarística deve ser presidida por um sacerdote ou pelo bispo. Por vezes emprega-se o termo celebrante, do latim [*celebrare*], para o padre que está presidindo. A Eucaristia pode ser presidida por mais bispos e/ou padres que neste caso são chamados "concelebrantes".

Também os diáconos podem administrar o batismo e assistir à administração do matrimônio. As celebrações dos sacramentais, como "encomendação" dos mortos, podem também ser presididas por leigos encarregados: ministros(as) das exéquias etc.

Celebrações da Liturgia do dia, portanto, "Liturgia das Horas", devoções populares, dada a ocasião podem ser celebradas por leigos sem um mandato especial. Quando os leigos presidem uma cerimônia, não devem ocupar o assento da presidência. Mas para a leitura da Sagrada Escritura, deve-se usar o ambão. Quando presidem um culto, por exemplo a celebração da Palavra, ou uma "encomendação", é conveniente usar a veste litúrgica, dando assim um destaque à celebração do culto. Deve ser diferente da veste do sacerdote ou do diácono. Do latim [*praesidere*], presidir; [*praesidium*], presidência.

Primeira Comunhão

A antiga unidade (Batismo, Crisma e Primeira Comunhão) – também para crianças de peito – como inserção na Igreja foi separada na Alta Idade Média. A Primeira Comunhão foi adiada até uma idade na qual se pode esperar certo conhecimento sobre a diferença entre o alimento natural e o eucarístico. Só a partir do século XIX começa a haver a solene primeira Eucaristia na oitava da Páscoa (antigo domingo da Pascoela ou "Domingo in albis"), precedida por uma preparação catequética. Hoje, as crianças são preparadas (em algumas regiões) com o auxílio dos pais para a Primeira Eucaristia, celebrada festivamente na comunidade. A data, no Tempo pascal, a roupa branca – em muitos lugares até pelos meninos – a vela (até a vela do batismo) e a renovação das promessas do batismo fazem lembrar a ligação da primeira comunhão com o batismo, dos primórdios da Igreja.

Procissão

As procissões emprestam solenidade ao acompanhamento dos fiéis. O realce está no processo do caminhar para frente e do parar nas diversas estações (por exemplo, altares no caminho). Não se trata de atingir o objetivo o mais depressa possível. Procissões que se fazem num espaço público têm também caráter confessional: os fiéis acompanhantes manifestam sua adesão a Cristo mediante sua participação. São exemplos: a procissão com o Santíssimo Sacramento, que ainda é costume na solenidade do Corpo e Sangue de Cristo; a procissão dos Ramos (a comunidade acompanha Jesus); a procissão das plantações, nas quais a cruz vai à frente, aspergindo-se com água benta certos lugares ou campos. Também o derradeiro acompanhamento de um falecido para o túmulo é uma procissão.

O querido cortejo infantil de São Martinho (em alguns países) representa igualmente uma procissão. Nas missas de domingo, podem realizar-se diversas procissões: O sacerdote e a assistência caminhando com o evangeliário e a cruz pelo corredor central da igreja; e no final da mesma forma. O evangeliário levado pelo sacerdote ou diácono, do altar para o ambão para o anúncio, acompanhado pelos coroinhas com velas e incenso. Na preparação das oferendas, os membros da comunidade (ou coroinhas) trazendo as oferendas da credência (mesinha no meio ou no fundo da igreja) para o altar. Procissões acompanhadas com cânticos e orações em cada estação. Do latim [*procedere*], sair para caminhar.

Procissão das oferendas

É a procissão das oferendas eucarísticas de pão e vinho que são levadas para o altar antes da preparação das oferendas. Lá são recebidas pelo sacerdote ou pelo diácono. A participação dos leigos da comunidade na preparação das oferendas significa a contribuição humana para a Eucaristia, enquanto a aceitação e a mudança no Corpo e Sangue de Jesus Cristo, e com isso a participação na morte sacrifical do Senhor, são dons divinos. Na Igreja do primeiro milênio era costume que os fiéis levassem consigo pão fermentado e vinho das próprias provisões. Os pedaços restantes (não mais necessários) eram distribuídos aos pobres. Quando mais tarde, pães não fermentados entraram em uso para a comunhão; a comunhão dos fiéis na Idade Média só se recebia nas solenidades; foi conservado o costume de levar os próprios donativos ao altar para fins caritativos. Daí se desenvolveu a coleta em dinheiro.

Desde muito tempo a procissão das oferendas é acompanhada por cânticos, animados as mais das vezes por uma "escola de cantores". Hoje, os livros de cantos oferecem uma série de hinos de comunidade. Eles têm conteúdo de louvor ou tematizam a oferta do pão e do vinho. Mas não salientam o aspecto eucarístico da oferenda. A música instrumental é uma alternativa para o canto.

Proclama

O nome de quem se prepara para o diaconato ou presbiterato deve ser anunciado uma vez num culto bem frequentado de sua comunidade natal. Esse costume é o que resta do antigo consentimento da comunidade para a eleição de um novo dirigente. A testemunha dá a informação referente a esse anúncio durante a cerimônia da ordenação: "O povo e os responsáveis foram interrogados; eu atesto que eles o acharam digno" (ritual próprio). É necessário igualmente um "proclama" antes do casamento, para detectar possíveis impedimentos matrimoniais. Em vez do proclama de casamento durante o culto, cumpre-se também a norma, afixando um edital no quadro de avisos, junto à entrada da igreja.

O proclama durante o culto fica bem mais oportuno se for incluído entre os comunicados antes da bênção final.

Profissão religiosa

Os diversos degraus para admissão numa comunidade monástica ou conventual são iniciados oportunamente com o compromisso do candidato ou candidata e concluídos após vencido o tempo de prova. Enquanto para a admissão ao Noviciado está prevista ainda uma cerimônia relativamente simples, na qual se efetua a declaração da vontade do candidato, costuma ocorrer depois a primeira profissão temporária e, sobretudo, a solene profissão perpétua nos moldes de uma celebração eucarística. Os ritos para a profissão se encontram nos rituais particulares de cada Ordem ou Congregação religiosa.

Promessas batismais

Parte do rito batismal imediatamente antes da administração do batismo, no qual os próprios neófitos, os pais e padrinhos com eles renunciam ao mal e fazem sua profissão de fé.

Próprio do Tempo

Designação dos ciclos do Natal e Páscoa para diferenciar do ciclo anual.

Com o termo "próprio" designam-se na Liturgia da Missa e das Horas os textos, recitados ou cantados, que são regulares, mas podem mudar, dependendo de certas situações. Na missa são estes, por um lado, os cantos móveis: início (Introito), o salmo responsorial, a sequência nas solenidades, a aclamação do aleluia ou a aclamação antes do Evangelho (no Tempo da Quaresma), o canto para a preparação das oferendas (Ofertório) e o canto da comunhão. Também as leituras, a *oração do dia* e o prefácio são próprios, respectivamente. O mesmo vale para os textos (hinos, salmos, leituras etc.) da "Liturgia das Horas". Para as festas dos santos se diz "Próprio dos santos". Do latim [*próprio*].

No ano litúrgico distinguem-se dois grandes segmentos: Próprio do Tempo e Próprio dos santos. O Próprio do Tempo abrange os tempos do Advento, Natal, Quaresma, Semana Santa, Tríduo pascal, Tempo pascal, Tempo comum, solenidades do Senhor durante o Tempo Comum. O Próprio dos Santos abrange as festas e memórias dos santos (obrigatórias e facultativas) que obedecem a certas normas quando coincidem com algumas celebrações do Tempo Próprio.

Púlpito

Estrutura de madeira ou pedra, nas igrejas da Idade Média, entre o coro e a nave central, para apresentação das leituras, da pregação, e outras funções, separava fortemente os clérigos dos leigos. No século XVI foi abolido em quase toda a parte. Do latim [*lectorium*], lugar da leitura.

Originalmente, o púlpito era um assento para a pregação. Por motivos de acústica foi colocado num plano mais alto, junto à parede do recinto religioso e provido de um "protetor de voz". Hoje, é o ambão o lugar do anúncio do Evangelho e também da pregação (homilia). Sua colocação perto do altar configura a ligação da mesa da Palavra com a mesa do Pão.

Purificação

Significa o rito de purificação cultual para expulsão do mal vigente ou defesa contra o que vier. Na antiguidade romana e grega, consistia em caminhar várias vezes ao redor de pessoas ou lugares portando oferendas expiatórias ou/e velas. Na Liturgia latina ainda está presente em algumas regiões, nas Rogações antes da Ascensão do Senhor e na procissão da Apresentação do Senhor (Nossa Senhora da Candelária). Provavelmente, do latim [*lucere*], iluminar, purificar.

Normalmente, após a comunhão se faz a purificação dos vasos sagrados: pátena, cálice, cibório (âmbula). Também é permitido purificá-los depois da missa, e até melhor, quando se trata de um grande número de vasos sagrados para purificar. Os paninhos usados para isso denominam-se sanguinhos. Do latim [*purificatio*], purificação, limpeza.

Quadragésima

É o tempo de quarenta dias de penitência (Tempo de jejum) no qual os fiéis, particularmente os catecúmenos, preparavam-se para a Páscoa, isto é, para o batismo. Já que também nesse tempo os domingos não valem como dias de jejum – os domingos são dias de festa e alegria pela ressurreição do Senhor –, logo a Quarta-feira de Cinzas fica valendo como início do tempo de penitência para a Páscoa. Sendo jejum liturgicamente, na missa há supressão do Glória e Aleluia; na "Liturgia das Horas", o *Te Deum*.

"Ponham-se em maior realce, tanto na Liturgia como na catequese litúrgica, os dois aspectos característicos do tempo quaresmal, que pretende, sobretudo através da recordação ou preparação do batismo e pela penitência, preparar os fiéis, que devem ouvir com mais frequência a Palavra de Deus e dar-se à oração com mais intensidade, para a celebração do mistério pascal" (CSL 109).

O número 40 faz lembrar os 40 anos que o povo israelita peregrinou pelo deserto; os 40 dias que Moisés e o profeta Elias jejuaram; e os 40 dias que Jesus passou no deserto antes de sua vida pública. Do latim [*quadragésima*]. Significa 40º dia.

Quarta-feira de Cinzas

Originalmente, o Tempo da Quaresma começava no 1º domingo da Quaresma, aliás, na segunda-feira seguinte. Para chegar aos 40 dias tradicionais da Quaresma – porque os domingos não são, em seu júbilo pascal, considerados dias de penitência –, a partir do século VI o início da Quaresma foi antecipado para Quarta-feira, isto é, antes do domingo chamado "invocabit" (Primeiro Domingo da Quaresma).

O nome Quarta-feira de Cinzas vem do rito da imposição da cinza como sinal de penitência e convocação para a conversão, acompanhado pelas palavras "convertei-vos e crede no Evangelho" (Mc 1,15), ou "Lembra-te que és pó e em pó te hás de tornar" (Gn 3,19).

Quatro têmporas

Ocorrem quatro vezes ao ano durante três dias (quarta, quinta e sexta-feira). Originalmente eram dias especiais de penitência e celebrados de certo modo como um período de penitência e purificação que retorna periodicamente no transcorrer do ano. Os dias das Quatro Têmporas caem na primeira semana do Advento, primeira semana da Quaresma, a semana antes de Pentecostes e a primeira semana de outubro... No Brasil a Conferência dos bispos tem normas especiais para esse Tempo (*nota do tradutor*).

Quietude (Silêncio)

Como parte integrante da reflexão e da oração pessoal, também durante a missa em comunidade, o silêncio está previsto: antes do Ato Penitencial, depois do convite para a oração (*oração do dia, oração conclusiva*), depois das leituras, na oração dos fiéis, durante a preparação das oferendas, no momento da "oração eucarística", depois da comunhão (ação de graças); na ordenação dos diáconos, sacerdotes e bispos durante o rito da imposição das mãos. A Constituição da Liturgia fala do "silêncio sagrado" que deve ser mantido em seu tempo (CSL 30). Deve-se distinguir bem entre o silêncio na Liturgia como quietude silenciosa e o silêncio atento da assembleia quando celebrantes, leitores e cantores (o coral) executam ou falam para toda a assembleia como representantes.

Quinta-feira Santa

Enquanto a missa com a sagração dos santos óleos é celebrada de manhã, a missa vespertina é chamada missa da Última Ceia, como memória especial da (Última) Ceia de Jesus com a instituição da Eucaristia, e início do Tríduo Pascal (Tríduo sacro). O lava-pés na missa da Santa Ceia é uma exortação simbólica à comunidade sobre o amor fraterno.

Após o último toque das campainhas no Glória solene, os sinos silenciam, como também o órgão e outros instrumentos musicais, até a Vigília Pascal.

No fim da celebração eucarística, as hóstias consagradas para a Sexta-feira Santa são transladadas solenemente em procissão para o lugar da adoração. Não há bênção final. As toalhas do altar são retiradas, os crucifixos removidos ou cobertos, como também todo o enfeite.

Oração do dia

Ó Pai, estamos reunidos para a Santa Ceia,
na qual o vosso Filho único, ao entregar-se à morte,
deu à sua Igreja um novo e eterno sacrifício,
como banquete do seu amor.
Concedei-nos, por mistério tão excelso,
chegar à plenitude da caridade e da vida.
Por nosso Senhor ...

R

Recebei, ó Pai...

É o início do texto latino da primeira "oração eucarística" que precede a narrativa da instituição da Eucaristia: "Recebei, ó Pai, com bondade a oferenda de vossos servos e de toda a vossa família...". Essa oração, também chamada Cânon Romano, tem diversas fórmulas para a Quinta-feira Santa, oitava da Páscoa, batismo, confirmação, matrimônio e outras. Particularmente para essas últimas ocasiões há uma intercessão especial pelos que ocupam o centro da celebração (neófitos, crismados, recém-casados), "pelas quais se exprime que a Eucaristia é celebrada em comunhão com toda a Igreja, tanto celeste como terrestre, que a oblação é feita por ela e por todos os seus membros vivos e defuntos, chamados a participar da redenção e da salvação obtidas pelo Corpo e Sangue de Cristo" (IGMR 55g).

Reconciliação

Termo latino ([*reconciliatio*], reconciliação) para designar o sacramento da penitência, no qual se pede a reconciliação com Deus e a Igreja por meio da confissão dos pecados e da absolvição. Ver *Sacramento da Penitência*.

Reforma da Liturgia

É preocupação da Igreja promover o conteúdo e a estrutura das celebrações litúrgicas, de modo particular da missa, em consonância com a ordem de Jesus Cristo. Para isso a Liturgia se manteve sempre livre dos secundarismos condicionados pela cultura e pelo tempo, para realçar nitidamente o que lhe é próprio: a reunião da comunidade para ouvir a Palavra de Deus e celebrar a Eucaristia. Enquanto em Roma, no fim do primeiro milênio, caminhava-se mais para uma padronização da Liturgia, a Reforma Protestante preocupou-se em reencontrar uma Liturgia baseada na tradição bíblica e, ao mesmo tempo, em aprimorar a compreensibilidade do culto divino para os fiéis. No lado católico, o Concílio de Trento (séc. XVI) procurou dar orientação baseado na forma tradicional e ligou-se fortemente à assim chamada ordem da missa da Renânia ("Reinische Messordo). No século XX houve por meio do II Concílio Ecumênico (1962-1965) uma reforma de fundo e de abrangência. Quem preparou o caminho para isso, foi o movimento litúrgico. A reforma litúrgica do Concílio Vaticano II baseou-se no diálogo científico com as primeiras fontes sobre liturgia e, com isso, na compreensão litúrgica da Igreja primitiva de um lado; do outro lado, na vontade de levar os fiéis para uma participação mais ativa (CSL 50). Mudanças essenciais são a execução da Liturgia nas línguas vernáculas; a disposição do altar de frente para a assembleia; assim que ela esteja reunida com o padre ao redor do altar; e a supressão de duplicações e orações feitas privadamente pelo padre. Já nos idos de 1955 sob o pontificado de Pio XII, deu-se uma reestruturação em profundidade da Vigília pascal, cuja celebração feita no sábado de manhã (popularmente chamado Sábado de Aleluia) foi recolocada em seu lugar primitivo, isto é, na noite ou vigília pascal propriamente dita.

Refrão

É a resposta do povo ao salmo proclamado. Na missa, isso acontece no salmo responsorial após a primeira leitura, a cada versículo ou grupo de versículos proclamados pelo cantor.

Na "Liturgia das Horas", o refrão é a antífona repetida por todos, antes e depois de cada salmo; ou também no meio de um salmo.

A diferença entre o refrão e a aclamação (por exemplo, Aleluia) é que o refrão é mais longo e, muitas vezes, com mais versículos.

Relíquia

Relíquias são resíduos, despojos de um mártir ou santo, isto é, que tiveram ligação ou contato com ele, sua vida ou sua morte: vestes, objetos de uso, até de instrumentos de tortura ou do martírio. Relíquias "tocadas" são objetos que estiveram em contato com relíquias, acontecendo como que uma transmissão de energia da relíquia autêntica.

Com o crescimento do culto às relíquias na Idade Média e barroca, a veneração desempenha um papel em vários países da Europa, primeiro só aos túmulos na dedicação de igrejas e depois a relíquias especiais (por exemplo, São Roque em Treveris, Reis Magos em Colônia etc.).

A tradição de incluir relíquias no altar deriva originalmente do costume de celebrar a missa diretamente sobre os túmulos dos mártires no cristianismo nascente, sobretudo no tempo das perseguições. Hoje, não está mais prescrito rigorosamente ter relíquia no altar, mas é recomendável: "Mantenha-se o uso de depositar sob o altar a ser dedicado relíquias de santos, mesmo não sendo mártires. Cuide-se, porém, de verificar a autenticidade dessas relíquias" (IGMR 266). Do latim [*relíquia*], restos mortais, despojos de um mártir ou santo.

Renovação do batismo

Celebração na qual se faz memória do próprio batismo e se renovam as promessas batismais emitidas naquele dia. Uma forma simples de recordação e renovação do batismo é o emprego da água benta, com a qual é feita a bênção; depois a aspersão que pode haver em cada missa em lugar do Ato Penitencial; e principalmente a renovação expressa das promessas batismais (abjuração do mal e profissão de fé) de toda a comunidade na vigília pascal.

Responsório

Modo especial de proclamar um salmo ou partes de um salmo para o qual a assembleia tem uma resposta após cada versículo. O salmo responsorial depois da 1ª leitura e a aclamação antes do Evangelho é no estilo de alternância: cantor x povo. O mesmo acontece nas Laudes e Vésperas após a leitura breve. Exemplo (Laudes da segunda-feira da 1ª Semana do Advento):

R. – Eis que vem vosso Deus Salvador

* Eis vosso Deus e Senhor...

R. – Eis que vem...

V. – O Senhor vem com força e poder

* Eis vosso Deus. Glória ao Pai...

R. – Eis que vem vosso Deus Salvador.

Resposta

É a resposta a uma parte do responsório, do salmo responsorial (após a 1ª leitura), do verso (exclamação da assembleia) ou do versículo com o qual a assembleia responde à exposição do cantor (R = resposta da assembleia). Do latim [*responsum*], resposta.

Retábulo

Retábulos eram quadros ou pinturas de cenas bíblicas colocados ao redor do altar das antigas igrejas. Hoje volta-se à norma primitiva, deixando o altar livre de tudo que não tem ligação direta com a Eucaristia. Do latim [*retro-tabulum*], pintura atrás.

Reverência

Designa o respeito e a veneração nos gestos e atitudes, por exemplo, genuflexão ou inclinação na direção da Eucaristia no tabernáculo; ósculo da cruz (Sexta-feira Santa) ou das relíquias etc. Do latim [*reverentia*], veneração.

Revistas litúrgicas

Ocupam-se com a Liturgia sob o ponto de vista científico ou pastoral. Temos no Brasil, entre outras:

Editora Paulus: <www.paulus.com.br>.

Revista de Liturgia:

<www.revistadeliturgia.com.br/internas.php?pagina=perfil>.

Editora Ave-Maria: <www.avemaria.com.br>.

Paulinas Online: <www.paulinas.org.br/diafeliz/evangelho.aspx>.

Ritmo diário

Na "Liturgia das Horas" dos mosteiros, significa a sequência dos salmos estabelecida para cada unidade oracional. Conforme a Liturgia renovada, os salmos devem ser escolhidos, olhando-se também para seu conteúdo, além do respectivo tempo litúrgico. A essa classificação alia-se o desejo de percorrer os 150 salmos no decorrer de determinado prazo (uma semana ou um mês). Pode ser mudada a ideia de atribuir a todos os salmos uma importância igual. Está certo não olhar para seu conteúdo, devido ao compromisso de um ritmo inflexível?

Diz a Introdução Geral para a Liturgia das Horas: "Os salmos se distribuem no ritmo de quatro semanas, conforme os seguintes critérios: Alguns poucos são omitidos. Outros que a tradição assinala como insignes se repetem com mais frequência. Para a Oração da Manhã, da Tarde e da Noite usam-se os mais adequados (IGLH 126). Do latim [*pensum*], lição, tarefa.

Rito

Em sentido lato, designação geral para todas as ações cultuais que seguem um esquema estabelecido. Em sentido estrito, significa as normas e os costumes litúrgicos das igrejas, empregados de modo especial para distinguir e subdividir as diversas Liturgias: Liturgia do rito latino, bizantino, siríaco, alexandrino armeno etc.

Ritos especiais

Fala-se em ritos especiais quando regiões (dioceses) ou comunidades religiosas, dentro da Liturgia latina, têm suas próprias tradições já formadas.

Ritos finais

A celebração eucarística é encerrada com a bênção e as palavras "Ide em paz, o Senhor vos acompanhe" e a resposta da assembleia "Demos graças a Deus". Da fórmula latina "ite, missa est" (Ide, é nossa despedida) vem também a designação de "missa" para a celebração eucarística. Antes da bênção final, podem ainda ser introduzidos alguns comunicados para a comunidade. Também as Horas da "Liturgia das Horas" e devoções têm fórmulas permanentes de despedida.

Ritos iniciais

O início da missa consta dos seguintes itens:

– Entrada do presidente (sacerdote) e dos demais ministros.

– Ósculo do altar pelo celebrante.

– Sinal da cruz.

– Saudação e palavras introdutórias de quem preside.

– Ato Penitencial (ou memorial do Batismo nos domingos).

– Kyrie eleison.

– Glória (aos domingos, exceto nos Tempos do Advento e Quaresma), nas solenidades, festas e outros cultos festivos.

– *Oração do dia*.

"Esses ritos iniciais têm por finalidade fazer com que os fiéis, reunindo-se em assembleia, constituam uma comunhão e se disponham para ouvir atentamente a palavra de Deus e participar da Eucaristia" (IGMR 24).

– Também as horas da "Liturgia das Horas" e devoções têm fórmulas fixas para abertura, embora de forma mais simples.

Ritual de ordenações

Livro litúrgico contendo as celebrações e os ritos de ordenação dos bispos, presbíteros e diáconos, além de outras bênçãos, consagrações, dedicações de igrejas. Ver também o "Ritual de bênçãos".

Ritual romano

Livro litúrgico contendo textos e normas para o desempenho dos ritos e celebrações na administração dos sacramentos e sacramentais, ou em processões e exorcismos. Ritual das bênçãos, CNBB.

Rogações

Os dias das Rogações, em parte com procissão, ainda existentes em algumas regiões, acontecem em um ou mais dias antes da Ascensão de Cristo. Originalmente, ocorriam para afastar calamidades naturais, danos provocados por trovoadas, tempestades, granizos, colheitas malsucedidas, tremores de terra, epidemias, convulsões sociais e guerras também. A Conferência dos Bispos da Alemanha, resumindo tudo isso, assim exprimiu: "devem ser levadas em conta situações integrantes e riscos da vida presente". Juntamente ao caráter de pedido, tem também um sentido de penitência. Mesmo quando não se encaram mais hoje, por exemplo, as catástrofes naturais, como consequência da culpa e da falta de Deus, existe para situações integrantes e riscos da vida presente uma ligação entre uma vida sem conversão, sem penitência e sem renúncia, e as calamidades com os efeitos globais de um estilo de vida, esbanjador e egoísta. A CNBB, em 1971, decidiu que a regulamentação da celebração das Têmporas e Rogações fique a critério das Comissões Episcopais Regionais *(nota do tradutor)*.

Romaria

Romaria é "um sair de casa" a pé ou de carro, sozinho ou em grupo, para um santuário, muitas vezes ligada a um pedido ou intenção especial. Parte integrante da romaria é uma celebração pelo fim almejado. Ao sair pode-se invocar a bênção para a viagem.

Ó Deus Todo-Poderoso,
que sempre concedeis vossa misericórdia
a quem vos ama
e que em nenhum lugar do mundo
estais longe de quem vos procura,
ficai ao lado destes vossos filhos peregrinos
e guiai-os no seu caminho,
para que de dia a vossa sombra os envolva
e de noite a luz da vossa graça os ilumine;
eles possam, assim, chegar felizes ao seu destino
em vossa companhia. Por Cristo nosso Senhor (Ritual de bênçãos, n. 41).

Roquete

Veste branca, até os joelhos, que se formou da alva, comprida até os pés. Tem sua aplicação nos serviços litúrgicos dos leigos (leitores, ministros, cantores) e dos clérigos no lugar da alva em cultos não eucarísticos ("Liturgia das Horas"), devoções, procissões, administração dos sacramentos, bênçãos, funerais etc. Mas esteja sempre por cima da batina.

Rosário

O Rosário completo é formado – opcionalmente – por 20 mistérios, divididos em quatro grupos: Mistérios Gozosos, Luminosos, Dolorosos e Gloriosos. Em 2002, na Carta Apostólica "Rosarium Virginis Mariae" (Rosário da Virgem Maria), o Papa João Paulo II propôs o acréscimo de um novo grupo de mistérios aos tradicionais quinze mistérios. Roteiro, que são os Luminosos ou mistérios da Luz:

Em nome do Pai...
Creio em Deus Pai...

Oferecimento: Divino Jesus, nós vos oferecemos esse terço, contemplando os mistérios de nossa Redenção. Concedei-nos, pela intercessão de

Maria Santíssima, a quem nos dirigimos, as virtudes necessárias para bem rezá-lo e as indulgências anexas a esta santa devoção.

1ª conta: Glória ao Pai...

2ª conta: Para que Jesus aumente a nossa Fé.

3ª conta: Para que Jesus fortaleça nossa Esperança.

4ª conta: Para que Jesus acenda em nós sua Caridade.

5ª conta: Glória ao Pai...

Mistérios gozosos (da Alegria)

(Segundas e sábados)

1º mistério: Anunciação do Anjo a Nossa Senhora (Lc 1,26).

Pai-nosso – 10 Ave-marias – Glória ao Pai...

2º mistério: Visita de Maria a Santa Isabel (Lc 1,39-56).

Pai-nosso – 10 Ave-marias – Glória ao Pai...

3º mistério: Nascimento de Jesus em Belém (Lc 2,1-7).

Pai-nosso – 10 Ave-marias – Glória ao Pai...

4º mistério: Apresentação de Jesus no Templo (2,21-35).

Pai-nosso – Dez Ave-marias – Glória ao Pai...

5º mistério: Perda e encontro de Jesus no Templo (Lc 2,41-52).

Pai-nosso – Dez Ave-marias – Glória ao Pai...

Mistérios luminosos (da Luz)

(Quintas-feiras)

1º mistério: Batismo de Jesus por João Batista (Mc 1,9-11).

2º mistério: Revelação de Jesus nas bodas de Caná da Galileia (Jo 2,1-11).

3º mistério: Anúncio do Reino e apelo à conversão (Mt 5,1-12).

4º mistério: Transfiguração de Jesus no Monte Tabor (Mc, 9,2-10).

5º mistério: Instituição da Eucaristia (Mc 14,17-25).

Mistérios dolorosos (da Dor)
(Terças e sextas-feiras)

1º mistério: Agonia de Jesus no Jardim das Oliveiras (Lc 22,39-44).
2º mistério: Flagelação de Jesus (Mc 15,6-15).
3º mistério: Coroação de espinhos de Jesus (Mc 15,16-20).
4º mistério: Jesus carrega a cruz para o Calvário (Lc 23,26-32).
5º mistério: Crucifixão e morte de Jesus (Jo 19-25-30).

Mistérios gloriosos (da Glória)
(Quartas-feiras e domingos)

1º mistério: Ressurreição de Jesus (Mt 28,1-8).
2º mistério: Ascensão de Jesus ao céu (At 1,9-11).
3º mistério: Vinda do Espírito Santo (At 2,1-4).
4º mistério: Assunção de Maria ao céu (Ap 1,1-8).
5º mistério: Coroação de Maria (Ap 11,19; 12,6a).

Agradecimento: Infinitas graças vos damos, Soberana Rainha, pelos inúmeros benefícios que todos os dias recebemos de vossas mãos liberais. Dignai-vos agora e sempre nos tomar debaixo de vosso poderoso amparo, e para mais vos agradecer vos saudamos com uma *Salve-Rainha*.

Rubrica
Significa as indicações e normas impressas com letra vermelha nos livros de Liturgia, explicando a sequência das cerimônias. Quando o mesmo texto está impresso com tinta preta, fala-se que foi impresso em negrito (do latim [*niger*], preto). Do latim [*ruber*], vermelho.

Sábado Santo

Faz parte do Tríduo Pascal, não tem celebração eucarística. O missal anota somente isto para este dia: "No Sábado Santo a Igreja permanece junto ao sepulcro do Senhor, meditando sua Paixão e Morte, abstendo-se do sacrifício da missa, com o altar desnudado". Somente na solene Vigília, na qual espera a Ressurreição do Senhor, rompe o júbilo pascal, que se desenvolverá em plenitude por cinquenta dias. Nesse dia a Sagrada Comunhão só pode ser dada como viático.

Sacola sonante

Sacola para recolher as ofertas em dinheiro durante as celebrações. O sininho preso à sacola servia para advertir ou prevenir o fiel. Hoje está em desuso ou tem outras modalidades.

Sacramentais

Além dos sete sacramentos existe um grande número de sinais na Liturgia além desses. Eles se manifestam como sacramentos no que respeita à atuação de Deus no mundo, mas não têm o mesmo sentido salvífico dos sacramentos. Esses sinais chamam-se sacramentais. Os sacramentais estão mais chegados às "pequenas coisas do dia a dia" do que os sacramentos. As bênçãos, por exemplo, querem fortalecer as pessoas nas situações concretas da vida. Nas regiões rurais ainda se dá a chamada "bênção do tempo" no final de uma celebração. Alguns sacramentais têm uma ligação íntima com os sacramentos, como, por exemplo, a água benta que se apoia no batismo. Outros atuam preparando a recepção de algum sacramento, por exemplo, a celebração do ágape (na Europa) para o qual são convidadas pessoas que ainda não têm acesso à Eucaristia; do sal que, por causa de sua atuação purificadora, antigamente era dado aos catecúmenos, na preparação para o Batismo. Assim como os sacramentos, os sacramentais também não atuam num sentido mágico. É por meio deles que se experimenta bem mais o afeto de Deus para com as pessoas. (Ver *magia.*)

Sacramentário

Livro litúrgico que tinha aplicação na Idade Média e mais tarde cedeu lugar ao missal. Continha as orações do presidente da celebração eucarística (orações presidenciais) e, por vezes, uma rápida descrição de toda a sequência da missa.

Sacramento

Sacramentos são sinais da presença e atuação de Deus na Igreja e em cada um de nós. A Igreja conhece os sete sacramentos desde a Idade Média: batismo, crisma, eucaristia, penitência, unção dos enfermos, ordem (para diaconato, presbiterato, episcopado) e matrimônio. Esse número foi estabelecido na metade do século XII. Podem também ser divididos da seguinte maneira: batismo, crisma, eucaristia, sacramentos da iniciação cristã; penitência, unção dos enfermos, sacramentos de cura; ordem e matrimônio (Ef 5,21-32), sacramentos a serviço da comunhão (Catecismo da Igreja Católica).

Todos os sacramentos fundamentam-se na encarnação de Deus em Jesus Cristo, sua morte e sua ressurreição. Jesus Cristo é para nós o próprio sinal da presença de Deus no mundo para os homens. Nele o reino de Deus anunciado no Evangelho já é presença. Enviou o Espírito Santo para a Igreja e prometeu a seus discípulos permanecer nesta Igreja por meio deles, todos os dias até o fim dos tempos (Mt 28,20).

Os sacramentos estão ordenados diretamente para a Eucaristia. Sacramentos atuam não automaticamente, mas como um dom, dom da graça de Deus. Mesmo quando quem recebe graciosamente o sacramento é o contemplado, depende ainda dele como o sacramento vai atuar. Quando a questão é o administrador do sacramento, a atuação do sacramento depende de cada um. Qualquer pessoa pode administrar o batismo em caso de necessidade ou é quem recebeu o sacramento da Ordem (bispo, sacerdote, diácono). Quem administra mutuamente o sacramento do matrimônio é o próprio casal; o padre ou diácono apenas assiste e os abençoa. Os sacramentos da Ordem e do Santo Crisma (com exceções) são administrados pelo bispo. Quem consagra a Eucaristia é o bispo ou o sacerdote. A administração da Unção dos enfermos é função do sacerdote ou do diácono. Do latim [*sacramentu*] juramento, mistério coisa oculta.

Sacramento da Ordem

Os apóstolos nomearam homens pela imposição das mãos, oração e orientação para serem seus representantes e guias nas diversas comunidades. Desta forma foi transmitido o dom que os apóstolos haviam recebido no acontecimento de Pentecostes mediante o Espírito Santo para a edificação da Igreja de Cristo. Os homens encarregados pelos apóstolos receberam o poder de guiar a comunidade e anunciar-lhe a Palavra de Deus. Alguns foram nomeados diáconos para se dedicar aos pobres de modo especial (At 6,1-7). Na virada do primeiro século depois de Cristo já estava formada a tríade de bispos, presbíteros e diáconos. Os representantes desses três graus ordenados estão incluídos no conceito de "clero", que significa "estado clerical", ou seja, clérigos. Cabe aos bispos o poder de transmitir a Boa-Nova na mesma linha dos apóstolos.

A chamada sucessão apostólica, ou seja, a direta sucessão dos apóstolos pela transmissão do sacramento da Ordem, está garantida por eles, isto é, pelos bispos ordenados pelos apóstolos. Eles ordenam padres em suas dioceses, colaboradores para seu apoio, para que cada comunidade seja guiada, os sacramentos sejam administrados e prestado todo o serviço pastoral. O bispo ordena diáconos que o apoiam no serviço aos necessitados de cada comunidade. Mediante a atuação mútua dos bispos, do presbitério e das diaconias, torna-se concreta na Igreja a missão apostólica, isto é, a continuidade da obra dos apóstolos.

A cada grau do sacramento da Ordem estão unidos determinados ofícios litúrgicos. Assim o bispo confere os sacramentos da Ordem e da Crisma, faz a sagração das igrejas e assume a responsabilidade pela práxis litúrgica em sua diocese. Os presbíteros administram todos os sacramentos que não estão reservados ao bispo. Seu ofício mais importante na Liturgia é presidir à celebração eucarística. Proclamam a Palavra de Deus sob encargo do bispo e a explicam para a comunidade.

Também o diácono tem o poder de presidir a celebração de certos sacramentos (batismo, matrimônio). Na missa ele proclama o Evangelho e pode explicá-lo na homilia. Além do mais, assiste ao bispo ou ao sacerdote no altar, anima a comunidade para gestos e aclamações, por exemplo, o abraço da paz. O diácono ordenado está obrigado ao celibato, excetuando quem já era casado antes da ordenação diaconal.

Sacramento da penitência

Durante sua vida pública Jesus está sempre concedendo às pessoas o perdão de seus pecados (Lc 15,20; 19,1-20). Com isso ele quebra a mentalidade judaica, segundo a qual só Deus pode perdoar pecados (Lc 15,21). Após sua ressurreição dá plenos poderes aos discípulos para também perdoar os pecados: "A quem perdoardes os pecados, ser-lhe-ão perdoados; a quem não perdoardes, não lhe será perdoado" (Jo 20,23). Também no *Pai-nosso* é lembrada a necessidade do perdão fraterno.

Nos primórdios da Igreja, os membros que se fizeram culpados de uma conduta mais grave eram excluídos da comunidade. Se eles se mostrassem prontos para a conversão, podiam ser readmitidos. Nos primeiros séculos a Igreja manteve esse tratamento oficial com a culpa e a penitência.

No Oriente, os dispostos para a conversão, após uma penitência correspondente à culpa, eram readmitidos à comunhão durante a Vigília pascal. A partir do século VI, por meio da influência dos monges irlandeses/escoceses da Igreja do Ocidente, introduziu-se outra modalidade de penitência que culmina com a prática da Confissão individual. No IV Concílio de Latrão (1215), ela se torna obrigatória uma vez ao ano. O Catecismo atual deseja que "pecados graves" sejam confessados uma vez por ano e antes de receber a santa comunhão. Os assim chamados "pecados veniais", ou seja, faltas menores contra o amor de Deus e do próximo, pelos quais cada qual se torna diariamente culpado, também devem ser levadas para a Confissão de tempos em tempos. Somente o sacerdote ordenado pode administrar o sacramento da penitência. Além da Confissão, cada qual pode confessar sua culpa na "celebração comunitária da Penitência" e ser absolvido dela. Desta forma torna-se visível a ligação com a comunidade eclesial.

Sacrário

É uma abertura no chão da sacristia ou atrás do altar, com tampa, onde se derrama a água das purificações e objetos benzidos ou consagrados, como algodão usado nas unções, cinza, água batismal, se não puder ser despejada na própria pia batismal. Está fora de uso.

Sacristão

Mansionarius, que mora perto da igreja. O sacristão zela pela segurança, pela limpeza da igreja e pelo bater dos sinos com regularidade e competência. Com as técnicas modernas surgiram novos encargos, como instalações de som e aquecimento. O sacristão é responsável pela decoração conveniente da igreja, pela conservação das alfaias em geral (livros, vestes litúrgicas, vasos sagrados etc.). Em muitas paróquias cabe-lhe também a direção dos coroinhas. Do latim [*mansio*], mansão.

Sacristia

Recinto ou sala da igreja, destinado à preparação dos serviços litúrgicos, especialmente dos celebrantes, ministros, coroinhas etc. É também a sala para guardar alfaias, vestes litúrgicas, vasos sagrados, livros e outros objetos usados na igreja. Conforme o espaço e lugar, a sacristia é o lugar de encontro dos fiéis com seu pároco. Antigamente, para uma preparação condigna (da missa), particularmente ao se revestir dos paramentos, os celebrantes tinham à frente um quadro com o texto das orações correspondentes a cada peça do paramento.

Sagração do altar

Sagrar ou dedicar significa consagrar, destinar um lugar ou um objeto para o culto sagrado. A sagração ocorre durante a primeira missa celebrada sobre ele, num rito solene e próprio. É reservada ao bispo ordinário, que também a preside após a Liturgia da Palavra. A escolha do dia apropriado num domingo e outras indicações se encontram no Missal Ritual Próprio. Já que o altar só se torna sagrado no decurso da Eucaristia, antes da sagração não se pode celebrar missa nele. Entrementes usa-se outra mesa até o dia da sagração, caso deva ser celebrada a Eucaristia na igreja em questão, para que a missa da sagração possa ser a primeira celebração eucarística sobre o novo altar. Caso se trate de uma igreja nova, o altar é dedicado durante o rito da dedicação da igreja. O rito da sagração abrange: ladainha, inclusão das relíquias, aspersão do altar com água benta, unção do altar com o óleo da crisma, incensação do altar e o acendimento festivo das velas. Quanto ao altar portátil, que não é usado sempre como altar, em lugar da sagração solene pode-se proceder a bênção mais simples.

Sagrada Família – Festa

É o dia em que se celebra a Sagrada Família Jesus, Maria e José, e ocasião para se comprometer a viver conforme esse "modelo luminoso". A festa é celebrada no domingo dentro da oitava do Natal. Se não houver domingo dentro da oitava do Natal, a festa fica para o dia 30 de dezembro.

Oração do dia

Ó Deus de bondade,
que nos destes a Sagrada Família como exemplo,
concedei-nos imitar em nossos lares
as suas virtudes
para que, unidos pelos laços do amor,
possamos chegar um dia
às alegrias da vossa casa.
Por nosso Senhor Jesus Cristo vosso Filho,
na unidade do Espírito Santo.

Sagrado Coração de Jesus – Solenidade

Solenidade relativamente nova, celebrada na sexta-feira após o segundo domingo depois de Pentecostes, em louvor ao Coração de Jesus. Sua origem remonta até as visões da santa francesa, Irmã Margarida Maria Alacoque (1647-1690). Só em 1899 essa solenidade foi adotada por toda a Igreja.

Além da solenidade, existe a devoção das primeiras sextas-feiras do mês com Hora Santa na véspera ou conforme o costume de cada paróquia.

Oração do dia

Concedei, ó Deus todo-poderoso,
que, alegrando-nos pela solenidade
do Coração do vosso Filho,
meditemos as maravilhas de seu amor
e possamos receber, desta fonte da vida,
uma torrente de graças. Por nosso Senhor...

Sal

Antigamente o sal era um tempero mineral muito precioso que, além de limpar (por exemplo, mancha de vinho tinto), prolonga a duração dos alimentos (por exemplo, colocando na salmoura). Jesus o emprega na parábola da missão dos discípulos no mundo: "Vós sois o sal da terra" (Mt 5,13).

Pão e sal eram um presente para os hóspedes antigamente. Oferecia-os aos catecúmenos como sinal de purificação interna (exorcismo). Isso não se usa mais no rito novo do batismo.

Salmo

O livro dos salmos forma uma coleção de 150 salmos. É comum neles o voltar-se do poeta para Deus. Entrega-lhe sua confiança (Sl 23), louva-o por sua criação (Sl 22) e sua ação na História de Israel (Sl 136). Em outros salmos o orante se queixa (Sl 22) e pede a Deus que se volte para ele (Sl 130). Jesus e seus discípulos, como judeus, rezaram com os salmos. São citados no NT e tidos como conhecidos, assim em Sl 22; Mc 15,34: "Meu Deus, meu Deus, por que me abandonaste". Daí se depreende de maneira evidente que os cristãos assumiram realmente os salmos em seus cultos. São parte integrante da "Liturgia das Horas". No Ofício das Leituras os salmos se repetem num ritmo de cada quatro semanas, até semanalmente em alguns mosteiros.

O invitatório matinal (do latim [*invitare*], convidar) começa diariamente antes das Laudes com o salmo 95. Na missa é cantado um salmo responsorial depois da primeira leitura. Enquanto na "Liturgia das Horas" os versículos dos salmos são cantados alternadamente entre um cantor e a assembleia, ou entre duas partes da assembleia, na missa é costume cantar responsorialmente o salmo responsorial: Um cantor ou o coral entoam o salmo e a assembleia responde com refrões (refrão deriva do latim [*respondere*], responder). Na Liturgia cada salmo termina com a doxologia (do grego [*exclamação*]). Do latim [*psalmus*], hino, canto; do grego [*dedilhar um instrumento de corda*].

"Glória ao Pai e ao Filho
e ao Espírito Santo
Como era no principio,
agora e sempre. Amém."

Os salmos da "Liturgia das Horas" têm uma antífona (do grego [*alternância*]), um versículo-chave que abarca a ideia central do salmo. Alguns salmos são empregados em determinadas situações e tempos litúrgicos, por exemplo, Sl 51 e 131 como salmos penitenciais; Sl 118 para a Páscoa; Sl 96 para o Natal; Sl 104 para Pentecostes; Sl 63 e 150 salmos de louvor, aos domingos e festas.

Salmo responsorial

Como parte integrante da Liturgia da Palavra (IGMR 36), vem depois da primeira leitura e é proferido do ambão (IGMR 67 e 272). A resposta (do latim: *responsum*) é o refrão (IGMR 90), que a assembleia repete depois de cada grupo de versículos. Esse refrão também pode ser omitido, ou seja, o salmo é ou apenas recitado ou cantado por toda a assembleia. Em caso de necessidade, pode ser proferido em tom recitativo. O salmo é, por um lado, apropriação do que se ouviu na leitura: "por este salmo o povo se apropria da Palavra de Deus..." (IGMR 33); e, por outro lado, é continuação da leitura da Escritura, se quiser entender a quinta parte do saltério como pequena "Torá" frente à grande "Torá" dos cinco livros de Moisés (Pentateuco).

Salmodia

Deriva do grego [*canto sálmico*]. Chama-se salmodia ao modo de interpretação dos salmos, sobretudo, no canto gregoriano.

Os salmos podem recitar-se de diferentes maneiras. Os vários modos que se empregam são:

– antifônico, entre dois coros;

– responsorial, quando a comunidade responde com um refrão às estrofes cantadas por um solista;

– direto, quando o solista ou a comunidade recitam o salmo todo seguido, sem alternância;

– litânico, quando o próprio salmo contém uma resposta, muito repetida e breve, aos versículos recitados pelo solista;

– dialogado, se o salmo se presta a que dois ou mais atores personifiquem os vários personagens do poema (IGLH 121-122). *(A explicação deste verbete foi extraía do Secretariado Nacional de Liturgia.)*

Saltério

É o livro que contém os 150 salmos do AT para uso pessoal ou litúrgico na ordem sequencial, em parte, com as antífonas necessárias para o uso de praxe, e divididas em segmentos de dias e horas.

O termo Saltério também é usado pelos exegetas para os 150 salmos simplesmente, como parte do AT, cientes de que este livro especial do AT já é sempre também o devocionário dos judeus. Hoje, usa-se o "Ofício das Leituras", que contém todos os textos para a execução da "Liturgia das Horas", portanto, também muitos textos que não se originam da coleção dos salmos. Nele os salmos não estão na sequência bíblica, mas distribuídos de acordo com seu uso.

Sangue

Segundo o sentir do Antigo Testamento, o sangue é a sede da vida. Pelo pecado o ser humano separou-se de Deus e, com isso, da fonte da vida. Pela aspersão do sangue da vítima sacrificada, segundo o mesmo sentir, a vida do homem poderia ser purificada e protegida. Para esse fim também as ombreiras e a vergas das portas dos israelitas foram pinceladas com o sangue do cordeiro antes da saída do Egito (Êx 12,7). "Derramar o sangue" é igualmente figura de quem "padece morte violenta". O sangue é também sinal da aliança. A aliança que Deus conclui com Israel no monte Sinai é selada assim: o povo é aspergido por Moisés com sangue (Êx 4,8). O sangue de um ser vivo pertence a Deus, no judaísmo como no islamismo não pode ser bebido.

No NT é Jesus quem, por seu sangue, reconcilia as pessoas com Deus e torna supérfluo qualquer outro sacrifício. Nas palavras da consagração da missa está: "Este é o cálice do meu sangue, o sangue da nova e eterna aliança, que será derramado por vós e por todos para remissão dos pecados" (1Cor 11,25).

Santa Ceia

Designação para a Última Ceia de Jesus com seus discípulos na noite de sua prisão. Os quatro evangelistas descrevem essa reunião, na qual, porém, João coloca o lava-pés e o discurso de despedida de Jesus no centro, e não a Ceia. Paulo apóstolo se refere às palavras de Jesus, com as quais na Última Ceia Ele estabeleceu a nova aliança: "Com efeito, eu recebi do Senhor aquilo que, por minha vez, vos transmiti: O Senhor Jesus, na noite em que foi traído, pegou o pão e, depois de dar graças, o partiu e disse: Isto é o meu corpo, que é dado por vós. Fazei isto em minha memória". Igualmente após a Ceia tomou o cálice e disse: "Este é o cálice da nova e eterna aliança em meu sangue. Fazei isto todas as vezes que o beberdes, em minha memória!" (1Cor 11,23-25). Celebramos esta memória em cada Eucaristia. Assim, a citação acima forma o núcleo da "oração eucarística". Não se conclui claramente da narrativa dos evangelhos que na Última Ceia se falou da Ceia Pascal. Enquanto Mateus, Marcos e Lucas (Mt 26,17-19; Mc 14,12-16; Lc 22,7-13) assim descrevem, João conclui disso que Jesus morre no dia "da Preparação" para a festa dos hebreus (Jo 19,31).

Santa Mãe de Deus – Solenidade

Solenidade na oitava do Natal, dia 1º de janeiro, em honra da maternidade de Maria; é, por assim dizer, a solenidade que acompanha e encerra a oitava da solenidade do nascimento do Senhor.

Santíssima Trindade – Solenidade

Solenidade celebrada no domingo após Pentecostes – como o nome já diz – em honra da Santíssima Trindade. O reconhecimento e o louvor à Santíssima Trindade estão constantemente incluídos em cada Liturgia; cada oração finaliza direta ou indiretamente "em nome do Pai, do Filho e do Espírito Santo".

Oração do dia

Ó Deus, nosso Pai,
enviando ao mundo a palavra da verdade

e o Espírito Santificador,
revelastes vosso inefável mistério.
Fazei que, professando a verdadeira fé,
reconheçamos a glória da Trindade
e adoremos a Unidade onipotente.
Por nosso Senhor Jesus Cristo, vosso Filho,
na unidade do Espírito Santo.

Santo

Aclamação na "oração eucarística" como conclusão do prefácio. Esta aclamação tem origem na visão da vocação de Isaías, onde os Serafins exclamavam: "Santo, santo, santo é o Senhor dos exércitos. Sua glória enche toda a terra" (Is 6,3; Ap 4,8). Essa exclamação de júbilo já foi assumida há muito tempo pela comunidade, primeiro na oração da manhã, mais tarde na "Liturgia Eucarística", estendida até o Benedictus-2 (Sl 118,26) e acompanhada pelo Hosana (Mc 11,9-10; Sl 118,25). Conforme a "Instrução Geral" toda a assembleia canta ou recita o Sanctus... com o sacerdote..." (IGMR 55 b) que pode ser substituído somente por um hino que comece com o Sanctus (Santo), cantado três vezes. Encontramos também no *Te Deum* a aclamação dos Serafins. Do latim [*sanctus*], santo.

Santo, Santo, Santo,
Senhor, Deus do universo!
O céu e a terra proclamam vossa glória.
Hosana nas alturas!
Bendito o que vem
em nome do Senhor!
Hosana nas alturas!

Santo Crisma

É um dos santos óleos utilizados nas unções. O óleo usado é o azeite puro de oliva, misturado da maneira tradicional com o extrato de uma planta balsâmica à guisa de perfume; são possíveis também óleos de outras plantas e substâncias aromáticas naturais. O óleo do Santo Crisma é administrado no batismo, na crisma, na ordenação do bispo e do sacerdote, na sagração do altar, das igrejas e dos sinos. É usualmente consagrado pelo bispo na missa do Santo Crisma da Semana Santa, em geral na Quinta-feira Santa quando, entre outros ritos, é aplicado o rito raro do sopro do Espírito (Jo 10,27).

O antigo rito da unção com o santo crisma deve tornar visível nossa união com Deus e lembrar de maneira consciente a unção do rei chamado para isso (1Sm 9,16ss.; 1Sm 16,3ss.), o ungido do povo de Deus no tempo de seus reis. Este conceito foi aplicado ao futuro Messias (o ungido, simplesmente), um título com o qual a primitiva comunidade honrava Jesus ressuscitado e, na tradução grega [*Christus*, cristão], tornou-se uma designação penhorante para cada batizado (e crismado). Do grego: [*chrisma*], óleo da crisma; do latim/grego [sanctum chrisma].

Oração do dia

Ó Deus, que ungistes
o vosso Filho único
com o Espírito Santo
e o fizestes Cristo e Senhor,
concedei que, participando da sua consagração,
sejamos no mundo testemunhas da redenção
que ele nos trouxe. Por nosso Senhor...
(Missa do Crisma da Quinta-feira Santa)

Santos Inocentes

Dia 28 de dezembro celebra-se a memória das crianças assassinadas por ordem de Herodes, que com isso queria afastar o *novo rei* (Mt 2,13-18). São tidas como as primeiras testemunhas (mártires) do cristianismo.

Oração do dia

Ó Deus, hoje os Santos Inocentes
proclamaram vossa glória
não por palavras, mas pela própria morte;
dai-nos também testemunhar com a nossa vida
o que os nossos lábios professam.
Por nosso Senhor Jesus Cristo, vosso Filho,
na unidade do Espírito Santo.

Santos óleos

Antigamente os reis eram assinalados pela unção com óleo. Como irmãos e irmãs do rei Jesus, os cristãos são ungidos nos limiares marcantes de sua vida: para a aceitação na comunidade eclesial, na imposição de ministérios consagrados e no caso de uma doença eventualmente grave ou mortal. Também são ungidos o altar e os edifícios eclesiais, que simbolicamente lembram a presença de Jesus. Os santos óleos da crisma encontram aplicação no batismo, crisma, ordenação de presbíteros e bispos, na sagração da igreja e do altar; o óleo dos enfermos para os enfermos; o óleo dos catecúmenos para a unção dos catecúmenos. A base do óleo constitui o azeite de oliva, sinal da bênção e da energia vital, portanto, da fecundidade, já que ele está nas azeitonas pela força dos raios solares. Os óleos são benzidos pelo bispo na missa do Santo Crisma na Semana Santa, geralmente na Quinta-feira Santa. Ao óleo do Santo Crisma são misturadas na bênção substâncias aromáticas, entre elas o bálsamo, imediatamente antes da oração da bênção. Enquanto o óleo dos enfermos é benzido no fim da "oração eucarística", a bênção dos santos óleos dos catecúmenos e do Santo Crisma e aplicada após a oração conclusiva.

São José – Solenidade

Dia 19 de março celebra-se a solenidade do esposo de Maria, Mãe de Deus; festa surgida relativamente tarde na História da Igreja, o que condiz com a vida obscura dessa figura, sobre a qual sabemos tão pouco como nada.

O formulário do missal da festa de hoje apresenta São José como um pai zeloso, a quem o Senhor (Deus e Pai) confiou sua família:

Oração do dia

Deus Todo-Poderoso,
pelas preces de São José,
a quem confiastes as primícias da Igreja,
concedei que ela possa levar à plenitude
os mistérios da salvação.
Por nosso Senhor...

Saudação

No início do culto divino o sacerdote saúda a comunidade reunida. O missal romano traz várias opções, entre elas: "A graça de nosso Senhor Jesus Cristo, o amor do Pai e a comunhão do Espírito Santo estejam convosco", e a assembleia responde: "Bendito seja Deus que nos reuniu no amor de Cristo". Para o bispo está reservada a fórmula seguinte: "A paz esteja convosco" com a resposta do povo: "O amor de Cristo nos uniu". As formulações mais detalhadas apoiam-se na saudação que Paulo usava em suas cartas: "estejam convosco a graça e a paz da parte de Deus, nosso Pai e do Senhor Jesus Cristo" (Rm 1,7). A saudação é sempre demonstração do amor e do cuidado de Deus pela comunidade, e por isso volta sempre aos pontos altos do culto divino.

Quando são leigos que conduzem a celebração da Palavra, estes devem usar como saudação a fórmula tradicional "Louvado seja nosso Senhor Jesus Cristo" ou uma invocação semelhante: "Nosso auxílio está no nome do Senhor".

Saudação angélica

Anjo do Senhor ou saudação angélica é uma devoção praticada (em algumas regiões) três vezes ao dia, para a qual se é convidado pelo toque do sino. De manhã deve-se recordar especialmente a ressurreição de Jesus; ao meio-dia, seu sofrimento na cruz; à tarde, a encarnação de Cristo. Com respeito a esta última, a tradição da "saudação angélica" remonta ao passado, porque então se rezavam três Ave-marias na hora tradicional da anunciação. Durante o tempo pascal, no lugar do "Ângelus", reza-se a antífona "Rainha do céu".

Saudação angélica

– O Anjo do Senhor anunciou a Maria.
– *E Ela concebeu do Espírito Santo.*
– Ave, Maria...

– Eis aqui a serva do Senhor.
– *Faça-se em mim segundo a vossa palavra.*
– Ave, Maria...

– E o Verbo divino se fez carne.
– *E habitou entre nós.*
– Ave, Maria...

– Rogai por nós, Santa Mãe de Deus.
– *Para que sejamos dignos das promessas de Cristo.*

Oremos: Infundi, Senhor, em nossas almas, a vossa graça para que nós, que conhecemos pela anunciação do anjo a encarnação de Jesus Cristo vosso Filho, cheguemos por sua paixão e morte na cruz à glória da ressurreição. Pelo mesmo Jesus Cristo, nosso Senhor. Amém.

Semana Santa

Na Semana Santa ou Grande Semana, que inicia no Domingo de Ramos, comemora-se de modo especial a Paixão de Cristo. Na Igreja primitiva de Roma o jejum, até então de dois dias, foi prorrogado por uma semana, apoiando-se no rito em Jerusalém. A Igreja de Jerusalém, após encontrar os lugares históricos da Paixão de Cristo no século IV, preocupou-se agora em realizar a Paixão no tempo certo e no lugar histórico. Começava-se, portanto, a Semana Santa no Domingo de Ramos com a celebração da entrada de Jesus em Jerusalém.

Agora se tratava da participação no acontecimento salvífico e sua eficácia no tempo presente. O Tríduo pascal começa com a missa da Última Ceia. Durante a Semana Santa, a ordem das leituras prevê os hinos do Servo de Javé em Isaías (AT) e as leituras sobre os acontecimentos antes da Paixão propriamente, por exemplo, na Quarta-feira Santa, a traição por Judas. Se outras festas (como a solenidade da Anunciação do Senhor, dia 25 de março) caírem na Semana Santa, são prorrogadas.

Sequência

É uma extensão da aclamação antes do Evangelho (Liturgia da Palavra) em certos dias. O Gradual romano conhece cinco sequências, das quais somente as duas primeiras são prescritas: Páscoa e Pentecostes.

Domingo da Páscoa: Cantai, cristãos, afinal: Salve, ó vítima pascal! – Cordeiro inocente, o Cristo abriu do Pai o aprisco...

Pentecostes: Espírito de Deus, enviai dos céus uma luz. Vinde, Pai dos pobres, daí aos corações vossos sete dons...

Corpo e Sangue de Jesus: Terra, exulta de alegria...

Dores de Maria: Estava a Mãe dolorosa...

São Bento abade: Belo dia da grande luz...

Sexta

Do latim [*hora sexta*], terceira hora – 12 horas conforme a contagem antiga. É a segunda das Horas Menores (CSL 89e) da "Liturgia das Horas". Nela se faz memória de Jesus na cruz (Mc 15,3).

Sexta-feira Santa

É a Sexta-feira antes da Páscoa, dia da morte de Jesus na cruz, faz parte do Tríduo Pascal. Na Sexta-feira Santa não há missa, mas um Liturgia da Palavra recordando a hora da morte de Jesus (hora nona = 15 horas, Mt

27,46). A narrativa da Paixão, a veneração da cruz pelos fiéis dispostos em fila, com gestos adequados de adoração (inclinação, genuflexão, ósculo etc.), oração universal constituem os elementos principais da Liturgia da Sexta--feira Santa. Desde a renovação da Liturgia da Semana Santa em 1955, tem lugar também a distribuição da comunhão dos fiéis com as hóstias consagradas na Quinta-feira Santa. Antes disso, apenas o padre celebrante comungava, enquanto para os fiéis vigorava o jejum eucarístico como sinal de luto.

A cor litúrgica é vermelha, cor do martírio, do sacrifício, mas também do Rei. É dia de jejum e abstinência, como na Quarta-feira de Cinzas.

Sinal da cruz

O sinal da cruz representa os dois braços da cruz, que assinalamos em nós mesmos, nos outros ou em algum objeto. Exprime a pertença a Jesus de quem foi abençoado. Os objetos são consagrados a Deus através do sinal da cruz. Distingue-se o grande sinal da cruz (da testa para o peito, da esquerda para a direita), do pequeno e mais antigo, que é assinalado com o dedo polegar na testa, na boca e no coração, partes do corpo que representam o pensamento, a fala e a ação. A união com a Santíssima Trindade evidencia-se pelas palavras que acompanham os gestos: "Em nome do Pai, do Filho e do Espírito Santo". Ao persignar-nos com água benta (por exemplo, ao entrar numa igreja), lembramo-nos de nosso batismo. A pertença a Jesus Cristo fundada no batismo até além da morte se manifesta ao fazermos o sinal da cruz com água benta na bênção do ataúde no sepultamento ou na bênção dos túmulos no dia dos finados. O sinal da cruz desempenha um grande papel na Liturgia: entre outras ocasiões, é feito no início do culto divino e no encerramento com a bênção. Antes da proclamação do Evangelho, os fiéis se benzem com o pequeno sinal da cruz. Embora o sinal da cruz tenha usufruído as boas graças de Martinho Lutero, é pouco (ou nada) usado na igreja "evangélica".

Sinos

Servem para convidar a entrar festivamente para o serviço divino, apontar os pontos altos da missa (Evangelho e consagração), convidar para a oração em particular (saudação angélica); anunciar batizados, núpcias, falecimentos, anunciar os domingos e dias santos e (antigamente) alertar o povo por ocasião de enchentes e calamidades. Assim os sinos, como equipamentos de apoio das igrejas, destinam-se particularmente ao serviço religioso conforme a oração da bênção:

"Abençoa estes sinos
que proclamam teu louvor.
Eles devem chamar
tua comunidade para o culto,
admoestar os atrasados,
erguer os desanimados,
confortar os enlutados,
alegrar os ditosos
e acompanhar os mortos
em sua última viagem"
(Livro das bênçãos).

Os toques de campainha que os coroinhas davam antes da reforma litúrgica, em certos momentos da missa, hoje ainda estão em vigor, mas apenas na consagração: "Um pouco antes da consagração, se for oportuno, um ministro adverte os fiéis com um sinal da campainha. Faz o mesmo em cada elevação, conforme o costume da região" (IGMR109).

Solenidade

É o grau mais alto na ordem das festas. Solenidades são:

Páscoa com oitava, a maior solenidade do ano litúrgico, seguida no mesmo grau pelo Natal com uma oitava igualmente, Cristo Rei, Santa Maria, Mãe de Deus (1º de janeiro), Epifania, Anunciação do Senhor (25 de março), Ascensão de Cristo, Pentecostes, Santíssima Trindade, Santíssimo Sacramento do Corpo e Sangue de Cristo, Coração de Jesus, Nascimento de João Batista (24 de junho), Apóstolos Pedro e Paulo, Assunção de Maria ao céu, Imaculada Conceição de Maria (8 de dezembro), São José (19 de março), Todos os Santos, Padroeiro da diocese (Ordem, região, lugar), aniversário da sagração da catedral e dia da sagração da respectiva igreja.

Cada solenidade começa um dia antes com a 1ª Véspera e termina com a 2ª Véspera no dia da festa. Os dias da oitava da Páscoa têm todos a categoria de solenidade. Algumas solenidades têm também vigília.

Solidéu

Designação do pequeno gorro usado pelos clérigos, nas cores da batina: branco para o papa; vermelho para o cardeal; violeta para o bispo; preto para o sacerdote.

O solidéu não é veste litúrgica. Deve ser tirado desde o Sanctus até a comunhão, de onde viria também a eventual designação *soli Deo,* ou seja, só se deve tirá-lo para Deus. Do latim [*pileus*], capa.

Subdiácono

Antigamente o subdiaconato era um simples mandato, sem a imposição das mãos, destinado ao serviço eclesial e litúrgico, primeiramente nas Ordens menores e depois nas Ordens maiores, com o compromisso do celibato e do breviário. Em 1972 o subdiaconato, como todas as Ordens menores, foi substituído pelo ministério dos leitores e acólitos, conforme o rescrito apostólico de Paulo VI *Ministeria quaedam.*

Tabernáculo

Uma caixa de metal ou madeira de lei, com porta e fechadura onde se conserva a reserva eucarística para a comunhão dos enfermos. Se antigamente estava prescrita uma ligação estreita do tabernáculo com o altar (ou no próprio altar), hoje o lugar dele é outro: A disposição dele seja de tal modo que a posição do celebrante não o oculte. Enquanto possível, "é muito recomendável que os fiéis recebam o Corpo do Senhor em hóstias consagradas na mesma missa..." (IGMR 56h), seria de desejar-se que a Eucaristia fosse mais bem conservada numa capela lateral. A presença de Cristo, manifestada pela respeitosa genuflexão (ou inclinação de cabeça), é sinalizada pela lâmpada sempre acesa junto do tabernáculo (luz eterna). Tabernáculo, do latim [*tabernaculum*], tenda.

Tapinha simbólico

O bispo celebrante dá um leve tapa no rosto do confirmando dizendo: "A paz esteja contigo". Este rito, de origem da Idade Média, não tem uma explicação definida. Não consta mais no ritual da Crisma. Do latim [*alapa*], tapinha.

Te Deum – A vós, ó Deus, louvamos

É um dos poucos hinos não bíblicos do cristianismo primitivo que sobreviveu ao veredicto de Laodiceia (c. 325) que se voltou até contra os próprios salmos e hinos ([*psalmi idiotici*], salmos idiotas). Hoje, como parte fortemente integrante do Ofício das Leituras prolongado para a Vigília, o *Te Deum* segue ao Evangelho antes da oração conclusiva (IGLH 73), contrastando com IGLH 68: A última parte desse hino, ou seja, a partir do verso "salvai o vosso povo" até o final, é opcional.

Conforme uma tradição da Idade Média, o *Te Deum* é atribuído a Santo Ambrósio (hino ambrosiano) ou a Santo Agostinho. Mas sua origem continua obscura. Do latim [*Te, Deum, laudamus*], ó Deus, nós vos louvamos.

A vós, ó Deus, louvamos.
A vós, Senhor, cantamos.
A vós, Eterno Pai.
Adora toda a terra.

A vós, cantam os anjos,
os céus e seus poderes:
Sois Santo, Santo, Santo,
Senhor, Deus do universo!

Proclamam céus e terra
a vossa imensa glória.
A vós celebra o coro
glorioso dos apóstolos.
Vos louva dos Profetas
a nobre multidão
e o luminoso exército
dos vossos santos mártires.

A vós por toda a terra
proclama a santa Igreja,

Ó Pai onipotente,
de imensa majestade.
E adora juntamente
o vosso Filho único,
Deus vivo e verdadeiro,
e ao vosso Santo Espírito.
Ó Cristo, Rei da glória,
do Pai eterno Filho.
Nascestes duma virgem,
a fim de nos salvar.

Sofrendo após a morte,
da morte triunfastes,
abrindo aos que têm fé
dos céus o reino eterno.

Sentastes à direita
de Deus, do Pai na glória.
Nós cremos que de novo
vireis como juiz.

Portanto vos pedimos:
Salvai os vossos servos,
que vós, Senhor, remistes
com sangue precioso.

Fazei-nos ser contados,
Senhor, vos suplicamos,
em meio a vossos santos
na vossa eterna glória.

Opcional:

Salvai vosso povo. Senhor, abençoai-o.
Regei-nos e guardai-nos até a vida eterna.

Senhor, em cada dia, fiéis, vos bendizemos,
louvamos vosso nome agora e pelos séculos.

Dignai-vos neste dia, guardar-nos do pecado.
Senhor, tende piedade de nós, que a vós clamamos.

Que desça sobre nós, Senhor, a vossa graça,
porque em vós pusemos a nossa confiança.

Fazei que eu, para sempre, não seja envergonhado:
Em vós, Senhor, confio, sois vós minha esperança!

Tempo da Paixão

A partir do século IX, as duas últimas semanas antes da Páscoa (5º domingo da Quaresma até a Semana Santa) eram designadas tempo da Paixão. O 5º Domingo da Quaresma recebeu o nome de Domingo da Paixão. Neste tempo a Liturgia estava concentrada no sofrimento de Jesus. Como sinal externo, cobriam-se na Idade Média os crucificados de maior realce. Hoje, as designações "Tempo da Paixão" e "Domingo da Paixão" não estão mais em uso oficialmente. Contudo, em muitos lugares os crucifixos ainda são velados nesse tempo. Também a *oração do dia* do 5º Domingo do tempo quaresmal nos remete para o sofrimento de Jesus Cristo:

Senhor, nosso Deus,
dai-nos por vossa graça
caminhar com alegria na mesma caridade
que levou o vosso Filho a entregar-se à morte
no seu amor pelo mundo. Por nosso Senhor...

Tempo pascal

São 50 dias entre o domingo da Páscoa e Pentecostes. "São dias de Páscoa, e não dias depois da Páscoa." É tempo de alegria pela ressurreição de Jesus Cristo, durante o qual ressoa festiva e frequente na Liturgia a aclamação "Aleluia". O círio pascal arde durante todo o tempo pascal junto do altar. As leituras bíblicas do tempo pascal são todas extraídas do Novo Testamento: além das narrativas dos encontros dos discípulos com o Ressuscitado, particularmente dos Atos dos Apóstolos, do Apocalipse, e os discursos de despedida (Jo 15–17). A cor litúrgica do tempo pascal é branca, excetuando Pentecostes. Na primeira semana do tempo pascal (oitava da Páscoa) da Igreja primitiva, os neófitos, batizados no domingo anterior, iam diariamente para a Eucaristia com sua túnica (alva) branca, do latim [*alvus*], branco. Daí se conservou o nome "domingo branco" para o 2º domingo da Páscoa). Em muitas paróquias a Primeira Comunhão é celebrada nesse domingo. A Liturgia dos domingos da Páscoa não pode ser desalojada por nenhuma outra festa. A solenidade da Ascensão de Cristo é celebrada no 40º dia da Páscoa, desde o século IV. Também Pentecostes se impôs como solenidade. Do grego [*Pentecoste]*, 50º dia

Tende piedade, Senhor...

Assim começa o salmo 50/51: "Tende piedade, Senhor...", um dos sete salmos penitenciais, hoje previsto permanentemente na "Liturgia das Horas" como primeiro salmo nas Laudes da sexta-feira, às vezes também como salmo responsorial na Liturgia da Palavra. Em algumas Ordens religiosas, como a dos beneditinos, ele ainda é rezado ao menos uma vez por dia, de acordo com a Regra de São Bento. Do Latim [*Miserere mei*], Tende piedade de mim....

Miserere mei, Deus

Tende piedade de mim, ó meu Deus, misericórdia
na imensidão de vosso amor, purificai-me!
Lavai-me todo inteiro do pecado
e apagai completamente a minha culpa.

Eu reconheço toda a minha iniquidade,
o meu pecado está sempre à minha frente.
Foi contra vós, só contra vós que pequei
e pratiquei o que é mau aos vossos olhos.

Mostrais assim quanto sois justo na sentença
e quanto é reto o julgamento que fazeis.
Vede, Senhor, que eu nasci na iniquidade
e pecador já minha mãe me concebeu.

Mas vós amais os corações que são sinceros
na intimidade me ensinais sabedoria.
Aspergi-me e serei puro do pecado
e mais branco do que a neve ficarei.

Fazei-me ouvir cantos de festa e de alegria
e exultarão estes meus ossos que esmagastes.
Desviai o vosso olhar dos meus pecados
e apagai todas as minhas transgressões.

Criai em mim um coração que seja puro,
dai-me de novo um espírito decidido.
Ó Senhor, não me afasteis de vossa face
nem retireis de mim o vosso santo Espírito.

Dai-me de novo a alegria de ser salvo
e confirmai-me com espírito generoso.
Ensinarei vosso caminho aos pecadores,
e para vós se voltarão os transviados.

Da mote como pena, libertai-me
e minha língua exaltará vossa justiça.

Abri meus lábios, ó Senhor, para cantar
e minha boca anunciará vosso louvor.

Pois não são de vosso agrado os sacrifícios
e se oferto um holocausto, o rejeitais.
Meu sacrifício é minha alma penitente
não desprezeis um coração arrependido.

Sede benigno com Sião, por vossa graça*
reconstruí Jerusalém e os seus muros!
E aceitareis o verdadeiro sacrifício,
os holocaustos e oblações em vosso altar!

Tenho os olhos

Primeira palavra da antífona da entrada do III domingo da Quaresma. O versículo foi tirado do salmo 24/25,15-16: "Tenho os olhos fitos no Senhor, porque livra meus pés da armadilha. Olhai para mim, tende piedade, pois vivo sozinho e infeliz".

Toalha do altar

O altar deve ser coberto com uma toalha para a Eucaristia. "Como reverência para com a celebração do memorial do Senhor e da ceia em que são oferecidos o Corpo e o Sangue de Cristo, estenda-se sobre o altar ao menos uma toalha que combine com o altar por seu formato, tamanho e decoração" (IGMR 268). Por cima da toalha é colocado o corporal para a "Preparação das oferendas" e retirado depois da Comunhão. O altar permanece descoberto após a Missa da Ceia Pascal na Quinta-feira Santa.

Tocheiro

Mesmo que hoje se usem menos tochas e muito mais velas com proteção contra o vento, ainda continua esse serviço nas procissões. Além do mais, vêm à igreja os tocheiros (Irmãos do Santíssimo) e coroinhas para as solenidades e, durante a "oração eucarística", colocam-se à frente ou ao redor do altar com suas tochas.

Todos os Santos – Solenidade

Solenidade celebrada (no Brasil) dia 1º de novembro quando cai num domingo ou no primeiro domingo após o dia 1º de novembro. Era conhecida desde o século IV no Oriente e foi celebrada a primeira vez em Roma, no dia 13 de maio, dia da bênção do Panteon. A partir do século VIII começou a ser celebrada dia 1º de novembro na Inglaterra e na Irlanda, e de lá se espalhou pelo continente. Quanto às leituras desse dia, são três previstas do NT a saber: Ap 7,2-4.9-14; 1Jo 3,1-3; Mt 5,1-12a, portanto, as bem-aventuranças.

Os textos evangélicos, indo além dos santos canonizados, devem estender-se até os muitos santos desconhecidos e ao apelo de santidade que Deus dirige a todos. É justamente isso que o prefácio acentua: "Festejamos hoje a cidade do céu, a Jerusalém do alto, nossa mãe, onde nossos irmãos, os santos, vos cercam e cantam eternamente o vosso louvor. Para essa cidade caminhamos pressurosos, peregrinando na penumbra da fé. Contemplamos, alegres na vossa Luz, tantos membros da Igreja que nos dais como exemplo e intercessão...".

Tom reto (reto tono)

Denomina a maneira de cantar um texto no tom de uma conversa, num ritmo uniforme e sempre na mesma altura. O "reto tono" ainda é empregado hoje, de modo particular, na recitação em comum da "Liturgia das Horas" (oração coral), caso os salmos não sejam cantados. Antes da invenção dos recursos de amplificação da voz, o "reto tono" permitia uma interpretação compreensível de textos, mesmo em grandes recintos, e tem sido um apoio para os participantes das longas orações recitadas em comum (salmos).

Tonalidades de leitura

É uma publicação contendo modelos de tonalidades para leitura cantada, principalmente do Evangelho.

Tradições populares

Na Igreja vigoram muitas tradições que se formaram mais pelas precisões e pela fé popular que pela Liturgia oficial. Algumas dessas tradições remontam até os tempos pré-cristãos e mais tarde foram interpretadas em sentido cristão. Assim, por exemplo, é o pinheiro sobre seu significado como sinal da vida do além, como representação da árvore do paraíso (daí também as bolinhas vermelhas como "maçãs"), e como alusão à cruz. Especialmente na Idade Média, quando a Liturgia da Igreja se tornara dificilmente acessível para muitos, foram desenvolvendo-se tradições religiosas, como o rosário, procissões e bênçãos. Também na nossa sociedade secularizada são mantidos certos costumes. Assim, na Sexta-feira Santa e no Sábado Santo, os sinos são substituídos pelas matracas, com as quais meninos e jovens percorrem as ruas (chamando os fiéis para a igreja).

Tradução da Bíblia

Desde a antiguidade a Sagrada Escritura foi sempre traduzida para se adequar às condições linguísticas dos fiéis. A tradução mais remota que se conhece é a dos escritos do AT, do hebraico para o grego, isto é, a septuaginta (feita por 70 sábios, conforme a tradição) para os hebreus de língua grega que moravam na diáspora. A Igreja primitiva providenciou traduções do Antigo e Novo Testamento para o idioma do povo de seu tempo, que era o latim. A mais conhecida é a Vulgata de São Jerônimo (séc. IV), que traduziu o Antigo Testamento do texto hebraico primitivo. É utilizada até hoje no culto divino – num texto reelaborado, denominado neovulgata. A tradução de todos os textos para o uso litúrgico precisa da aprovação dos bispos da CNBB e do reconhecimento da Sé Apostólica.

Transfiguração do Senhor

A festa da Transfiguração do Senhor é celebrada dia 6 de agosto (Mc 9,2-9) na esperança de que a Igreja "se transforme um dia na imagem de Cristo cujo esplendor, ó Deus, quisestes revelar em sua gloriosa transfiguração" *(oração após a comunhão)*.

Trato

Canto ou salmo antes do Evangelho nos domingos da Quaresma, em lugar da breve "aclamação ao Evangelho". O texto pode ser um salmo ou um cântico, cuja execução musical é interpelativa.

Tribuna

É um tipo de estrado para destacar o altar, o coro etc. Antigamente eram construídas tribunas nas igrejas para separação de mulheres, soberanos, grupos especiais de pessoas; tribunas que ficavam nas igrejas voltadas para leste, as voltadas para oeste ficavam para as Irmãs como recinto coral. Hoje, as tribunas são utilizadas principalmente pelos conjuntos musicais (órgão, coral, orquestra). Do antigo idioma alemão: lugar mais alto.

Triságio

Assim se denomina a aclamação litúrgica "Deus santo, Deus forte, Deus imortal, tende compaixão de nós", inserida na Liturgia ortodoxa. No rito romano o "triságio" forma o núcleo dos impropérios, ou seja, dos hinos cantados durante a veneração da cruz na Sexta-feira Santa.

Em grego: *Hágios, ho Theós – Hágios Ischyrós – Hágios Athanatos, eleison hemás.*
Em latim: *Sanctus Deus. Sanctus fors. Sanctus immortalis, miserere nobis.*

Tropo

Significa acréscimos, ampliação, desdobramento de cânticos ou salmos.

Túnica

Veste romana cujo formato foi trazido dos romanos da Dalmácia. Ver *Dalmática.*

Tunicela

Uma variante da túnica, menor, no formato da dalmática, usada antigamente pelo subdiácono nas celebrações.

Turiferário

Turiferário é o coroinha ou acólito que carrega o turíbulo (do latim [*thuribulum*], turíbulo), acompanhado pelo naviculário, que leva a naveta (do latim [*navícula*], naviozinho) com o incenso. O turiferário incensa o presidente da cerimônia, os concelebrantes e a comunidade, depois que o presidente incensou o altar após a preparação das oferendas; a hóstia e o cálice, quando são mostrados ao povo após a consagração.

Unção

Antigamente a unção era usada no cuidado do corpo, na ciência curativa e na sagração dos reis. A unção baseada no azeite de oliva era figura da vitalidade divina. Na Liturgia a unção com o óleo dos catecúmenos e do Santo Crisma faz parte do rito do batismo e da crisma. A unção exprime a posição do neófito, respectivamente do crismando que, mediante sacramentos, tem parte no sacerdócio real de Jesus Cristo (1Pd 2,9). Na ordenação presbiteral as mãos do ordenando são ungidas com o óleo do Crisma. A unção dos enfermos é para fortalecer o doente. Também a unção do neófito com o óleo dos catecúmenos importa em seu fortalecimento e em sua cura. Do hebraico [*messias*], o ungido.

Unção dos enfermos

É o sacramento pelo qual o doente é ungido com o "óleo dos enfermos". Antigamente o óleo era aplicado como recurso para o fortalecimento físico. O sacramento remonta até a carta de Tiago, na qual se diz: "Os presbíteros... orem sobre ele, ungindo-o com óleo em nome do Senhor" (Tg 5, 14). A oração e a unção eram direcionadas para a cura. Desde a Idade Média a unção dos enfermos era vista, sobretudo, como parte integrante da contrição dos doentes e administrada o mais proximamente possível da agonia. No século XII recebeu o nome de "extrema unção".

A constituição do Concílio Vaticano II sobre a Liturgia declarou expressamente que o sacramento dos enfermos não atua somente naquele que está em perigo extremo de morte. A unção dos enfermos pode ser administrada no caso de uma grave doença. Pode ser repetida se o andamento da doença piorar. Pode também ser administrada quando há dúvida se o enfermo ainda se acha na posse de suas faculdades mentais. O sacramento dos enfermos deve ser administrado pelo sacerdote. Como a unção dos enfermos é um ato da comunidade eclesial, fica mais patente quando outros fiéis participam da celebração.

Vai voltar

Assim se chamava o alinhamento da igreja com o presbitério (altar) voltado para o Oriente (sol nascente) como símbolo do Cristo que vai voltar logo, conforme a crença dos primeiros cristãos.

Vela batismal

Se as velas na Igreja são geralmente o símbolo de Cristo, luz do mundo e um apelo para nós sermos também luz no mundo, a vela batismal no-lo é de modo todo especial e pessoal. O rito do batismo prevê uma vela própria para cada criança. É acesa no círio pascal pelos pais ou padrinhos para mostrar que a luz nos é recebida de Cristo e deve ser levada avante pelos novos membros da Igreja: "Recebei a luz de Cristo. Pais e padrinhos, esta luz vos é entregue para que a alimenteis. Por isso esforçai-vos para que estas crianças caminhem na vida, iluminadas por Cristo como filhos da luz. Perseverando na fé, possam com todos os santos ir ao encontro do Senhor quando ele vier" (Ritual dos sacramentos).

Velas

Está prescrito o uso de velas no culto divino: "Sobre o altar ou a seu redor, coloquem-se no mínimo dois castiçais com velas acesas ou então quatro ou seis. Quando o bispo diocesano celebrar, colocam-se sete. Haja também um crucifixo sobre o altar ou perto dele. Os castiçais e o crucifixo podem ser trazidos na procissão de entrada (IGMR 79). As velas são, na Liturgia e na devoção popular, símbolo tanto de nossa vida como também de Cristo. Jesus designou-se a si mesmo "Luz do mundo" (Jo 8,12) e nos estimula para imitá-lo: Vós sois a luz do mundo" (Mt 5,14). As velas lembram o apelo: "Não afrouxeis vossos cintos e mantende vossas lâmpadas acesas" (Lc 12,35). Ser luz para o mundo como Cristo significa: difundir a esperança, construir a paz, consumindo-se a si mesmos pelos outros, como as velas. Dia 2 de fevereiro, na festa da Apresentação do Senhor, costuma-se fazer uma pequena procissão dentro da igreja com velas. No dia 3 de fevereiro, dá-se a bênção de São Brás, utilizando duas velas atadas em cruz.

Vem, Senhor

Invocação aramaica da comunidade primitiva, empregada também no culto divino como aclamação, entendida geralmente como um pedido pelo breve retorno de Jesus Cristo: Vem, Senhor Jesus! (1Cor 16,22; Ap 22,20). Na atual "oração eucarística", menciona-se a espera do Senhor, conforme a súplica de Paulo (1Cor 11,26): "enquanto esperamos vossa vinda".

Veneração

É o reconhecimento da grandeza de Deus que se traduz em gestos e sinais externos (ver adoração). A missa tem diversos gestos que levam a exprimir respeito com a Palavra de Deus e a presença do Senhor na Eucaristia. A esses pertencem, entre outros: manter-se em pé durante a proclamação do Evangelho; ajoelhar-se ou permanecer em pé durante a consagração; o ósculo do evangeliário e do altar pelo sacerdote. Também a permanência numa igreja ou capela, como recinto (sagrado), exige respeito que pode manifestar-se na observância do silêncio, numa genuflexão perante o Santíssimo etc.

Respeito é um sentimento muito pessoal que não pode se manifestar, em primeira linha, no acompanhar mecânico, mas na participação motivada que, da parte da Liturgia, hoje é facilitada pela compreensibilidade dos gestos e da língua. Sinais concretos desse respeito para com Deus são: a afluência da comunidade para o culto divino como tal; o cuidado com as sagradas alfaias, materiais considerados nobres, vasos sagrados, vestes litúrgicas, livros litúrgicos, principalmente o altar, o crucifixo, o evangeliário, o tabernáculo, o digno tratamento deles, sua contextura artística. Também o edifício da igreja arquitetonicamente valioso é sinal da honra devida a Deus. Ajunta-se a isso a decoração da igreja para o culto, o acendimento de velas, o enfeite das flores e estandartes diante da igreja, especialmente para ocasiões solenes.

Veneração da Cruz

Na Liturgia da Sexta-feira Santa, o crucifixo já descoberto ("sem véu" conforme a nova Liturgia) é trazido para o altar em procissão pelo sacerdote ou diácono dizendo ou cantando três vezes "Eis o lenho da cruz", ao que o povo responde: "Vinde, adoremos". Então os fiéis aproximam-se um por um diante do crucifixo e exprimem sua devoção com um gesto oportuno, uma inclinação, uma genuflexão, um ósculo etc. A veneração da cruz é acompanhada pelos cânticos.

Versículo

É uma invocação com cerca de duas linhas, em geral tiradas dos salmos e proferidas alternadamente, entre o presidente e a assembleia. Encontram-se na "Liturgia das horas", na abertura (Invitatório) do Ofício das Leituras, como resposta às leituras breves na "Hora Média" (Terça, Sexta, Noa) e no ritual das bênçãos como introdução da bênção. Exemplo:

V. – Abri os meus lábios, ó Senhor,

R. – e minha boca anunciará o vosso louvor.

V. – Glória ao Pai...

R. – como era no princípio...

Vésperas

Do latim [*vesper*], véspera. É a oração da tarde que, junto com as Laudes (manhã), é o eixo da Liturgia diária das Horas (CSL 100). As Vésperas (ou Véspera) têm uma estrutura semelhante às Laudes. No lugar do *Benedictus* nas Laudes, entra o canto de louvor de Maria ("Minha alma engrandece ao Senhor... (Lc 1,46-55). A luz é de uma importância especial. Já que o escuro da noite se aproxima, no início das Vésperas por vezes são acendidas velas no círio pascal, para assim Jesus se destacar como a Luz verdadeira. É lembrado o dia que passou, e sua obra é trazida nos pedidos a Deus. No AT de Israel, a noite era o momento do sacrifício vespertino, em especial, da vítima pascal. Segundo a tradição cristã o corpo de Jesus foi descido da cruz nessa hora do dia (Jo 19,31-42). De acordo com essa tradição, a "Pietá" (representação de Maria com seu Filho morto no colo) foi venerada na Idade Média como a "figura vespertina". Na véspera dos domingos e dias de festa reza-se a 1ª Véspera e, na tarde do dia seguinte, a 2ª Véspera. Isto corresponde com a tradição judaica, ou seja, começar o dia na véspera dele. (Ver Lucernário.)

Veste batismal

Quando, no rito batismal, o celebrante entrega a veste para a criança, diz: "Nasceste de novo e te revestiste de Cristo, por isso trazes esta veste branca. Que teus pais e amigos te ajudem por sua palavra e exemplo a conservar a dignidade de filho(a) de Deus até a vida eterna". Amém! (Ritual do batismo.)

Com isso a veste batismal fica sendo sinal de Cristo, pelo qual ficamos revestidos no batismo. Isto nos lembra também a túnica branca da Primeira Comunhão e dos que atuam no culto. Lembra-nos ainda palavra da Escritura: "Vós todos que fostes batizados em Cristo, fostes revestidos de Cristo" (Gl 3,27). Por isso a veste batismal não é, pensadamente, colocada antes do batismo, mas entregue durante o batismo – e não é tirada logo em seguida.

Vestes litúrgicas

Vestuário especial usado no culto divino (missa, Liturgia solene das Horas, devoções, sagrações, bênçãos etc.) para caracterizar a ação sagrada, em contraposição com as atividades puramente profanas e para diferenciar os cultos uns dos outros. Os trajes litúrgicos mais importantes são: Alva (com amito e cíngulo), roquete, casula, dalmática, capa de asperges, estola e pálio. A casula, dalmática, capa de asperges e estola devem acompanhar as cores litúrgicas.

Vestição

Em sentido estrito (dependendo também de cada Ordem ou Congregação religiosa), significa a entrega do hábito religioso no início do noviciado para os postulantes. É um período de prova que termina com a profissão religiosa.

Em sentido lato, significa também a entrega dos paramentos na ordenação do sacerdote ou diácono. O diácono recebe a estola diaconal e a dalmática; o neossacerdote, a estola presbiteral e a casula. Ambos vestem os paramentos durante a ordenação e tomam parte no prosseguimento da missa, conforme seu novo estado.

Véu

Do latim [*velum*], véu. Pano para cobrir, sem função definida na Liturgia. A Liturgia atual conhece o véu do cálice, prescrito para cobrir o cálice preparado para a missa na credência: "Prepare-se...também na credência... O cálice seja coberto com véu, que pode ser sempre branco" (IGMR 80), e o véu de ombro que serve para a cobertura respeitosa das mãos do bispo ou do abade ao pegar nos vasos sagrados. Os véus para o cibório ou tabernáculo não estão mais prescritos. O pano para cobrir os crucifixos, da Quinta-feira Santa até à veneração da Cruz na Sexta-feira Santa, tem o nome de "véu da Paixão".

Via-Sacra

A criação da Via-Sacra (caminho sagrado) surgiu como imitação das procissões em Jerusalém, onde se visitam os lugares santos. Originalmente era feita ao ar livre em lugares apropriados (numa colina, por exemplo). Desde cerca do ano 1700 os quadros da Via-Sacra permanecem expostos também na igreja. As imagens ajudam a recordar devotamente o caminho doloroso de Jesus. Ao percorrer as 14 estações (15 com a cena da ressurreição), vem a nossa lembrança o apelo de Jesus para segui-lo: "Chamou a multidão e seus discípulos junto de si e disse: Quem quiser ser meu discípulo, renuncie-se a si mesmo, tome sua cruz e siga-me" (Mc 8,34).

Estações da Via-Sacra:

1. Jesus é condenado à morte por Pilatos.
2. Jesus toma a cruz sobre si.
3. Jesus cai pela primeira vez sob o peso da cruz.
4. Jesus encontra-se com Sua mãe.
5. Simão de Cirene ajuda Jesus a carregar a cruz.
6. Verônica oferece o sudário a Jesus.
7. Jesus cai pela segunda vez sob o peso da cruz.
8. Jesus encontra-se com as mulheres que choram.
9. Jesus cai pela terceira vez sob o peso da cruz.
10. Jesus é despojado de suas vestes.
11. Jesus é pregado na cruz.
12. Jesus morre na cruz.
13. Jesus é descido da cruz.
14. Jesus é depositado no sepulcro.
15. Jesus ressuscita.

Vigário paroquial

Designação geral para o vigário paroquial, como auxiliar do pároco. Se for recém-ordenado deve deixar passar algum tempo antes de assumir a direção de uma paróquia.

Vigília

Significa a oração noturna, quer privadamente, quer em comum.

a) Vigília em comum

Desenvolveu-se a partir do uso da leitura extensa da Escritura e da "guarda de honra" antes de uma festa, em especial, antes da Páscoa, ou em velórios. No transcorrer da Idade Média, as vigílias em comum foram sendo adiantadas cada vez mais, até atingir a manhã do dia antes da festa. Assim, por exemplo, a vigília da Páscoa chegou a ser celebrada na manhã do Sábado Santo. Em 1950 esta sucessão de falhas foi corrigida e a Vigília pascal foi restaurada, voltando para a noite da Páscoa. "Missa da vigília" chama-se desde então a missa que pode ser celebrada na véspera de uma solenidade como missa festiva.

b) Vigília como "Ofício das Leituras"

A práxis ascética e monástica da vigília diária da (meia) noite com a interrupção do sono foi amenizada agora pelo papa Bento. A vigília fundiu-se com as Matinas, que era até então oração da manhã antes das Laudes: "Assim prolongamos o sono até além da meia-noite e nos levantamos descansados" (Regra de S. Bento 8,2; conforme a época do ano, isto significa um repouso noturno de 5 horas no verão até 9 horas no inverno).

Após o Concílio Vaticano II a vigília, baseada na tradição monástica, foi substituída pelo Ofício das Leituras que, não estando preso ao tempo, pode ser prolongado como vigília das festas.

Vinho

Antigamente a procissão, costumeira em muitos lugares, não era parte integrante da festa; hoje também não faz parte da Liturgia no sentido estrito, mas como ato de piedade fica ao encargo das dioceses a quem compete sua organização e realização.

Oração do dia

Senhor Jesus Cristo, neste admirável sacramento
nos deixastes o memorial de vossa paixão.
Dai-nos venerar com tão grande amor
o mistério do vosso Corpo e do vosso Sangue,
que possamos colher continuamente
os frutos da vossa redenção.
Vós que sois Deus com o Pai,
na unidade do Espírito Santo.

Visita oficial do bispo

Quando o bispo visita uma comunidade de sua diocese, nos moldes de uma "visita oficial", é recebido de forma solene. É saudado na porta da igreja pelo pároco. Em seguida é-lhe oferecida a cruz (crucifixo) para o ósculo. Depois recebe a água benta e o aspersório para aspergir a assembleia. Visita o Santíssimo Sacramento, caso não esteja programada a celebração eucarística, e mantém um silêncio orante diante do altar. Segue-se a oração do pároco pelo bispo (no missal). Então o bispo se volta para a comunidade a fim de explicar o motivo da visita. A celebração é encerrada com a oração do padroeiro da igreja e a bênção episcopal.

Visitação de Maria – Festa

É celebrada dia 31 de maio no Brasil. Ponto alto da festa é o trecho evangélico da visita de Maria a sua parenta Isabel (Lc 1,39-45), como também o canto do *Magnificat*.

Oração do dia

Oh! Deus Todo-Poderoso,
que inspirastes à Virgem Maria sua visita a Isabel,
levando no seio o vosso Filho,

fazei-nos dóceis ao Espírito Santo,

para cantar com ela o vosso louvor.

Por nosso Senhor Jesus Cristo...

Vivência litúrgica

Ao participar de uma celebração litúrgica, deve-se levar consigo certos pressupostos para participar não só exterior, mas também interiormente.

– A fé cristã está em primeira linha; para haver participação plena, é preciso ser batizado.

– É preciso saber entregar-se ao silêncio, à meditação e à concentração.

– Dever-se-ia poder escutar com atenção e concentrar-se na linguagem da Liturgia e da Bíblia.

– Estes requisitos precisam de certo exercício; também para fiéis cristãos pode não ser sempre fácil a participação atenta no serviços divinos.

– Por outro lado a Liturgia pode estar tão bem preparada que o início é facilitado pela escolha de uma linguagem e uma composição musical adequadas, pelo desempenho de gestos e símbolos com breves introduções.

Particularmente nos cultos com visitantes que não frequentam regularmente a igreja, por exemplo, em casamentos e funerais, deve-se contar com falhas em sua vivência litúrgica.

Zimbório

Construção reforçada, sustentada por quatro colunas, semelhante ao baldaquino, diferenciando dele no material consistente, mas chamado também baldaquino.

O termo deriva não do latim [*cibus*], alimento, mas de [*kiborium*], zimbório:

– cobertura do altar sustentada por algumas colunas da qual ficava pendente o vaso para conservação da Eucaristia;

– vaso de material nobre para conservação da Eucaristia.

Apêndice

Concílio Vaticano II
Constituição sobre a Sagrada Liturgia
"Sacrosanctum Concilium"

Proêmio

Fim do concílio e sua relação com a reforma litúrgica

1. O sagrado Concílio propõe-se a fomentar a vida cristã entre os fiéis, adaptar melhor às necessidades de nosso tempo as instituições suscetíveis de mudança, promover tudo o que pode ajudar à união de todos os crentes em Cristo e fortalecer o que pode contribuir para chamar a todos ao seio da Igreja. Julga, por isso, dever também se interessar de modo particular pela reforma e incremento da Liturgia.

2. A Liturgia, pela qual, especialmente no sacrifício eucarístico, "se opera o fruto de nossa Redenção",[1] contribui em sumo grau para que os fiéis exprimam na vida e manifestem aos outros o mistério de Cristo e a autêntica natureza da verdadeira Igreja, que é simultaneamente humana e divina, visível e dotada de elementos invisíveis, empenhada na ação e dada à contemplação, presente no mundo e, todavia, peregrina, mas de forma que o que nela é humano se deve ordenar e subordinar ao divino, o visível ao invisível, a ação à contemplação, e o presente à cidade futura que buscamos.[2]

---

[1] IX Domingo depois de Pentecostes.
[2] Cf. Hb 13,14.

A Liturgia, ao mesmo tempo que edifica os que estão na Igreja, no templo santo no Senhor, na casa de Deus, no Espírito,[3] até à medida da idade da plenitude de Cristo,[4] robustece de modo admirável suas energias para pregar Cristo e mostrar a Igreja aos que estão fora, como sinal erguido entre as nações,[5] para reunir a sua sombra os filhos de Deus dispersos,[6] até que haja um só rebanho e um só pastor.[7]

Aplicação aos diversos ritos

3. Entende, portanto, o sagrado Concílio dever recordar os princípios e determinar as normas práticas que se seguem, acerca do incremento e da reforma da Liturgia.

Entre estes princípios e normas, alguns podem e devem aplicar-se não só ao rito romano, mas a todos os outros ritos, muito embora as normas práticas que se seguem devam entender-se referidas só ao rito romano, a não ser que se trate de coisas que, por sua própria natureza, digam respeito também aos outros ritos.

4. O sagrado Concílio, guarda fiel da tradição, declara que a santa mãe Igreja considera iguais em direito e honra todos os ritos legitimamente reconhecidos, quer que se mantenham e sejam por todos os meios promovidos, e deseja que, onde for necessário, sejam prudente e integralmente revistos no espírito da sã tradição e lhes seja dado novo vigor, de acordo com as circunstâncias e as necessidades de nosso tempo.

---

[3] Cf. Ef 2,21-22.
[4] Cf. Ef 4,13.
[5] Cf. Is 11,12.
[6] Cf. Jo 11,52.
[7] Cf. Jo 10,16.

Capítulo I: Princípios gerais em ordem à reforma e incremento da liturgia

I – *Natureza da sagrada liturgia e sua importância na vida da Igreja*

Jesus Cristo salvador do mundo

5. Deus, que "quer que todos os homens se salvem e cheguem ao conhecimento da verdade" (1Tm 2,4), "tendo falado outrora muitas vezes e de muitos modos a nossos pais pelos profetas" (Hb 1,1), quando chegou a plenitude dos tempos, enviou seu Filho, Verbo feito carne, ungido pelo Espírito Santo, a evangelizar os pobres, curar os contritos de coração,[8] como médico da carne e do espírito,[9] mediador entre Deus e os homens.[10] Sua humanidade foi, na unidade da pessoa do Verbo, o instrumento de nossa salvação. Por isso, em Cristo "se realizou plenamente nossa reconciliação e se nos deu a plenitude do culto divino".[11]

Essa obra da redenção dos homens e da glorificação perfeita de Deus, prefigurada por suas grandes obras no povo da Antiga Aliança, realizou-a Cristo Senhor, de modo especial pelo mistério pascal de sua bem-aventurada Paixão, Ressurreição dos mortos e gloriosa Ascensão, em que "morrendo destruiu nossa morte e ressurgindo restaurou nossa vida".[12] Foi do lado de Cristo adormecido na cruz que nasceu o sacramento admirável de toda a Igreja.[13]

---

[8] Cf. Is 61,1; Lc 4,18.
[9] Santo Inácio de Antioquia aos Efésios, 7, 8: F. X. Funk, *Patres Apostolici,* I, Tubinga, 1901, p. 218.
[10] Cf. 1Tm 2,5.
[11] Sacramentário de Verona (Leoniano): ed. C. Mohlberg, Roma, 1956, n. 1265, p. 162.
[12] Missal Romano, Prefácio pascal.
[13] Cf. Santo Agostinho, Enarrationes in Ps. CXXXVIII, 2: *Corpus Christianorum XL,* Tournai, 1956, p. 1991; e a oração depois da segunda leitura do Sábado Santo antes da reforma da Semana Santa, no Missal Romano.

Pelo sacrifício e pelos sacramentos

6. Assim como Cristo foi enviado pelo Pai, assim também Ele enviou os Apóstolos, cheios do Espírito Santo, não só para que, pregando o Evangelho a toda a criatura,[14] anunciassem que o Filho de Deus, por sua morte e ressurreição, nos libertara do poder de Satanás[15] e da morte e nos introduzira no Reino do Pai, mas também para que realizassem a obra de salvação que anunciavam, mediante o sacrifício e os sacramentos, à volta dos quais gira toda a vida litúrgica.

Pelo batismo são os homens enxertados no mistério pascal de Cristo: mortos com Ele, sepultados com Ele, com Ele ressuscitados;[16] recebem o espírito de adoção filial que "nos faz clamar: Abba, Pai" (Rm 8,15), transformando-se assim nos verdadeiros adoradores que o Pai procura.[17] E sempre que comem a Ceia do Senhor, anunciam igualmente sua morte até Ele vir.[18] Por isso, foram batizados no próprio dia de Pentecostes, em que a Igreja se manifestou ao mundo, os que receberam a palavra de Pedro. E "mantinham-se fiéis à doutrina dos Apóstolos, à participação na fração do pão e nas orações... louvando a Deus e sendo bem-vistos pelo povo" (At 2,41-47). Desde então, nunca mais a Igreja deixou de se reunir em assembleia para celebrar o mistério pascal: lendo "o que se referia a Ele em todas as Escrituras" (Lc 24,27), celebrando a Eucaristia, na qual "se torna presente o triunfo e a vitória de sua morte",[19] e dando graças "a Deus por seu dom inefável" (2Cor 9,15) em Cristo Jesus, "para louvor de sua glória" (Ef 1,12), pela virtude do Espírito Santo, presença de Cristo na Liturgia.

---

[14] Cf. Mc 16,15.
[15] Cf. At 26,18.
[16] Cf. Rm 6,4; Ef 2,6; Cl 3,1; 2Tm 2,11.
[17] Cf. Jo 4,23.
[18] Cf. 1Cor 11,26.
[19] Concílio de Trento, Sess. XIII, 11 outubro 1551, Decreto De ss. Eucharistia, cit. 5: *Concilium Tridentinum, Diariorum, Actorum, Epistolarum, Tractatuum nova collectio*, ed. Soc. Goerresiana, t. VII. Atas: Parte IV, Friburgo da Brisgóvia, 1961, p. 202.

Presença de Cristo na Liturgia

7. Para realizar tão grande obra, Cristo está sempre presente em sua igreja, especialmente nas ações litúrgicas. Está presente no sacrifício da missa, quer na pessoa do ministro – "O que se oferece agora pelo ministério sacerdotal é o mesmo que se ofereceu na Cruz"[20] – quer e sobretudo sob as aparências de pão e vinho. Está presente com seu dinamismo nos Sacramentos, de modo que, quando alguém batiza, é o próprio Cristo que batiza.[21] Está presente em sua palavra, pois é Ele que fala ao ser lida na Igreja a Sagrada Escritura. Está presente, enfim, quando a Igreja reza e canta, Ele que prometeu: "Onde estiverem dois ou três reunidos em meu nome, Eu estou no meio deles" (Mt 18,20).

Em tão grande obra, que permite que Deus seja perfeitamente glorificado e que os homens se santifiquem, Cristo associa sempre a si a Igreja, sua esposa muito amada, a qual invoca seu Senhor e por meio dele rende culto ao Eterno Pai. Com razão se considera a Liturgia como o exercício da função sacerdotal de Cristo. Nela, os sinais sensíveis significam e, cada um a sua maneira, realizam a santificação dos homens; nela, o Corpo Místico de Jesus Cristo – cabeça e membros – presta a Deus o culto público integral.

Portanto, qualquer celebração litúrgica é, por ser obra de Cristo sacerdote e de seu Corpo que é a Igreja, ação sagrada por excelência, cuja eficácia, com o mesmo título e no mesmo grau, não é igualada por nenhuma outra ação da Igreja.

A Liturgia terrena, antecipação da Liturgia celeste

8. Pela Liturgia da terra participamos, saboreando-a já, na Liturgia celeste celebrada na cidade santa de Jerusalém, para a qual, como peregrinos nos dirigimos e onde Cristo está sentado à direita de Deus, ministro do santuário e do verdadeiro tabernáculo;[22] por meio dela cantamos ao Senhor

---

[20] Concílio de Trento, Sess. XXII, 17 setembro 1562, Dout. De ss. Missae sacrificium c. 2: Concilium Tridentinum, ed. CET., t. VIII, Atas: Parte V, Friburgo da Brisgóvia, 1919, p. 960.
[21] Cf. Santo Agostinho, *In Joannis Evangelium Tractatus VI*, c. I, n. 7: PL 35, 1428.
[22] Cf. Ap 21,2; Cl 3,1; Hb 8,2.

um hino de glória com toda a milícia do exército celestial, esperamos ter parte e comunhão com os Santos cuja memória veneramos, e aguardamos o Salvador, Nosso Senhor Jesus Cristo, até Ele aparecer como nossa vida e nós aparecermos com Ele na glória.[23]

Lugar da Liturgia na vida da Igreja

9. A sagrada Liturgia não esgota toda a ação da Igreja, porque os homens, antes de poderem participar na Liturgia, precisam ouvir o apelo à fé e à conversão: "Como hão de invocar aquele em quem não creram? Ou como hão de crer sem o terem ouvido? Como poderão ouvir se não houver quem pregue? E como se há de pregar se não houver quem seja enviado?" (Rm 10,14-15).

É por este motivo que a Igreja anuncia a mensagem de salvação aos que ainda não têm fé, para que todos os homens venham a conhecer o único Deus verdadeiro e seu enviado, Jesus Cristo, e se convertam de seus caminhos pela penitência.[24] Aos que creem, tem o dever de pregar constantemente a fé e a penitência, de dispô-los aos Sacramentos, de ensiná-los a guardar tudo o que Cristo mandou,[25] de estimulá-los a tudo o que seja obra de caridade, de piedade e apostolado, onde os cristãos possam mostrar que são a luz do mundo, embora não sejam deste mundo, e que glorificam o Pai diante dos homens.

10. Contudo, a Liturgia é simultaneamente a meta para a qual se encaminha a ação da Igreja e a fonte de onde promana toda a sua força. Na verdade, o trabalho apostólico ordena-se a conseguir que todos os que se tornaram filhos de Deus pela fé e pelo batismo se reúnam em assembleia para louvar a Deus no meio da Igreja, participem no Sacrifício e comam a Ceia do Senhor.

A Liturgia, por sua vez, impele os fiéis, saciados pelos "mistérios pascais", a viverem "unidos no amor";[26] pede "que sejam fiéis na vida a quanto

---

[23] Cf. Fl 3,20; Cl 3,4.
[24] Cf. Jo 17,3; Lc 24,47; At 2,38.
[25] Cf. Mt 28,20.
[26] Oração depois da comunhão na Vigília Pascal e no Domingo da Ressurreição.

receberam pela fé";[27] e pela renovação da aliança do Senhor com os homens na Eucaristia, e aquece os fiéis na caridade urgente de Cristo. Da Liturgia, pois, em especial da Eucaristia, corre sobre nós, como de sua fonte, a graça, e por meio dela conseguem os homens com total eficácia a santificação em Cristo e a glorificação de Deus, a que se ordenam, como a seu fim, todas as outras obras da Igreja.

A participação dos fiéis

11. Para assegurar esta eficácia plena, é necessário, porém, que os fiéis celebrem a Liturgia com retidão de espírito, unam a sua mente às palavras que pronunciam, cooperem com a graça de Deus, não aconteça de a receberem em vão.[28] Por conseguinte, devem os pastores de almas vigiar por que não só se observem, na ação litúrgica, as leis que regulam a celebração válida e lícita, mas também que os fiéis participem nela consciente, ativa e frutuosamente.

Vida espiritual extralitúrgica

12. A participação na sagrada Liturgia não esgota, todavia, a vida espiritual. O cristão, chamado a rezar em comum, deve entrar também em seu quarto para rezar a sós[29] ao Pai, segundo ensina o Apóstolo, deve rezar sem cessar.[30] E o mesmo Apóstolo nos ensina a trazer sempre em nosso corpo os sofrimentos da morte de Jesus, para que sua vida se revele em nossa carne mortal.[31] É essa a razão por que no Sacrifício da Missa pedimos ao Senhor que, tendo aceite a oblação da vítima espiritual, faça de nós uma "oferta eterna"[32] a si consagrada.

---

[27] Oração da missa de terça-feira da Oitava de Páscoa.
[28] Cf. 2Cor 6,1.
[29] Cf. Mt 6,6.
[30] Cf. 1Ts 5,17.
[31] Cf. 2Cor 4,10-11.
[32] Missal Romano, segunda-feira da Oitava de Pentecostes, oração sobre as oblatas.

13. São muito de recomendar os exercícios piedosos do povo cristão, desde que estejam em conformidade com as leis e as normas da Igreja, e especialmente quando se fazem por mandato da Sé Apostólica.

Gozam também de especial dignidade as práticas religiosas das Igrejas particulares, celebradas por mandato dos bispos e segundo os costumes ou os livros legitimamente aprovados.

Importa, porém, ordenar essas práticas tendo em conta os tempos litúrgicos, de modo que se harmonizem com a sagrada Liturgia, de certo modo derivem dela, e a ela, que por sua natureza é muito superior, conduzam o povo.

II – *Educação litúrgica e participação ativa*

Normas Gerais

14. É desejo ardente na mãe Igreja que todos os fiéis cheguem àquela plena, consciente e ativa participação nas celebrações litúrgicas que a própria natureza da Liturgia exige e que é, em virtude do batismo, um direito e um dever do povo cristão, "raça escolhida, sacerdócio real, nação santa, povo adquirido" (1Pd 2,9; 2,4-5).

Na reforma e incremento da sagrada Liturgia, deve dar-se a maior atenção a esta plena e ativa participação de todo o povo porque ela é a primeira e necessária fonte onde os fiéis hão de beber o espírito genuinamente cristão. Esta é a razão que deve levar os pastores de almas a procurarem-na com o máximo empenho, por meio da devida educação.

Mas, porque não há qualquer esperança de que tal aconteça, se antes os pastores de almas se não imbuírem plenamente do espírito e da virtude da Liturgia e não se fizerem mestres nela, é absolutamente necessário que se providencie em primeiro lugar à formação litúrgica do clero. Por tais razões este sagrado Concílio determinou quanto segue:

Formação dos professores de Liturgia

15. Os professores que se destinam a ensinar a sagrada Liturgia nos seminários, nas casas de estudos dos religiosos e nas faculdades de teologia, devem receber a formação conveniente em ordem a seu múnus em institutos para isso destinados de modo particular.

O ensino da Liturgia nos Seminários

16. A sagrada Liturgia deve ser tida, nos seminários e casas de estudo dos religiosos, como uma das disciplinas necessárias e mais importantes, nas faculdades de teologia como disciplina principal, e ensinar-se em seus aspectos quer teológico e histórico, quer espiritual, pastoral e jurídico.

Mais: procurem os professores das outras disciplinas, sobretudo de teologia dogmática, Sagrada Escritura, teologia espiritual e pastoral, fazer ressaltar, a partir das exigências intrínsecas de cada disciplina, o mistério de Cristo e a história da salvação, para que se veja claramente a sua conexão com a Liturgia e a unidade da formação sacerdotal.

A formação litúrgica dos seminaristas, padres e fiéis

17. Nos seminários e casas religiosas, adquiram os clérigos uma formação litúrgica da vida espiritual, mediante uma conveniente iniciação que lhes permita penetrar no sentido dos ritos sagrados e participar perfeitamente neles, mediante a celebração dos sagrados mistérios, como também mediante outros exercícios de piedade penetrados do espírito da sagrada Liturgia. Aprendam também a observar as leis litúrgicas, de modo que nos seminários e institutos religiosos a vida seja totalmente impregnada de espírito litúrgico.

18. Ajudem-se os sacerdotes, quer seculares quer religiosos, que já trabalham na vinha do Senhor, por todos os meios oportunos, a penetrarem cada vez melhor o sentido do que fazem nas funções sagradas, a viverem a vida litúrgica, e a partilharem-na com os fiéis que lhes estão confiados.

19. Procurem os pastores de almas fomentar com persistência e zelo a educação litúrgica e a participação ativa dos fiéis, tanto interna como externa, segundo a sua idade, condição, gênero de vida e grau de cultura religiosa, na convicção de que estão cumprindo um dos mais importantes múnus do dispensador fiel dos mistérios de Deus. Neste ponto guiem o rebanho não só com palavras, mas também com o exemplo.

O uso dos meios de comunicação

20. Façam-se com discrição e dignidade, e sob a direção de pessoa competente, para tal designada pelos bispos, as transmissões radiofônicas ou televisivas das ações sagradas, especialmente da missa.

III – *Reforma da sagrada liturgia*

Razão e sentido da reforma

21. A santa mãe Igreja, para permitir ao povo cristão um acesso mais seguro à abundância de graça que a Liturgia contém, deseja fazer uma acurada reforma geral da mesma Liturgia. Na verdade, a Liturgia compõe-se de uma parte imutável, porque de instituição divina, e de partes suscetíveis de modificação, as quais podem e devem variar no transcorrer do tempo, se porventura se tiverem introduzido nelas elementos que não correspondam tão bem à natureza íntima da Liturgia ou se tenham tornado menos apropriados.

Nesta reforma, proceda-se quanto aos textos e ritos, de tal modo que eles exprimam com mais clareza as coisas santas que significam, e, quanto possível, o povo cristão possa mais facilmente apreender-lhes o sentido e participar neles por meio de uma celebração plena, ativa e comunitária.

Para tal fim, o sagrado Concílio estabeleceu estas normas gerais:

a) Normas gerais

A autoridade competente

22. § 1. Regular a sagrada Liturgia compete unicamente à autoridade da Igreja, a qual reside na Sé Apostólica e, segundo as normas do direito, no bispo.

§ 2. Em virtude do poder concedido pelo direito, pertence também às competentes assembleias episcopais territoriais de vário gênero legitimamente constituídas regular, dentro dos limites estabelecidos, a Liturgia.

§ 3. Por isso, ninguém mais, mesmo que seja sacerdote, ouse, por sua iniciativa, acrescentar, suprimir ou mudar seja o que for em matéria litúrgica.

Trabalho prudente

23. Para conservar a sã tradição e abrir ao mesmo tempo o caminho a um progresso legítimo, faça-se uma acurada investigação teológica, histórica e pastoral acerca de cada uma das partes da Liturgia que devem ser revistas. Tenham-se ainda em consideração às leis gerais da estrutura e do espírito da Liturgia, a experiência adquirida nas recentes reformas litúrgicas e nos indultos aqui e além concedidos. Finalmente, não se introduzam inovações, a não ser que uma utilidade autêntica e certa da Igreja o exija, e com a preocupação de que as novas formas como que surjam a partir das já existentes.

Evitem-se também, na medida do possível, diferenças notáveis de ritos entre regiões confinantes.

O lugar da Sagrada Escritura

24. É enorme a importância da Sagrada Escritura na celebração da Liturgia. Porque é a ela que se vão buscar as leituras que se explicam na homilia e os salmos para cantar; com seu espírito e de sua inspiração nasceram as preces, as orações e os hinos litúrgicos; dela tiram sua capacidade de significação as ações e os sinais. Para promover a reforma, o progresso e adaptação da sagrada Liturgia, é necessário, por conseguinte, desenvolver aquele amor suave e vivo da Sagrada Escritura de que dá testemunho a venerável tradição dos ritos tanto orientais como ocidentais.

A revisão dos livros

25. Faça-se o mais depressa possível a revisão dos livros litúrgicos, utilizando o trabalho de pessoas competentes e consultando bispos de diversos países do mundo.

b) Normas que derivam da natureza hierárquica
e comunitária da Liturgia

A liturgia, ação da Igreja comunitária

26. As ações litúrgicas não são ações particulares, mas celebrações da Igreja, que é "sacramento de unidade", isto é, Povo santo reunido e ordenado sob a direção dos bispos.[33]

Por isso, tais ações pertencem a todo o Corpo da Igreja, manifestam-no, atingindo, porém, cada um dos membros de modo diverso, segundo a variedade de estados, funções e participação atual.

27. Sempre que os ritos comportam, segundo a natureza particular de cada um, uma celebração comunitária, caracterizada pela presença e ativa participação dos fiéis, inculque-se que esta deve preferir-se, na medida do possível, à celebração individual e como que privada. Isto é válido sobretudo para a celebração da missa e para a administração dos sacramentos, ressalvando-se sempre a natureza pública e social de toda a missa.

28. Nas celebrações litúrgicas, limite-se cada um, ministro ou simples fiel, exercendo seu ofício, a fazer tudo e só o que é de sua competência, segundo a natureza do rito e as leis litúrgicas.

Os ministros inferiores

29. Os que servem ao altar, os leitores, comentaristas e elementos do grupo coral desempenham também um autêntico ministério litúrgico. Exerçam, pois, seu múnus com piedade autêntica e do modo que convêm a tão grande ministério e que o Povo de Deus tem o direito de exigir.

É, pois, necessário imbuí-los de espírito litúrgico, cada um a seu modo, e formá-los para executarem perfeita e ordenadamente a parte que lhes compete.

---

[33] São Cipriano, *De Cath. Eccl. unitate*, 7ed. G. Hartel, em CSEL, t. III, I, Viena 1868, p. 215-216. Cf. Ep. 66, n. 8, 3. ed. cit., t. III, 2, Viena 1871, p. 732-733.

A participação do povo

30. Para fomentar a participação ativa, promovam-se as aclamações dos fiéis, as respostas, a salmodia, as antífonas, os cânticos, bem como as ações, gestos e atitudes corporais. Não deve deixar de observar-se, a seu tempo, um silêncio sagrado.

31. Na revisão dos livros litúrgicos, procure-se que as rubricas tenham em conta a parte que compete aos fiéis.

A não acepção das pessoas

32. Na Liturgia, à exceção da distinção que deriva da função litúrgica e da sagrada Ordem e das honras devidas às autoridades civis segundo as leis litúrgicas, não deve fazer-se qualquer acepção de pessoas ou classes sociais, quer nas cerimônias, quer nas solenidades externas.

c) Normas que derivam da natureza
didática e pastoral da Liturgia

O valor didático da Liturgia

33. Embora a sagrada Liturgia seja principalmente culto da majestade divina, é também abundante fonte de instrução para o povo fiel.[34] Efetivamente, na Liturgia Deus fala a seu povo, e Cristo continua a anunciar o Evangelho. Por seu lado, o povo responde a Deus com o canto e a oração.

Mais: as orações dirigidas a Deus pelo sacerdote que preside, em representação de Cristo, à assembleia, são ditas em nome de todo o povo santo e de todos os que estão presentes. Os próprios sinais visíveis que a sagrada Liturgia utiliza para simbolizar as realidades invisíveis foram escolhidos por Cristo ou pela Igreja.

---

[34] Cf. Conc. Trento, Sess. XXII, 17 setembro 1562, *Doctr. de ss. missae sacrif.*, c. 8: Concilium Trident. ed. cit., t. VIII, p. 961.

Por isso, não é só quando se faz a leitura "do que foi escrito para nossa instrução" (Rm. 15,4), mas também quando a Igreja reza, canta ou age, que a fé dos presentes é alimentada e os espíritos se elevam a Deus, para se lhe submeterem de modo racional e receberem com mais abundância sua graça.

Por isso, na reforma da Liturgia, observem-se as seguintes normas gerais:

Aplicação aos diversos ritos

34. Brilhem os ritos por sua nobre simplicidade, sejam claros na brevidade e evitem repetições inúteis; devem adaptar-se à capacidade de compreensão dos fiéis, e não precisar, em geral, de muitas explicações.

A conexão entre a palavra e o rito

35. Para se poder ver claramente que na Liturgia o rito e a palavra estão intimamente unidos:

1. Seja mais abundante, variada e bem adaptada a leitura da Sagrada Escritura nas celebrações litúrgicas.

2. Indiquem as rubricas o momento mais apto para a pregação, que é parte da ação litúrgica, quando o rito a comporta. O ministério da palavra deve ser exercido com muita fidelidade e no modo devido. A pregação deve beber na Sagrada Escritura e à Liturgia, e ser como que o anúncio das maravilhas de Deus na história da salvação, ou seja, no mistério de Cristo, o qual está sempre presente e operante em nós, sobretudo nas celebrações litúrgicas.

3. Procure-se também inculcar por todos os modos uma catequese mais diretamente litúrgica, e prevejam-se nos próprios ritos, quando necessário, breves admonições, feitas só nos momentos mais oportunos, pelo sacerdote ou outro ministro competente, com as palavras prescritas ou semelhantes.

4. Promova-se a celebração da Palavra de Deus nas vigílias das festas mais solenes, em alguns dias feriais do Advento e da Quaresma e nos domingos e dias de festa, especialmente onde não houver sacerdote; neste caso, será um diácono, ou outra pessoa delegada pelo bispo, a dirigir a celebração.

A língua litúrgica: traduções

36. § 1. Deve conservar-se o uso do latim nos ritos latinos, salvo o direito particular.

§ 2. Dado, porém, que não raramente o uso da língua vulgar pode revestir-se de grande utilidade para o povo, quer na administração dos sacramentos, quer em outras partes da Liturgia, poderá conceder-se à língua vernácula lugar mais amplo, de modo particular nas leituras e admonições, em algumas orações e cantos, segundo as normas estabelecidas para cada caso nos capítulos seguintes.

§ 3. Observando estas normas, pertence à competente autoridade eclesiástica territorial, a que se refere o artigo 22 § 2, consultados, se for o caso, os bispos das regiões limítrofes da mesma língua, decidir acerca do uso e extensão da língua vernácula. Tais decisões deverão ser aprovadas ou confirmadas pela Sé Apostólica.

§ 4. A tradução do texto latino em língua vulgar para uso na Liturgia, deve ser aprovada pela autoridade eclesiástica territorial competente, acima mencionada.

d) Normas para a adaptação da Liturgia
à índole e tradições dos povos

A adaptação da Igreja

37. Não é desejo da Igreja impor, nem mesmo na Liturgia, a não ser quando está em causa a fé e o bem de toda a comunidade, uma forma única e rígida, mas respeitar e procurar desenvolver as qualidades e dotes de espírito das várias raças e povos. A Igreja considera com benevolência tudo o que em seus costumes não está indissoluvelmente ligado a superstições e erros, e, quando é possível, o mantém inalterável, por vezes chega a aceitá-lo na Liturgia, caso se harmonize com o verdadeiro e autêntico espírito litúrgico.

Aplicação à Liturgia

38. Mantendo-se substancialmente a unidade do rito romano, dê-se possibilidade às legítimas diversidades e adaptações aos vários grupos étnicos, regiões e povos, sobretudo nas Missões, de se afirmarem, até na revisão dos livros litúrgicos; tenha-se isto oportunamente diante dos olhos ao estruturar os ritos e ao preparar as rubricas.

A autoridade competente

39. Será da atribuição da competente autoridade eclesiástica territorial, de que fala o art. 22 § 2, determinar as várias adaptações a fazer, de modo particular no que se refere à administração dos sacramentos, aos sacramentais, às procissões, à língua litúrgica, à música sacra e às artes, dentro dos limites estabelecidos nas edições típicas dos livros litúrgicos e sempre segundo as normas fundamentais desta Constituição.

Casos especiais

40. Mas como em alguns lugares e circunstâncias é urgente fazer uma adaptação mais profunda da Liturgia, que é, por isso, mais difícil:

1. Deve a competente autoridade eclesiástica territorial, a que se refere o art. 22 § 2, considerar com muita prudência e atenção o que, neste aspecto, das tradições e gênio de cada povo, poderá oportunamente ser aceite na Liturgia. Proponham-se à Sé Apostólica as adaptações julgadas úteis ou necessárias, para serem introduzidas com seu consentimento.

2. Para se fazer a adaptação com a devida cautela, a Sé Apostólica poderá dar, se for necessário, à mesma autoridade eclesiástica territorial a faculdade de permitir e dirigir as experiências prévias que forem precisas, em alguns grupos que sejam aptos para isso e por um tempo determinado.

3. Como as leis litúrgicas criam em geral dificuldades especiais quanto à adaptação, sobretudo nas Missões, haja, para sua elaboração, pessoas competentes na matéria de que se trata.

IV – *Promoção da vida litúrgica na diocese e na paróquia*

O Bispo, centro de unidade de vida na diocese

41. O bispo deve ser considerado como o sumo sacerdote de seu rebanho, de quem deriva e depende, de algum modo, a vida de seus fiéis em Cristo.

Por isso, todos devem dar a maior importância à vida litúrgica da diocese que gravita em redor do bispo, sobretudo na igreja catedral, convencidos de que a principal manifestação da Igreja se faz numa participação perfeita e ativa de todo o Povo santo de Deus na mesma celebração litúrgica, especialmente na mesma Eucaristia, numa única oração, ao redor do único altar a que preside o Bispo rodeado pelo presbitério e pelos ministros.[35]

O pároco seu representante

42. Impossibilitado como está o bispo de presidir pessoalmente sempre e em toda a diocese a todo o seu rebanho, vê-se na necessidade de reunir os fiéis em grupos vários, entre os quais têm lugar proeminente as paróquias, constituídas localmente sob a presidência de um pastor que faz as vezes do bispo. As paróquias representam, de algum modo, a Igreja visível estabelecida em todo o mundo.

Por consequência, deve cultivar-se no espírito e no modo de agir dos fiéis e dos sacerdotes a vida litúrgica da paróquia e sua relação com o bispo, e trabalhar para que floresça o sentido da comunidade paroquial, de modo particular na celebração comunitária da missa dominical.

---

[35] Cf. Santo Inácio de Antioquia, *Ad Magn.* 7; *Ad Philad.* 4; *Ad Smyrn.* 8. ed. cit. F. X. Funk, I, p. 336, 266, 281.

V – *Incremento da ação pastoral litúrgica*

Sinal provincial

43. O interesse pelo incremento e renovação da Liturgia é justamente considerado como um sinal dos desígnios providenciais de Deus sobre nosso tempo, como uma passagem do Espírito Santo por sua Igreja, e imprime uma nota distintiva à própria vida da Igreja, a todo o modo religioso de sentir e de agir de nosso tempo. Em ordem a desenvolver cada vez mais na Igreja esta ação pastoral litúrgica, o sagrado Concílio determina:

Comissões de Liturgia, música e arte sacra

44. Convém que a autoridade eclesiástica territorial competente, a que se refere o art. 22 § 2, crie uma Comissão litúrgica, que deve servir-se da ajuda de especialistas em Liturgia, música, arte sacra e pastoral. A Comissão deverá contar, se possível, com o auxílio de um Instituto de Liturgia Pastoral, de cujos membros não se excluirão leigos particularmente competentes, se for necessário. Será atribuição da dita Comissão dirigir, guiada pela autoridade eclesiástica territorial, a pastoral litúrgica no território de sua competência, promover os estudos e as experiências necessárias sempre que se trate de adaptações a propor à Santa Sé.

45. Crie-se igualmente em cada diocese a Comissão litúrgica, em ordem a promover, sob a direção do bispo, a pastoral litúrgica. Poderá suceder que seja oportuno que várias dioceses formem uma só Comissão para promover em conjunto o apostolado litúrgico.

46. Criem-se em cada diocese, se possível, além da Comissão litúrgica, Comissões de música sacra e de arte sacra.

É necessário que estas três Comissões trabalhem em conjunto, e não raro poderá ser oportuno que formem uma só Comissão.

Capítulo II: O sagrado mistério da Eucaristia

Instituição e natureza

47. O nosso Salvador instituiu na Última Ceia, na noite em que foi entregue, o Sacrifício eucarístico de seu Corpo e de seu Sangue para perpetuar pelo transcorrer dos séculos, até Ele voltar, o Sacrifício da cruz, confiando à Igreja, sua esposa amada, o memorial de sua morte e ressurreição: sacramento de piedade, sinal de unidade, vínculo de caridade,[36] banquete pascal em que se recebe Cristo, a alma se enche de graça e nos é concedido o penhor da glória futura.[37]

A participação dos fiéis

48. É por isso que a Igreja procura, solícita e cuidadosa, que os cristãos não entrem neste mistério de fé como estranhos ou espectadores mudos, mas participem na ação sagrada, consciente, ativa e piedosamente, por meio de uma boa compreensão dos ritos e orações; sejam instruídos pela palavra de Deus; alimentem-se à mesa do Corpo do Senhor; deem graças a Deus; aprendam a oferecer-se a si mesmos, ao oferecer juntamente com o sacerdote, que não só pelas mãos dele, a hóstia imaculada; que, dia após dia, por Cristo mediador,[38] progridam na unidade com Deus e entre si, para que finalmente Deus seja tudo em todos.

Revisão dos textos com mais leituras bíblicas

49. Para que o Sacrifício da missa alcance plena eficácia pastoral, mesmo quanto a seu rito, o sagrado Concílio, tendo em atenção as missas que se celebram com assistência do povo, sobretudo aos domingos e nas festas de preceito, determina o seguinte:

---

[36] Cf. Santo Agostinho. *In Joannis Evang. tractatus XXVI*, cap. VI, n. 13: PL 35, 1613.
[37] Breviário Romano, na festa do Corpo e Sangue de Cristo: Antífona do *Magnificat* em 2ªs Vésperas.
[38] Cf. São Cirilo de Alexandria, *Commentarium in Joannis Evangelium*, livro XI, cap. XI-XII: PG 74, 557-565.

50. O Ordinário da missa deve ser revisto, de modo que se manifeste mais claramente a estrutura de cada uma de suas partes bem como sua mútua conexão, para facilitar uma participação piedosa e ativa dos fiéis. Que os ritos se simplifiquem, bem respeitados em sua estrutura essencial; sejam omitidos todos os que, com o andar do tempo, se duplicaram ou menos utilmente se acrescentaram; restaurem-se, porém, se parecer oportuno ou necessário e segundo a antiga tradição dos Santos Padres, alguns que desapareceram com o tempo.

51. Prepare-se para os fiéis, com maior abundância, a mesa da Palavra de Deus: abram-se mais largamente os tesouros da Bíblia, de modo que, dentro de um período de tempo estabelecido, sejam lidas ao povo as partes mais importantes da Sagrada Escritura.

Homilia e oração dos fiéis (Preces)
52. A homilia, que é a exposição dos mistérios da fé e das normas da vida cristã no transcorrer do ano litúrgico e a partir do texto sagrado, é muito para recomendar, como parte da própria Liturgia; não deve ser omitida sem motivo grave, nas missas dos domingos e festas de preceito, concorridas pelo povo.

53. Deve-se restaurar, de modo particular nos domingos e festas de preceito, a "oração comum" ou "oração dos fiéis (preces)", recitada após o Evangelho e a homilia, para que, com a participação do povo, se façam preces pela santa Igreja, pelos que nos governam, por aqueles a quem a necessidade oprime, por todos os homens e pela salvação de todo o mundo.[39]

---

[39] Cf. I Tm 2,1-2.

Língua

54. A língua vernácula pode dar-se, nas missas celebradas com o povo, um lugar conveniente, sobretudo nas leituras e na "oração comum" e, segundo as diversas circunstâncias dos lugares, nas partes que pertencem ao povo, conforme o estabelecido no art. 36 desta Constituição. Tomem-se providências para que os fiéis possam rezar ou cantar, mesmo em latim, as partes do Ordinário da missa que lhes competem. Se algures parecer oportuno um uso mais amplo do vernáculo na missa, observe-se o que fica determinado no art. 40 desta Constituição.

Comunhão dos fiéis

55. Recomenda-se vivamente um modo mais perfeito de participação na missa, que consiste em que os fiéis, depois da comunhão do sacerdote, recebam do mesmo Sacrifício, o Corpo do Senhor.

A comunhão sob as duas espécies, mantidos os princípios dogmáticos estabelecidos pelo Concílio de Trento,[40] pode ser permitida, quer aos clérigos e religiosos, quer aos leigos, nos casos a determinar pela Santa Sé e ao arbítrio do bispo, como seria o caso dos recém-ordenados na missa de ordenação, dos professos na missa da sua profissão religiosa, dos neófitos na missa pós-batismal.

Unidade da liturgia da palavra e da liturgia eucarística

56. Estão tão intimamente ligadas entre si as duas partes de que se compõe, de algum modo, a missa – a liturgia da Palavra e a liturgia eucarística – que formam um só ato de culto. Por isso, o sagrado Concílio exorta com veemência os pastores de almas a instruírem bem os fiéis, na catequese, sobre o dever de ouvir a missa inteira, de modo particular nos domingos e festas de preceito.

---

[40] Sessão XXI, *Doctrina de Communione sub utraque specie et parvulorum*, e. 1-3, cân. 1-3: Concilium Trident. ed. cit., t. VIII, p. 698-699.

Concelebração e seu rito

57. § 1. A concelebração, que manifesta bem a unidade do sacerdócio, tem sido prática constante até ao dia de hoje, quer no Oriente, quer no Ocidente. Por tal motivo, aprouve ao Concílio estender a faculdade de concelebrar aos seguintes casos:

1º. a) na quinta-feira da Ceia do Senhor, tanto na missa do santo crisma como na missa vespertina;

b) nas missas dos Concílios, Conferências episcopais e Sínodos;

c) na missa da bênção de um Abade.

2º. Além disso, com licença do Ordinário, a quem compete julgar da oportunidade da concelebração:

a) na missa conventual e na missa principal das igrejas, sempre que a utilidade dos fiéis não exige a celebração individual de todos os sacerdotes presentes;

b) nas missas celebradas por ocasião de qualquer espécie de reunião de sacerdotes, tanto seculares como religiosos.

§ 2. 1. É da atribuição do bispo regular a disciplina da concelebração na diocese.

3º. Ressalva-se, contudo, que se mantém sempre a faculdade de qualquer sacerdote celebrar individualmente, mas não simultaneamente na mesma igreja, nem na quinta-feira da Ceia do Senhor.

58. Deve compor-se o novo rito da concelebração a ser inserido no missal pontifical e romano.

Capítulo III: Os outros sacramentos e os sacramentais

Natureza dos sacramentos

59. Os sacramentos estão ordenados à santificação dos homens, à edificação do Corpo de Cristo e, enfim, a prestar culto a Deus; como sinais, têm também a função de instruir. Não só supõem a fé, mas também a alimentam, fortificam e exprimem por meio de palavras e coisas, razão pela qual se chamam sacramentos da fé. Conferem a graça, a cuja frutuosa recepção a celebração dos mesmos otimamente dispõe os fiéis, bem como a honrar a Deus do modo devido e a praticar a caridade.

Por esse motivo, interessa muito que os fiéis compreendam facilmente os sinais sacramentais e recebam com a maior frequência possível os sacramentos que foram instituídos para alimentar a vida cristã.

Natureza dos sacramentais

60. A santa mãe Igreja instituiu também os sacramentais. Estes são, à imitação dos sacramentos, sinais sagrados que significam realidades, sobretudo de ordem espiritual, e se obtêm pela oração da Igreja. Por meio deles dispõem-se os homens para a recepção do principal efeito dos sacramentos e santificam-se as várias circunstâncias da vida.

61. Portanto, a liturgia dos sacramentos e sacramentais faz com que a graça divina, que deriva do Mistério pascal da Paixão, Morte e Ressurreição de Cristo, onde vão buscar a sua eficácia todos os sacramentos e sacramentais, santifique todos os passos da vida dos fiéis que os recebem com a devida disposição. A ela se deve também que não deixe de poder ser orientado para a santificação dos homens e para o louvor de Deus o bom uso das coisas materiais.

Necessidade de revisão

62. Tendo-se introduzido, com o transcorrer do tempo, no ritual dos sacramentos e sacramentais, elementos que tornam hoje menos claros sua natureza e fim, e devendo por isso fazer-se algumas adaptações às necessidades de nosso tempo, o sagrado Concílio decretou o seguinte em ordem a sua revisão.

A língua

63. Pode ser frequentemente muito útil para o povo o uso do vernáculo na administração dos sacramentos e sacramentais. Deem-se, por isso, maior importância segundo estas normas:

a) Na administração dos sacramentos e sacramentais pode usar-se o vernáculo, segundo o estatuído no art. 36.

b) A competente autoridade eclesiástica territorial, a que se refere o art. 22 § 2. "Desta Constituição, prepare o mais depressa possível, com base na nova edição do Ritual romano, os Rituais particulares, adaptados às necessidades de cada uma das regiões, mesmo quanto à língua. Procure-se que sejam postos em vigor nas respectivas regiões depois de aprovados pela Sé Apostólica. Na composição destes Rituais ou especiais "Coleções de ritos" não devem omitir-se as instruções que o Ritual romano coloca no início de cada rito, quer sejam de caráter pastoral, quer digam respeito às rubricas, quer tenham especial importância comunitária.

Restauração do catecumenato

64. Restaure-se o catecumenato dos adultos, com vários graus, a praticar segundo o critério do Ordinário do lugar, de modo que se possa dar a conveniente instrução a que se destina o catecumenato e santificar este tempo por meio de ritos sagrados que se hão de celebrar em ocasiões sucessivas.

65. Seja lícito admitir nas terras de Missão, ao lado dos elementos próprios da tradição cristã, os elementos de iniciação usados por cada um desses povos, na medida em que puderem integrar-se no rito cristão, segundo os artigos 37-40 desta Constituição.

Rito do batismo de adultos

66. Revejam-se tanto o rito simples do batismo de adultos, como o mais solene, tendo em conta a restauração do catecumenato, e insira-se no missal romano a missa própria "para a administração do batismo".

Rito do batismo de crianças

67. Reveja-se o rito do batismo de crianças e adapte-se a sua real condição. Dê-se maior realce, no rito, à parte e aos deveres dos pais e padrinhos.

Adaptações do rito do batismo

68. Prevejam-se adaptações no rito do batismo, a usar, segundo o critério do Ordinário do lugar; para quando houver grande número de neófitos. Componha-se também um "Rito mais breve" que os catequistas, sobretudo em terras de Missão, e em perigo de morte qualquer fiel, possam utilizar na ausência de um sacerdote ou diácono.

Rito para suprir as cerimônias omitidas no batismo

69. Em vez do "Rito para suprir as cerimônias omitidas sobre uma criança já batizada", componha-se um novo em que se exprima de modo mais claro e conveniente que uma criança, batizada com o rito breve, já foi recebida na Igreja.

Prepare-se também um novo rito que exprima que são acolhidos na comunhão da Igreja os validamente batizados que se converteram à religião católica.

Bênção da água batismal

70. Fora do Tempo pascal, pode-se benzer a água batismal no próprio rito do batismo e com uma fórmula especial mais breve.

Rito da Confirmação

71. Para fazer ressaltar a íntima união do sacramento da Confirmação com toda a iniciação cristã, reveja-se o rito deste sacramento; pela mesma razão, é muito conveniente, antes de o receber, fazer a renovação das promessas do batismo.

A Confirmação, se parecer oportuno, pode ser conferida durante a missa; prepare-se, entretanto, em ordem à celebração do rito fora da missa, uma fórmula que lhe possa servir de introdução.

Rito da Penitência

72. Revejam-se o rito e as fórmulas da Penitência de modo que exprimam com mais clareza a natureza e o efeito do sacramento.

A Unção dos Enfermos

73. A "Extrema-Unção", que também pode, e melhor, ser chamada "Unção dos enfermos", não é sacramento só dos que estão no fim da vida. É já certamente tempo oportuno para a receber quando o fiel começa, por doença ou por velhice, a estar em perigo de morte.

74. Além dos ritos distintos da Unção dos enfermos e do Viático, componha-se um "Rito contínuo" em que a Unção se administre ao doente depois da Confissão e antes da recepção do Viático.

75. O número das unções deve regular-se segundo a oportunidade. Revejam-se as orações do rito da Unção dos enfermos, de modo que correspondam às diversas condições dos que recebem este sacramento.

Revisão dos ritos da Ordem

76. Faça-se a revisão do texto e das cerimônias do rito das Ordenações. As alocuções do bispo, no início da ordenação ou sagração, podem ser em vernáculo.

Na sagração episcopal, todos os bispos presentes podem fazer a imposição das mãos.

Rito do Matrimônio

77. A fim de indicar mais claramente a graça do sacramento e inculcar os deveres dos cônjuges, reveja-se e enriqueça-se o rito do matrimônio que vem no ritual romano.

"É desejo veemente do sagrado Concílio que as regiões, onde na celebração do Matrimônio se usam outras louváveis tradições e cerimônias, as conservem."[41]

Concede-se à competente autoridade eclesiástica territorial, a que se refere o art. 22 § 2 desta Constituição, a faculdade de preparar um rito

---

[41] Concílio de Trento, Sessão XXIV, 11 novembro 1563, Decreto *De reformatione*, c. I: *Concilium Trident.* ed. cit., t. IX. Atas: parte VI, Friburgo Br. 1924., p. 969. Cf. Ritual Romano, título 8, c. II, n. 6.

próprio de acordo com o uso dos vários lugares e povos, devendo, porém, o sacerdote que assiste pedir e receber o consentimento dos nubentes.

78. Celebre-se usualmente o matrimônio dentro da missa, depois da leitura do Evangelho e da homilia e antes da "Oração dos fiéis (Preces)". A oração pela esposa, devidamente corrigida a fim de inculcar que o dever de fidelidade é mútuo, pode dizer-se em vernáculo.

Se o matrimônio não for celebrado dentro da missa, leiam-se no começo do rito a epístola e o Evangelho da "missa dos esposos" e nunca se deixe de dar a bênção nupcial.

Revisão dos Sacramentais
79. Faça-se uma revisão dos sacramentos, tendo presente o princípio fundamental de uma participação consciente, ativa e fácil dos fiéis, bem como as necessidades de nosso tempo. Podem acrescentar-se nos rituais, a rever segundo o disposto no art. 63, novos sacramentais conforme as necessidades o pedirem. Limitem-se a um pequeno número, e só em favor dos bispos ou ordinários, as bênçãos reservadas. Providencie-se de modo que alguns sacramentais, pelo menos em circunstâncias especiais e a juízo do ordinário, possam ser administrados por leigos dotados das qualidades requeridas.

Rito da consagração das Virgens
80. Reveja-se o rito da consagração das virgens, que vem no pontifical romano.

Componha-se também um rito de profissão religiosa e de renovação de votos, a utilizar, salvo direito particular, por aqueles que fazem a profissão ou renovam os votos dentro da missa, o qual contribua para maior unidade, sobriedade e dignidade. Será louvável fazer a profissão religiosa dentro da missa.

Rito das exéquias
81. As exéquias devem exprimir melhor o sentido pascal da morte cristã. Adapte-se mais o rito às condições e tradições das várias regiões, mesmo na cor litúrgica.

82. Faça-se a revisão do rito das exéquias das crianças e seja-lhe concedida missa própria.

Capítulo IV: O ofício divino

Sua natureza: oração da Igreja em nome de Cristo

83. Jesus Cristo, sumo sacerdote da nova e eterna Aliança, ao assumir a natureza humana, trouxe a este exílio da terra aquele hino que se canta por toda a eternidade na celeste mansão. Ele une a si toda a humanidade e associa-a a este cântico divino de louvor. Continua esse múnus sacerdotal por intermédio de sua Igreja, que louva o Senhor sem cessar e intercede pela salvação de todo o mundo, não só com a celebração da Eucaristia, mas de vários outros modos, de modo particular pela recitação do Ofício divino.

84. O Ofício divino, segundo a antiga tradição cristã, destina-se a consagrar, pelo louvor a Deus, o curso diurno e noturno do tempo. E quando são os sacerdotes a cantar esse admirável cântico de louvor, ou outros para tal deputados pela Igreja, ou os fiéis quando rezam juntamente com o sacerdote segundo as formas aprovadas, então é verdadeiramente a voz da esposa que fala com o esposo ou, melhor, a oração que Cristo, unido a seu Corpo, eleva ao Pai.

85. Todos os que rezam assim, cumprem, por um lado, a obrigação própria da Igreja, e, por outro, participam na imensa honra da esposa de Cristo, porque estão em nome da Igreja diante do trono de Deus, a louvar o Senhor.

Valor pastoral

86. Os sacerdotes, dedicados ao sagrado ministério pastoral, recitarão com tanto mais fervor o Ofício divino, quanto mais conscientes estiverem de que devem seguir a exortação de São Paulo: "Rezai sem cessar" (1Ts 5,17). É que só o Senhor pode dar eficácia e fazer progredir a obra em que trabalham, Ele que disse: "Sem mim, nada podeis fazer" (Jo 15,5). Razão tiveram os Apóstolos para dizer, quando instituíram os diáconos: "Nós atenderemos com assiduidade à oração e ao ministério da palavra" (At 6,4).

Normas para a reforma

87. Para permitir nas circunstâncias atuais, quer aos sacerdotes, quer a outros membros da Igreja, uma melhor e mais perfeita recitação do Ofício divino, pareceu bem ao sagrado Concílio, continuando a restauração felizmente iniciada pela Santa Sé, estabelecer o seguinte sobre o Ofício do rito romano.

88. Sendo o objetivo do Ofício a santificação do dia, deve rever-se a sua estrutura tradicional, de modo que, na medida do possível, se façam corresponder as "horas" a seu respectivo tempo, tendo presentes também as condições da vida hodierna em que se encontram sobretudo os que se dedicam a obras do apostolado.

89. Por isso, na reforma do Ofício, observem-se as seguintes normas:

a) As Laudes, oração da manhã, e as Vésperas, oração da noite, tidas como os dois polos do Ofício quotidiano pela tradição venerável da Igreja universal, devem considerar-se as principais Horas e como tais celebrar-se.

b) As Completas devem adaptar-se, para condizer com o fim do dia.

c) As Matinas, continuando embora, quando recitadas em coro, com a índole de louvor noturno, devem adaptar-se para ser recitadas a qualquer hora do dia; tenham menos salmos e leituras mais extensas.

d) Suprima-se a Hora de Prima.

e) Mantenham-se na recitação em coro as Horas menores de Terça, Sexta e Noa. Fora da recitação coral, pode escolher-se uma das três, a que mais se coadune com a hora do dia.

90. Sendo ainda o Ofício divino, como oração pública da Igreja, fonte de piedade e alimento da oração pessoal, exortam-se no Senhor os sacerdotes, e todos os outros que participam no Ofício divino, a que, ao recitarem-no, o espírito corresponda às palavras; para melhor o conseguirem, procurem adquirir maior instrução litúrgica e bíblica, de modo particular quanto aos salmos. Tenha-se como objetivo, ao fazer a reforma desse tesouro venerável e secular que é o Ofício romano, que mais larga e facilmente o possam usufruir todos aqueles a quem é confiado.

91. Para poder observar-se realmente o curso das Horas, proposta no artigo 89, distribuam-se os salmos, não já por uma semana, mas por mais longo espaço de tempo. Conclua-se o mais depressa possível a obra, felizmente iniciada, da revisão do Saltério, procurando respeitar a língua latina cristã, seu uso litúrgico mesmo no canto, e toda a tradição da Igreja latina.

92. Quanto às leituras, sigam-se estas normas:
a) Ordenem-se as leituras da Sagrada Escritura de modo que se permita mais fácil e amplo acesso aos tesouros da palavra de Deus.
b) Faça-se melhor seleção das leituras a extrair das obras dos Santos Padres, Doutores e Escritores eclesiásticos.
c) As "Paixões" ou vidas dos Santos sejam restituídas à verdade histórica.

93. Restaurem-se os hinos, segundo convenha, em sua forma original, tirando ou mudando tudo o que tenha ressaibos mitológicos ou for menos conforme com a piedade cristã. Se convier, admitam-se também outros que se encontram nas coleções hinológicas.

Recitação coral ou privada
94. Importa, quer para santificar verdadeiramente o dia, quer para recitar as Horas com fruto espiritual, que ao rezá-las se observe o tempo que mais se aproxima do verdadeiro tempo de cada um das Horas canônicas.

95. As Comunidades com obrigação de coro têm o dever de celebrar, além da Missa conventual, diariamente e em coro, o Ofício divino, ou seja;

a) O Ofício completo: as Ordens de Cônegos, de Monges e Monjas e de outros Regulares que por direito ou constituições estão obrigados ao coro.

b) As partes do Ofício que lhes são impostas pelo direito comum ou particular: os Cabidos das catedrais ou das colegiadas.

c) Todos os membros dessas Comunidades que já receberam Ordens maiores ou fizeram profissão solene, à exceção dos conversos, devem recitar sozinhos as Horas canônicas que não recitam no coro.

96. Os clérigos não obrigados ao coro, se já receberam Ordens maiores, são obrigados a recitar diariamente, ou em comum ou individualmente, todo o Ofício, segundo o prescrito no art. 89.

97. As novas rubricas estabelecerão as comutações, que parecerem oportunas, do Ofício divino por outro ato litúrgico. Podem os Ordinários, em casos particulares e por causa justa, dispensar seus súditos da obrigação de recitar o Ofício no todo ou em parte, ou comutá-lo.

98. Os membros dos Institutos de perfeição, que, por força das constituições, recitam algumas partes do Ofício divino, participam na oração pública da Igreja.

Tomam parte igualmente na oração pública da Igreja se recitam, segundo as constituições, algum "Ofício breve", desde que seja composto à imitação do Ofício divino e devidamente aprovado.

99. Sendo o Ofício divino a voz da Igreja, isto é, de todo o Corpo místico a louvar a Deus publicamente, aconselha-se aos clérigos não obrigados ao coro, e sobretudo aos sacerdotes que convivem ou se retinem, que rezem em comum ao menos alguma parte do Ofício divino. Todos, pois, os que recitam o Ofício quer em coro quer em comum, esforcem-se por desempenhar do modo mais perfeito possível o múnus que lhes está confiado, tanto na disposição interior do espírito como na compostura exterior. Além disso, é bem que se cante o Ofício divino, tanto em coro como em comum, segundo a oportunidade.

100. Cuidem os pastores de almas que nos domingos e festas mais solenes se celebrem em comum na igreja as Horas principais, de modo particular as Vésperas. Recomenda-se também aos leigos que recitem o Ofício divino, quer juntamente com os sacerdotes, quer uns com os outros, ou mesmo particularmente.

Língua

101. § 1. Conforme à tradição secular do rito latino, a língua a usar no Ofício divino é o latim. O Ordinário poderá, contudo, conceder, em casos particulares, aos clérigos para quem o uso da língua latina for um impedimento grave para devidamente recitarem o Ofício, a faculdade de usarem uma tradução em vernáculo, composta segundo a norma do art. 36.

§ 2. O Superior competente pode conceder às Monjas, como também aos membros dos Institutos de perfeição, não clérigos ou mulheres, o uso do vernáculo no Ofício divino, mesmo na celebração coral, desde que a versão seja aprovada.

§ 3. Cumprem sua obrigação de rezar o Ofício divino os clérigos que o recitem em vernáculo com a assembleia dos fiéis ou com aqueles a que se refere o § 2, desde que a tradução seja aprovada.

Capítulo V: O ano litúrgico

Na natureza: o ciclo do tempo

102. A santa mãe Igreja considera seu dever celebrar, em certos dias do ano, a memória sagrada da obra de salvação de seu divino Esposo. Em cada semana, no dia a que chamou domingo, celebra a da Ressurreição do Senhor, como a celebra também uma vez no ano na Páscoa, a maior das solenidades, unida à memória de sua Paixão. Distribui todo o mistério de Cristo pelo correr do ano, da Encarnação e Nascimento à Ascensão, ao Pentecostes, à expectativa da feliz esperança e da vinda do Senhor. Com esta recordação dos mistérios da Redenção, a Igreja oferece aos fiéis as riquezas das obras e merecimentos de seu Senhor, a ponto de os tornar como que presentes a todo o tempo, para que os fiéis, em contato com eles, se encham de graça.

As festas da Virgem e dos Santos

103. Na celebração deste ciclo anual dos mistérios de Cristo, a santa Igreja venera com especial amor, porque indissoluvelmente unida à obra de salvação de seu Filho, a Bem-aventurada Virgem Maria, Mãe de Deus, em quem vê e exalta o mais excelso fruto da Redenção, em quem contempla, qual imagem puríssima, o que ela, toda ela, com alegria deseja e espera ser.

104. A Igreja inseriu também no ciclo anual a memória dos Mártires e outros Santos, os quais, tendo pela graça multiforme de Deus atingido a perfeição e alcançado a salvação eterna, cantam hoje a Deus no céu o louvor perfeito e intercedem por nós. Ao celebrar o *dies natalis* (dia da morte) dos Santos, proclama o mistério pascal realizado na paixão e glorificação deles com Cristo, propõe aos fiéis seus exemplos, que conduzem os homens ao Pai por Cristo, e implora por seus méritos as bênçãos de Deus.

Exercícios de piedade

105. Em várias épocas do ano e seguindo o uso tradicional, a Igreja completa a formação dos fiéis servindo-se de piedosas práticas corporais e espirituais, da instrução, da oração e das obras de penitência e misericórdia.

Por isso, aprouve ao sagrado Concílio determinar o seguinte:

Domingo e festas do Senhor

106. Por tradição apostólica, que nasceu do próprio dia da Ressurreição de Cristo, a Igreja celebra o mistério pascal todos os oito dias, no dia que bem se denomina dia do Senhor ou domingo. Neste dia devem os fiéis reunir-se para participarem na Eucaristia e ouvirem a palavra de Deus, e assim recordarem a Paixão, Ressurreição e glória do Senhor Jesus e darem graças a Deus que os "regenerou para uma esperança viva pela Ressurreição de Jesus Cristo de entre os mortos" (1Pd 1,3). O domingo é, pois, o principal dia de festa a propor e inculcar no espírito dos fiéis; seja também o dia da alegria e do repouso. Não deve ser sacrificado a outras celebrações que não sejam de máxima importância, porque o domingo é o fundamento e o centro de todo o ano litúrgico.

107. Reveja-se o ano litúrgico de tal modo que, conservando-se ou reintegrando-se os costumes tradicionais dos tempos litúrgicos, segundo o permitirem as circunstâncias de hoje, mantenha seu caráter original para, com a celebração dos mistérios da Redenção cristã, sobretudo do mistério pascal, alimentar devidamente a piedade dos fiéis. Se acaso forem necessárias adaptações aos vários lugares, façam-se segundo os art. 39 e 40.

108. Oriente-se o espírito dos fiéis em primeiro lugar para as festas do Senhor, as quais celebram durante o ano os mistérios da salvação e, para que o ciclo destes mistérios possa ser celebrado no modo devido e em sua totalidade, dê-se ao Próprio do Tempo o lugar que lhe convém, de preferência sobre as festas dos Santos.

A Quaresma

109. Ponham-se em maior realce, tanto na Liturgia como na catequese litúrgica, os dois aspectos característicos do Tempo quaresmal, que pretende, sobretudo através da recordação ou preparação do batismo e pela penitência, preparar os fiéis, que devem ouvir com mais frequência a Palavra de Deus e dar-se à oração com mais insistência, para a celebração do mistério pascal. Por isso:

a) utilizem-se com mais abundância os elementos batismais próprios da Liturgia quaresmal e retomem-se, se parecer oportuno, elementos da antiga tradição;

b) o mesmo se diga dos elementos penitenciais. Quanto à catequese, inculque-se nos espíritos, de par com as consequências sociais do pecado, a natureza própria da penitência, que é detestação do pecado por ser ofensa de Deus; nem se deve esquecer a parte da Igreja na prática penitenciai, nem deixar de recomendar a oração pelos pecadores.

110. A penitência quaresmal deve ser também externa e social, que não só interna e individual. Estimule-se a prática da penitência, adaptada a nosso tempo, às possibilidades das diversas regiões e à condição de cada um dos fiéis. Recomendem-na as autoridades a que se refere o art. 22. Mantenha-se religiosamente o jejum pascal, que se deve observar em toda a parte na Sexta-feira da Paixão e Morte do Senhor e, se oportuno, estender-se também ao Sábado santo, para que os fiéis possam chegar à alegria da Ressurreição do Senhor com elevação e largueza de espírito.

As festas dos santos

111. A Igreja, segundo a tradição, venera os santos e suas relíquias autênticas, bem como suas imagens. É que as festas dos santos proclamam as grandes obras de Cristo em seus servos e oferecem aos fiéis os bons exemplos a imitar.

Para que as festas dos santos não prevaleçam sobre as festas que recordam os mistérios da salvação, muitas delas ficarão a ser celebradas só por uma igreja particular ou nação ou família religiosa, estendendo-se apenas a toda a Igreja as que festejam santos de inegável importância universal.

Capítulo VI: A música sacra

Importância para a Liturgia

112. A tradição musical da Igreja é um tesouro de inestimável valor, que excede todas as outras expressões de arte, sobretudo porque o canto sagrado, intimamente unido com o texto, constitui parte necessária ou integrante da Liturgia solene.

Não cessam de a enaltecer, quer a Sagrada Escritura[42], quer os Santos Padres e os Romanos Pontífices, que ainda recentemente, a começar em S. Pio X, vincaram com mais insistência a função ministerial da música sacra no culto divino.

---

[42] Cf. Ef 5,19; Cl 3,16.

A música sacra será, por isso, tanto mais santa quanto mais intimamente unida estiver à ação litúrgica, quer como expressão delicada da oração, quer como fator de comunhão, quer como elemento de maior solenidade nas funções sagradas. A Igreja aprova e aceita no culto divino todas as formas autênticas de arte, desde que dotadas das qualidades requeridas.

O sagrado Concílio, fiel às normas e determinações da tradição e disciplina da Igreja, e não perdendo de vista o fim da música sacra, que é a glória de Deus e a santificação dos fiéis, estabelece o seguinte:

113. A ação litúrgica reveste-se de maior nobreza quando é celebrada de modo solene com canto, com a presença dos ministros sagrados e a participação ativa do povo. Observe-se, quanto à língua a usar, o art. 36; quanto à missa, o art. 54; quanto aos sacramentos, o art. 63; e quanto ao Ofício divino, o art. 101.

Promoção da música sacra

114. Guarde-se e desenvolva-se com diligência o patrimônio da música sacra. Promovam-se com empenho, sobretudo nas igrejas catedrais, as "Scholae cantorum". Procurem os bispos e demais pastores de almas que os fiéis participem ativamente nas funções sagradas que se celebram com canto, na medida que lhes compete e segundo os art. 28 e 30.

115. Dê-se grande importância nos Seminários, Noviciados e casas de estudo de religiosos de ambos os sexos, bem como noutros institutos e escolas católicas, à formação e prática musical. Para o conseguir, procure-se preparar também e com muito cuidado os professores que terão a missão de ensinar a música sacra.

Recomenda-se a fundação, segundo as circunstâncias, de Institutos Superiores de música sacra.

Os compositores e os cantores, de modo especial as crianças, devem receber também uma verdadeira educação litúrgica.

116. A Igreja reconhece como canto próprio da Liturgia romana o canto gregoriano; terá este, por isso, na ação litúrgica, em igualdade de circunstâncias, o primeiro lugar.

Não se excluem todos os outros gêneros de música sacra, mormente a polifonia, na celebração dos Ofícios divinos, desde que estejam em harmonia com o espírito da ação litúrgica, segundo o estatuído no art. 30.

117. Procure terminar-se a edição típica dos livros de canto gregoriano; prepare-se uma edição mais crítica dos livros já editados depois da reforma de S. Pio X.

Convirá preparar uma edição com melodias mais simples para uso das igrejas menores.

118. Promova-se muito o canto popular religioso, para que os fiéis possam cantar tanto nos exercícios piedosos e sagrados como nas próprias ações litúrgicas, segundo o que as rubricas determinam.

Adaptação às diferentes culturas

119. Em certas regiões, sobretudo nas Missões, há povos com tradição musical própria, a qual tem excepcional importância em sua vida religiosa e social. Estime-se como se deve e se dê a ele o lugar que lhe compete, tanto na educação do sentido religioso desses povos como na adaptação do culto a sua índole, segundo os art. 39 e 40. Por isso, procure-se cuidadosamente que, em sua formação musical, os missionários fiquem aptos, na medida do possível, a promover a música tradicional desses povos nas escolas e nas ações sagradas.

Instrumentos músicos sagrados

120. Tenha-se em grande apreço na Igreja latina o órgão de tubos, instrumento musical tradicional e cujo som é capaz de dar às cerimônias do culto um esplendor extraordinário e elevar poderosamente o espírito para Deus.

Podem utilizar-se no culto divino outros instrumentos, segundo o parecer e com o consentimento da autoridade territorial competente, conforme o estabelecido nos art. 22 § 2, 37 e 40, contanto que esses instrumentos estejam adaptados ou sejam adaptáveis ao uso sacro, não desdigam da dignidade do templo e favoreçam realmente a edificação dos fiéis.

Normas para os compositores

121. Os compositores possuídos do espírito cristão compreendam que são chamados a cultivar a música sacra e a aumentar-lhe o patrimônio.

Que suas composições se apresentem com as características da verdadeira música sacra, possam ser cantadas não só pelos grandes coros, mas se adaptem também aos pequenos e favoreçam uma ativa participação de toda a assembleia dos fiéis.

Os textos destinados ao canto sacro devem estar de acordo com a doutrina católica e inspirar-se sobretudo na Sagrada Escritura e nas fontes litúrgicas.

Capítulo VII: A arte sacra e as alfaias litúrgicas

A arte sacra e seus estilos

122. Entre as mais nobres atividades do espírito humano estão, de pleno direito, as belas artes, e muito especialmente a arte religiosa e seu mais alto cimo, que é a arte sacra. Elas tendem, por natureza, a exprimir de algum modo, nas obras saídas das mãos do homem, a infinita beleza de Deus, e estarão mais orientadas para o louvor e glória de Deus se não tiverem outro fim senão o de conduzir piamente e o mais eficazmente possível, por meio de suas obras, o espírito do homem até Deus.

É essa a razão por que a santa mãe Igreja amou sempre as belas artes, formou artistas e nunca deixou de procurar o contributo delas, procurando que os objetos atinentes ao culto fossem dignos, decorosos e belos, verdadeiros sinais e símbolos do sobrenatural. A Igreja julgou-se sempre no direito de ser como que seu árbitro, escolhendo entre as obras dos artistas as que estavam de acordo com a fé, a piedade e as orientações veneráveis da tradição e que melhor pudessem servir ao culto.

A Igreja preocupou-se com muita solicitude em que as alfaias sagradas contribuíssem para a dignidade e beleza do culto, aceitando no transcorrer do tempo, na matéria, na forma e na ornamentação, as mudanças que o progresso técnico foi introduzindo.

Pareceu bem aos Padres determinar, a este propósito, o que segue:

123. A Igreja nunca considerou um estilo como próprio seu, mas aceitou os estilos de todas as épocas, segundo a índole e condição dos povos e as exigências dos vários ritos, criando deste modo no transcorrer dos séculos um tesouro artístico que deve ser conservado cuidadosamente. Seja também cultivada livremente na Igreja a arte de nosso tempo, a arte de todos os povos e regiões, desde que sirva com a devida reverência e a devida honra às exigências dos edifícios e ritos sagrados. Assim poderá ela unir sua voz ao admirável cântico de glória que grandes homens elevaram à fé católica em séculos passados.

124. Ao promoverem uma autêntica arte sacra, prefiram os Ordinários à mera suntuosidade uma beleza que seja nobre. Aplique-se isto mesmo às vestes e ornamentos sagrados.

Tenham os bispos todo o cuidado em retirar da casa de Deus e de outros lugares sagrados aquelas obras de arte que não se coadunam com a fé e os costumes e com a piedade cristã, ofendem o genuíno sentido religioso, quer pela depravação da forma, que pela insuficiência, mediocridade ou falsidade da expressão artística.

Na construção de edifícios sagrados, tenha-se grande preocupação de que sejam aptos para lá se realizarem as ações litúrgicas e permitam a participação ativa dos fiéis.

O culto das imagens

125. Mantenha-se o uso de expor imagens nas igrejas à veneração dos fiéis. Sejam, no entanto, em número comedido e na ordem devida, para não causar estranheza aos fiéis nem contemporizar com uma devoção menos ortodoxa.

Comissão diocesana da arte

126. Para emitir um juízo sobre as obras de arte, ouçam os Ordinários de lugar o parecer da Comissão de arte sacra e de outras pessoas particularmente competentes, se for o caso, assim como também das Comissões a que se referem os art. 44, 45, 46. Os Ordinários vigiarão com todo o cuidado para que não se percam nem se alienem as alfaias sagradas e obras preciosas, que embelezam a casa de Deus.

Promoção da arte e formação dos artistas

127. Cuidem os bispos de, por si ou por sacerdotes idôneos e que conheçam e amem a arte, imbuir os artistas do espírito da arte sacra e da sagrada Liturgia.

Recomenda-se também, para formar os artistas, a criação de Escolas ou Academias de arte sacra, onde parecer oportuno. Recordem-se constantemente os artistas que desejam, levados por sua inspiração, servir a glória de Deus na santa Igreja, de que sua atividade é, de algum modo, uma sagrada imitação de Deus criador e de que suas obras se destinam ao culto católico, à edificação, piedade e instrução religiosa dos fiéis.

128. Revejam-se o mais depressa possível, juntamente com os livros litúrgicos, conforme dispõe o art. 25, os cânones e determinações eclesiásticas atinentes ao conjunto das coisas externas que se referem ao culto, sobretudo quanto a uma construção funcional e digna dos edifícios sagrados, ereção e forma dos altares, nobreza, disposição e segurança dos sacrários, dignidade e funcionalidade do batistério, conveniente disposição das imagens, decoração e ornamentos. Corrijam-se ou desapareçam as normas que parecem menos de acordo com a reforma da Liturgia; mantenham-se e introduzam-se as que forem julgadas aptas a promovê-la.

Nesse particular e de modo particular quanto à matéria e forma dos objetos e das vestes sagradas, o sagrado Concílio concede às Conferências episcopais das várias regiões a faculdade de fazer a adaptação às necessidades e costumes dos lugares, segundo o art. 22 desta Constituição.

129. Para poderem estimar e conservar os preciosos monumentos da Igreja e para estarem aptos a orientar como convém os artistas na realização de suas obras, devem os clérigos, durante o curso filosófico e teológico, estudar a história e evolução da arte sacra, bem como os sãos princípios em que deve fundar-se.

Uso das insígnias pontifícias

130. É conveniente que o uso das insígnias pontificais seja reservado às pessoas eclesiásticas que possuem a dignidade episcopal ou gozam de especial jurisdição.

Apêndice: Declaração do Concílio Ecumênico Vaticano II sobre a reforma do calendário

Apêndice: Declaração sobre a revisão do Calendário

O sagrado Concílio Ecumênico Vaticano II, tendo na devida conta o desejo expresso por muitos para dar à festa da Páscoa um domingo certo e adotar um calendário fixo, depois de ter ponderado maduramente as consequências que poderão resultar da introdução do novo calendário, declara o seguinte:

1. O sagrado Concílio não tem nada a opor à fixação da festa da Páscoa em um domingo certo do calendário gregoriano, se obtiver o assentimento daqueles a quem interessa, de modo particular dos irmãos separados da comunhão com a Sé Apostólica.

2. Igualmente declara não se opor às iniciativas para introduzir um calendário perpétuo na sociedade civil.

Contudo, entre os vários sistemas em estudo para fixar um calendário perpétuo e introduzi-lo na sociedade civil, a Igreja só não se opõe àqueles que conservem a semana de sete dias e com o respectivo domingo. A Igreja deseja também manter intacta a sucessão hebdomadária, sem inserção de dias fora da semana, a não ser que surjam razões gravíssimas sobre as quais deverá pronunciar-se a Sé Apostólica.

Roma, 4 de dezembro de 1963

Papa Paulo VI

Abreviaturas Bíblicas

Ab	Abdias
Ag	Ageu
Am	Amós
Ap	Apocalipse
At	Atos dos Apóstolos
Br	Baruc
Cl	Carta aos Colossenses
1Cor	1ª carta aos Coríntios
2Cor	2ª carta aos Coríntios
1Cr	1º livro das Crônicas
2Cr	2º livro das Crônicas
Ct	Cântico dos Cânticos
Dn	Daniel
Dt	Deuteronômio
Ecl	Eclesiastes
Eclo	Eclesiástico
Ef	Carta aos Efésios
Esd	Esdras
Est	Ester
Ex	Êxodo
Ez	Ezequiel
Fl	Carta aos Filipenses
Fm	Carta a Filêmon
Gl	Carta aos Gálatas

Gn	Gênesis
Hab	Habacuc
Hb	Carta aos Hebreus
Is	Isaías
Jd	Carta de Judas
Jl	Joel
Jn	Jonas
Jó	Jó
Jo	Evangelho de João
1Jo	1ª carta de João
2Jo	2ª carta de João
3Jo	3ª carta de João
Jr	Jeremias
Js	Josué
Jt	Judite
Jz	Juízes
Lc	Evangelho de Lucas
Lm	Lamentações
Lv	Levítico
Mc	Evangelho de Marcos
1Mc	1º livro dos Macabeus
2Mc	2º livro dos Macabeus
Ml	Malaquias
Mq	Miqueias
Mt	Evangelho de Mateus
Na	Naum
Ne	Neemias
Nm	Números
Os	Oseias
1Pd	1ª carta de Pedro
2Pd	2ª carta de Pedro

Pr	Provérbios
Rm	Carta aos Romanos
1Rs	1º livro dos Reis
2Rs	2º livro dos Reis
Rt	Rute
Sb	Sabedoria
Sf	Sofonias
Sl	Salmos
1Sm	1º livro de Samuel
2Sm	2º livro de Samuel
Tb	Tobias
Tg	Carta de Tiago
1Tm	1ª carta a Timóteo
2Tm	2ª carta a Timóteo
1Ts	1ª carta aos Tessalonicenses
2Ts	2ª carta aos Tessalonicenses
Tt	Carta a Tito
Zc	Zacarias